KB039632

형이상학의 역사

김태규 저

도서출판 한글

머리글

이 책의 희망은 '형이상학'이 형성한 것을 사유의 광장으로 이끌어 내기위함이다. 오늘날 '형이상학'은 실천적이거나 교훈적인 학문이 아니다. 전통적으로 형이상학은 학문의 여왕이라고 불려왔을지라도 오늘날 학문의 전당에서 물리학과, 수학과, 신학과들은 있어도 형이상학과는 없다. 오히려 형이상학은 반형이상학적 또는 탈형이상학적인 것이 철학에 큰 효력을 가지고 있다는 것을 부각시키는 데만 빈번하게 사용되어 온 것처럼 보인다. 현대적 사유의 큰 흐름들은 마르크시즘, 언어분석철학, 해체주의들로 만연되어 있고 이들은 형이상학을 초월해야 할 필요성을 열렬하게 강조하고 있다. 그러나 그들이 초월해야 할 것이 무엇인가? 오늘날 우리가 그것을 알고 있는가? 탈형이상학적이라고 자신들을 천명하고 있는 새로운 사상은 형이상학의 유산과 빛없이 그 스스로 사유할 수 있는가? 이것이 문제다.

'형이상학'이라는 명칭은 로데스의 안드로니쿠스(Andronicus)에 의해서 처음 사용된 것으로 알려져 왔다. 그는 기원전 1세기경에 아리스토텔레스의 유작들을 정리해서 출판했다. 그는 아리스토텔레스가 지혜(σοφία) 혹은 제일철학(πρώτη φίλοσοφια, prima philosophia)이라고 부르는 일군의 논고들에 '타 메타 타 퓌지카(Tὰ μετὰ τὰ φυσικά)' 즉 '자연학에 관한 텍스트들 다음에 오는 문서들'이라는 명칭을 주었다. 그 결과 '메타퓌지카(Metaphysica)'란 용어가 생겨난 것이다. 후대에 아프로디시아스의 알렉산더(Alexander)는 이 용어를 우리에게는 나중에 오는 것이지만 '그 자체로' 관찰할 때는 물질적인 세계보다 더 근본적인 것을 다루는 것이라고 설명하고, 신플라톤주의의 주석가들은 물질적인 실재를 '넘어서'거나 '저편에'있는 시원이 형이상학의 대상이라는 의미로 설명했다. 그 후 17세기에 이르러 형이상학은 아리스토텔레스 이후 줄곧 함께 취급하던 존재일반론과 존재의 근원이라고 생각한 신의 문제를 분리시켜 전자만을 대상으로 하는 '존재론(ontologia)'이라는 용어가 고클레니우스(R. Goclenius)와 클라우베르크(J. Clauberg)에게서 나타난다. 그리고 볼프(Chr. Wolff)는 철저하게 존재론을 분리해서 다루고 이 학문을 토대로 우주론, 심리학, 자연신학을 세부화한다.

그런데 아리스토텔레스이후 '도대체 형이상학의 대상은 무엇인가'라는 토론이 계속된다. 최고 존재자 즉 신인지 아니면 일반적인 존재자인지 하는 질문에 대한 토론이 벌어진다.

일반적인 존재자라는 입장에서 형이상학은 존재자를 존재로서 고찰하며 특정한 존재영역을 탐구하는 것이 아니라는 점에서 다른 학문들과 구분된다. 그러나 상위의 더 고귀한 존재자가 제1철학의 대상이라는 입장은 존재자를 존재자로서 탐구하는 것은 최고 존재자를 고찰하는 것이다. 따라서 형이상학은 본래적으로 신학이다. 더 정확히 말해서 형이상학은 존재자와 그것의 원인들에 대해서 질문함으로써 제일존재에로 올라가게 된다. 소위 자연신학은 독립적인 철학 분과가 아니라 형이상학에 속하며, 형이상학의 완성이 곧 자연신학이다. 그러므로 그리스철학 특히 아리스토텔레스 이후 중세 전시기를 거쳐 볼프에 이르기까지 형이상학은 오늘날 말하는 존재일반을 다루는 존재론과 자연신학을 내포하는 것이었다. 그러나 볼프와 다른 이들은 전통적인 형이상학을 해체함으로써 자연

신학이 철학의 특정 분야로서 취급되게 하였다.

데카르트철학은 전통적인 형이상학의 몰락에로 향하게 하였다. 라이프니츠는 아직도 형이상학이 존재자와 그것에 속하는 것을 탐구한다고 주장한 반면에 흄은 형이상학이란 하나의 궤변과 착오라고 비판한다. 칸트는 아직도 형이상학이 반드시 필요함을 인정한다. 인간이 호흡하지 않고 살 수 없는 것처럼 형이상학도 본성 자체를 통해서 그 개요가 우리 안에 삽입되어 있다는 것이다. 그에게 진정한 형이상학은 인간인식의 한계를 분석하는 학문이라고 이해한다. 따라서 칸트에게서 존재이해로부터 이해분석으로 명백한 중심이동이 이루어진다. 따라서 용어의 전통적인 의미에 따르는 형이상학은 더 이상 가능하지 않게 된다.

헤겔은 칸트를 비판한다. 그를 통해서 형이상학에 대한 관심이 독일 내에서 사려졌을 뿐만 아니라 칸트가 전통적인 형이상학을 뿌리째 뽑아버렸다는 것이다. 헤겔 자신은 존재의 학을 객관적인 논리학으로 변형시킨다. 이와는 달리 다른 이들은 변증법을 내세워 형이상학은 세계를 독립적이고 그 자체로 불변하는 사물들의 총합으로서 관찰하는 이론인 반면에 변증법은 역동적으로 자신을 발전시켜 나가는 전체로서의 실재를 다룬다고 한다. 형이상학의 거부는 마침내 니체에 이르러 정점을 이루고 이제 형이상학은 인간적인 오류들의 학문이 되어 버린다. 전통적인 형이상학의 가장 큰 잘못은 생성에 앞서서 존재에 우선권을 부여했다는 것이다.

하이데거는 존재망각을 외치면서 플라톤이래로 존재에 대한 질문은 더 이상 제기되지 않았다고 본다. 사람들은 사물의 본질만을 발견했고 반면에 존재 자체는 그 진리와 함께 잊혀 버리고 말았다는 것이다. 인간은 자기 자신이 특별한 존재자 즉 존재가 그 안에서 현존하고 경험될 수 있는 현존재(Dasein)이다. 인간의 현존재는 '도대체 왜 어떤 것이 존재하고 더 이상 무가 아닌가'라는 질문을 통해서 존재가 그 안에서 현존하고 경험될 수 있다. 사람이 현존재에 관심을 기우리면 자신을 존재에게 열게 된다. 이렇게 인간이 존재자의 진정한 근원으로 향하는 통로를 가지고 있지 못하다면 모든 것이 의미가 없게 된다. 따라서 하이데거는 존재자의 의미를 추구한다는 점에서 하나의 형이상학을 기획하기를 바랐다는 것은 명백하다.

본 저서는 이와 같은 형이상학의 역사적인 맥락을 따라서 '기초학문으로서의 형이상학'과 '형이상학에 대한 근본적인 물음으로서의 형이상학'으로 크게 대별하여 철학에 있어서 형이상학의 문제를 정돈하고자 한다. 이것은 또한 전통적인 형이상학이 오늘날 무슨 의미가 있는가를 헤아려 보기 위함이다. 형이상학은 윤리적이거나 실존적인 불안감에 의해서 야기된 것이다. 우리들의 인간의 의미와 가능성에 대한 실존적인 질문에 의해서 인도된다. 햄릿의 유명한 실존적인 질문 즉 존재하느냐 존재하지 않느냐? 하는 질문은 우리를 형이상학에로 들어가게 한다. 따라서 형이상학의 전통은 항상 존재에 대한 묵상이 '바라봄의 어떤 전향(metanoia)' 또는 영혼의 염려(epimeleia)를 동반해야 한다고 가르친다. 존재에 대한 사유는 정신의 고양과 되돌아감과 분명한 관계를 가지고 있다는 것은 아주 자명한 일이다. 그것은 영혼이 다양성의 그림자들로부터 벗어나서 근본적인 실재를 향하여 가게 하는 동기이다. 따라서 존재에로의 영혼의 전향을 통한 존재자의 의미추구가 형이상학적 초월성의 의미일 것이다.

이 책은 내가 대학시절에 철학을 시작하면서 처음 만난 스승인 정달용 선생님의 가르침에 전적으로 의존하고 있다. 그것의 정돈이라고 보아야 한다. 그의 사색을 토대로 열심히 긴 세월을 지내 왔으나 스승의 가르침을 도저히 넘어설 수 없었고, 넘어서지 않아도 되었다. 지금도 책상머리에 앉아 계시는 선생님의 삶에 '충만'이 있기를 빌고 싶다.

목 차

Ⅰ. 형이상학의 위치

1. 철학의 정의

철학이란 무엇인가? 오늘날에는 철학이란 무엇인가가 아니라 철학의 존재이유를 묻는다. 전통적으로 철학은 보편학문이고 기초학문으로 내려왔으나, 철학 자체를 문제 삼으면서 철학의 종말을 외치고 있다. 특별히 자연과학의 발달로 인하여 학문이 세분화되기 시작하면서 철학의 테마들은 개별과학으로 하나씩 독립하여 나갔다. 그 결과 철학에 속한 학문이 없어졌고, 자기분야의 테마를 상실함으로서 철학의 종말이라는 것까지 이르렀다는 것이다. 이러한 상황 속에서 철학은 내용을 포기하고 형식만을 다루는 것이어야 한다는 이론이 등장하였다. 그것은 바로 학문에 대한 이론 또는 언어철학이다.

오늘날 우리는 '철학, 그것은 끝장났다'라고 말하면서 철학을 전체적으로 문제 삼고 있다. 이러한 이유를 알기위해서 전통적으로 철학이 자기 자신을 어떻게 알아들어 왔는지를 살펴보아야 한다. 아리스토텔레스 이후 지금까지 사람들은 철학을 모든 학문의 토대를 마련해 주는 기초학문(scienta fundamentalis)으로 알아들어 왔다. 또한 사람들은 철학을 보편학문(scientia universalis)으로 알아 들어왔다. '있는 것'을 '있는 것'으로 다루는 학문 즉 '있는 것' 모두를 다루는 학문, 모든 분야를 남김

없이 다 다루는 학문으로 알아들어 왔다. 이것은 어떤 분야도 철학에서 제외하지 않는다는 뜻이다. 그러나 오늘날 시간이 흐르면서 철학이 다루어온 분야들이 하나씩 철학으로부터 독립되어 나가기 시작하였다. 그 결과 보편학문인 철학에서 따로 다룰 분야가 남아있지 않게 되었다. 따라서 철학 끝장났다는 말의 의미는 철학이란 학문은 빈 껍질만 남아있게 되었다는 의미 즉 철학이 다루어야할 고유한 분야가 더 이상 남아있지 않기에 할 일이 없어졌다는 의미이다. 그래서 우리는 모든 학문분야들이 철학에서 독립해 나간 오늘날을 학문이 힘쓰는 시대 즉 개별학문의 시대라고 한다. 철학이 따로 할 일이 없게 되자 사람들은 그래도 무엇인가를 하겠다는 시도로서 학문 그 자체 즉 학문일반을 다루겠다고 나섰다. 그래서 철학은 학문, 그것은 도대체 무엇인가를 묻기 시작한다. 다른 어떤 학문도 학문 그것은 도대체 무엇인가를 문제 삼지 않기 때문이다. 철학은 학문일반을 문제 삼음으로써 개별학문에게 토대를 마련해 주고자 했다. 그래서 철학의 이름이 이제 '학문에 대한 이론(Wissenschafts Theorie)'이 되어 버렸다. 이 이론은 과학철학의 다른 이름이다. 오늘날 과학철학이란 곧 철학 자체를 말하는 것이다. 영미계통의 철학자들은 자연과학만이 학문이라고 주장한다. 그래서 그들은 학문에 대한 이름을 자연과학이라고 끌고 나간다. 이것은 오늘날 큰 사조가 되어있다. 그러나 그들이 해낸 작업을 각 학문에 나눠주어 토대를 마련해 주고자 했지만 각 개별학문들은 자기들 학문의 토대를 자기들이 놓겠다고 하며 또 완전히 독립해 버린다. 이러한 과학철학이외에 또 다른 시도로서 언어철학(Linguistic Philoso- phy)이 생겨났다. 모든 학문은 언어로 표현된다. 언어로 표현되어 있지 않은 것은 학문이 아니다. 내가 어떤 사실을 알아냈어도 아직 학문이 아니다. 다른 사람에게 전해질 때 적어도 한 사람에게라도 언어로 전해져야 비로소 학문이 된다. 이러한 언어의 역할을 착안하여 등장한 것이 바로 언어철학이다. 이 철학은 언어, 그것은 도대체 무엇인가를 문제 삼는다. 이러한 언어학에로의 전향을 두고 우리는 언어학의 시대라고 한다.

　이러한 과학철학과 언어철학의 상황은 바로 철학이 끝장났다는 데서 나온 현상이다. 그렇다면 우리는 철학이 무엇이냐고 묻기 전에 철학의 존재이유를 먼저 물어야 할 것이다. 철학은 존재해야 하는가? 그것이 존재한다면 왜 해야 하는가? 라고 물어야 할 것이다. 철학할 수밖에 없는 이유가 어디에 있는지를 먼저 탐구해야 할 것이다. 우리는 이 문제에 대해서 의외로 간단하게 답할 수 있다. 우리의 삶이 문제투성이 인한 철학할 수밖에 없다고 말해야 할 것이다. 예를 들어 본다면 인간이란 무엇인가 하는 문제는 소크라테스의 물음 이래 역사적으로 내내 우리들의 문제의 대상이고 앞으로도 그렇게 문제로 남아 날것이다. 이러한 인간의 문제가운데 특별히 죽음이라는 것은 우리들의 골칫거리이다. 이것은 큰 문제로 삶의 가장자리에서 우연히 떠도는 것이 아니라 우리들의 삶의 한복판에서 입을 벌리고 있는 괴물과 같은 것이다. 이것은 언제든지 우리를 집어 삼킬 수 있는 것이다. 또한 나 이외 어떤 존재들은 항상 나에게 문제이다. 나 밖에 있는 존재들은 언제나 나에게 자신이 문제라고 말하고 있다. 문제는 여기서 중단되지 않는다. 나와 나이외의 존재들의 문제는 나와 나이외의 것들의 방향과 의미의 문제로 우리를 안내한다. 이와 같이 우리들의 인생에 문제가 남아있는 한 철학은 존재할 것이고 철학해야 할 것이다. 다시 말해서 우리는 철학의 한 복판에 서 있는 것이다. 그렇다면 이제 우리는 철학이란 무엇인가 하고 물을 수 있을 것이다.

　철학은 존재하는 것이고 철학할 수밖에 없는 것이라면 비로소 그것이 무엇이냐가 성립될 것이다. 철학의 본질에 관한 정의는 한마디로 복잡하고 다양하고 까다롭다. 철학자들 마다 입장의 차이에 따라 철학을 보는 눈이 다르기 때문이다. 이 다양한 정의들을 역사적으로 나열하는 것은 무의미한 작업이다. 그럼에도 불구하고 이 다양성 속에서 우리는 본격적인 의미에서 철학(Philosophie)은 도대체 무엇인가? 라고 물어야 할 것이다. 철학은 명사적인 개념이 아니라 동사형이다. 따라서 그것은 '철학하는 것(Philosophieren)'이다. 그렇다면 '철학한다는 것'은 도대체 무엇인가? 그것은 '생각한다는 것(Denken)'을 의미한다. '생각한다는 것'은 다른 말로 '본다는 것(Sehen, Theorein)'이다. 그렇다면 '본다는 것' 그것은 무엇인가? 그것은 어떤 것을 대상화하여 거리감을 취하는 것이다. 이것은 인간에게만 고유한 것이다. 동물은 생물학적으로 자기 환경에 맞는 전문적인 육체의 기관기능을 가지고 나오는 뛰어난 존재이지만, 어떤 것을 대상화하는 일은 불가능하다. 인간은 이러한 고유한 기능을 가지고 자기 자신 뿐 만 아니라 세계에 대해서도 조차도 대상화하여 거리감을 취할 수 있다. 다시 말해서 초월할 수 있다. 그런데 만약에 인간이 사유하기를 포기한다면 바로 인간이기를 그만 두는 것이다. 이것이 바로 인간소외다. 따라서 철학은 나 이외의 어떤 것을 대상화하여 그것에 대해서 거리감을 취해서 바라다보는 것이다. 다시 말해서 어떤 것에 대한 자기 자신의 고유한 눈을 가져간다는 것이다. 이것은 대상에 대한 비판적 '자기사유' 즉 '자기의식'을 가지는 것이다.

이러한 '본다는 것'은 기본적인 특성이 있는데 그 첫째는 '바라본다'라고 하는 행위의 주체가 '나' 즉 자기 자신이라는 사실이다. 그것은 자기 자신이 하는 것이다. 다른 사람 또는 세상 사람들이 해주는 것이 아니라 바로 자기 자신이 스스로 그리고 직접 하는 것이다. 이것은 독자성과 자립성을 가지는 것으로 전통과 권위 때문에 내가 받아들이는 것이 아니라 보는 것은 내가 하는 것이다. 더 나아가 현대의 강력한 사조도 배제한다. 그렇지 않으면 자기가 하는 것이 아니다. 이것이 본다는 것의 첫 번째 특징이다. 두 번째는 대상에 관계되는 것으로서 본다는 것은 우리 앞에 주어져 있는 것(Das gegebene)을 문제 삼아야 하고 그것만을 문제 삼아야 한다는 것이다. 주어져 있는 것은 무엇보다도 먼저 우리 앞에 주어져 있다. 그리고 그것은 스스로 자기 자신을 드러내고 있다. 있는 그대로의 자기 자신을 드러내 보여주고 있다. 이러한 것을 문제 삼을 때를 비로소 참된 의미에서 본다고 할 수 있다. 둘째 '주어져 있는것'을 본다. 즉 보는 것은 주어져 있는 그것에 전적으로 매여 있다. '주어져 있는것(das Gegebene)'이 중요하다. 그런데 본다는 것은 몇 가지 한계가 있다. 1) 그것은 주어져 있는 사물이나 사실들을 여기서 볼 때와 저기서 볼 때가 크게 달라진다. 보는 것은 언제나 여기 또는 저기서 본다. 여기서 보기에 이것이 크게 보이고 저것이 작게 보인다. 여기서 보기에 이것이 중요하게 보이고 저것은 별 볼일 없어 보인다. 사방을 두루 보는 것은 인간의 조건들 때문에 불가능하다. 그래서 사람들은 서로 싸운다. 2)또한 사물이나 사실을 볼 때 이전과 이후에 따라서 크게 달라진다. 우리는 이전에 또는 이후에 보고, 이전에 보았는가, 이후에 보는가에 따라 귀결이 다르게 된다. 예컨대 인간은 죽는다는 사실이 젊었을 때는 여러 사실중의 하나로 생각하나 친구들이 죽어 갈 때는 다른 여러 사실들 중의 하나가 아니고 결정적인 사실이이 된다. 또 꼬마 때 놀던 고향 마당은 뛰놀기에 충분히 넓었으나 장성한 후 찾아가면 옹색하기 이를 데 없다.

한걸음 더 나아가서 본다는 것은 하나의 시야를 갖는다. 왜냐하면 인간의 눈 자체가 하나의 시야를 갖고 있기 때문이다. 그리하여 우리는 우리 시야 속에 있는 것만을 볼 수 있다. 우리 시야를 벗어나 그 밖에 있는 것을 우리는 전혀 볼 수 없다. 시야 밖에 있는 것은 그것이 있다 해도 검토할 수 없다. 또한 사람마다 사야가 다 다르다. 이런 제한은 인간조건 때문에 뒤 따라 나온 것이다. 그러므로 내가 보지 못한 것에 대해 그것이 없다고 단정하지 말아야 하고, 우리 시야를 벗어나 그 밖에 주어져 있는 것을 우리가 받아들이고 수용할 수 있기 위해서는 다른 사람의 시야에 의존할 수 밖에 없다. 그러므로 본다는 것은 다른 사람들이 말하는 것을 듣는 것이 필요한 것이다. 듣는 것 이것을 일컬어 대화라 한다. 듣는 것의 도움이 필요 없다고 하면 이데올로기가 된다. 세상에 타인이 있다는 사실을 내가 모두가 아니라는 것을 말해 준다. 나는 모두가 아니고 부분이다. 따라서 다른 것을 채울 준비가 되어있어야 한다. 결국 듣는 것을 배재한 사람, '내가 보는 것만이 모두이다'라고 하는 사람은 대화할 수 없다. 다시 말하면 나는 한정되어 있다. 내가 보는 것은 한정되어있다. 내가 생각하는 것도 한정되어있다. 그런데 자신이 제한되어있다는 것을 마다하는 사람은 결국 자신이 신이라고 주장하는 셈이 된다. 사도 바울은 믿음은 듣는데서 온다(Fides ex auditu)라고 하였다. 시야를 벗어나는 것에 대해서는 듣고서 알 수밖에 없기에 계시가 필요한 것이다.

'철학한다는 것' 그것은 '생각한다는 것'을 말한다. '생각한다는 것'은 어떤 것을 대상화하여 바라본다는 것이다. 생각한다는 것 그것은 자기 자신이 스스로 하는 것이다. 그리고 이때 중요한 것은 주어져 있는 것 그 자체이다. 한걸음 나아가서 생각한다는 것 그것은 그 자체로 제한되어 있고 한정되어 있기 때문에 우리는 우리가 생각하는 것 뿐 만 아니라 다른 사람이 생각하는 것도 필요로 한다. 다시 말해서 다른 사람이 생각하는 것을 들어야 한다. 그것을 우리는 대화라고 한다. 따라서 철학은 '더

불어 생각하기'이고 '듣는 것'이다.

지금까지 '철학하는 것은 생각하는 것이다'라는 명제가 작업되었다. 그런데 우리는 '생각한다는 것' 속에서 두 가지 계기를 얻어 만난다. '생각하는 나'와 '생각되어지는 대상'이다. 그렇다면 우리가 무엇을 생각하는 것이 철학하는 것인가 물어야 할 것이다. 도대체 생각해 볼만한 문제란 어떤 것인가 라고 물어야 할 것이다. 한마디로 철학은 내가 '스스로 주어져 있는 것'을 '바라다보는 것'이다. 그렇다면 우리에게 '주어져 있는 것'으로서 생각해 볼만한 것이란 무엇인가? 이것은 바로 철학의 대상의 문제와 바로 연결이 된다. 사유의 대상이 주어져 있는 것이라고 한다면 우리의 사유의 대상은 무엇인가? 생각해 볼만한 것은 무엇인가?

1) 무엇보다도 내가 여기 있다(Ich bin da)는 사실은 모든 것의 출발점이다. 이 현존재(Dasein)는 데카르트에서처럼 논리적으로 물어서 있는 것이 아니라 묻지 않아도 그냥 그대로 주어져 있는 것이다. 내가 여기 있다는 것은 부정할 수 없는 사실이다. 따라서 이것은 우리에게 문제이다. 일반화한다면 인간이란 무엇이냐? 하는 것이다. 이것은 생각해 볼만한 첫 번째 대상이다. 2) 두 번째로 주어져 있는 것은 나 자신 외에 '다른 것'이다. '내'가 주어져 있다면 나이외의 '다른 것' 역시 주어져 있는 사실이다. 이 '다른 것'은 사유의 대상으로 우리에게 말을 건넨다. 따라서 우리는 이 요청에 응답해야 하는 것이다. 이 '다른 것'을 일반화한다면 바로 '세계'이다. 이것은 생각해 볼만한 두 번째 대상이다. 3) 세 번째로 인간과 세계가 무엇인가? 라는 탐구는 우리로 하여금 인간과 세계의 원리와 근원에 이르게 한다. 인간과 세계 즉 모든 것을 가능케 하고 의미 있게 하는 근거로서의 '절대적인 것'이 무엇인가 하는 문제가 대두되어 본원적인 사유의 대상이 된다. 역사는 오랜 기간 동안 다양한 방식으로 이러한

문제에 접근하여 왔다. 그것에 대해서 부정적이든 긍정적이든 우리들의 문제였고 문제일 것이다. 그 예로 플라톤의 이데아(Idea), 아리스토텔레스의 '제일운동자, 플로티노스의 '하나(Hen)', 중세의 신(Deus), 헤겔의 정신(Geist), 하이데거의 존재(Das Sein), 도가의 도(道)등이 거기에 속한다. 결과적으로 우리가 생각해 볼만한 문제는 위 세 가지 대상 즉 '인간', '세계', '절대적인 것'이다. 따라서 이것들에 대해서 자기 자신의 비판적인 의식을 가져가는 것이 바로 철학하는 것이라고 할 수 있다. 또 그 결과가 인생관과 세계관이다. 이 세 가지 대상에 대해서 우리는 존재론적인 접근(Sein)과 당위적인 접근(Sollen)이 가능하다. 전자는 전통적으로 '그것이 무엇인가?'라는 질문이고 다른 하나는 '어떻게 살아야 하는가?'라는 질문이다. '무엇'인가 하는 질문은 본질을 문제 삼는 것이고, '사는 것'의 문제는 바로 행위의 문제이다. 이러한 두 가지 접근방법은 철학의 두 분류로 귀결된다. 인간, 세계, 신등의 본질에 대해서 다루는 것이 바로 '형이상학'이고, 바람직한 삶을 위해서 어떻게 해야만 하는가에 대한 당위성의 문제들을 다루는 것은 '윤리학'이다. 이 두 가지 분야는 철학의 근본분야로 오랜 역사를 가지고 있다. 특별히 형이상학은 고대에서부터 현대까지의 긍정적으로든지 부정적으로든지 간에 서양의 근본테마로 내려오고 있다. 그러므로 형이상학을 이해하는 것은 서양철학을 이해하는 것이다. 이러한 형이상학의 문제와 더불어 윤리학은 상호 밀접한 관계를 유지하면서 긴 역사를 가진다. 어쩌면 '그것이 무엇이냐'고 묻고, '어떻게 살아야 하는가'라고 질문하는 것은 우리들의 삶의 일상이고 삶의 커다란 두 가지 토대이다. 그 외에도 올바른 사유에 관한 것 즉 어떻게 하면 자기에게 주어진 대상에 대해 올바로 사유하며, 올바른 결론을 이끌어 낼 수 있는가에 대한 형식과 방법을 다루어 나가는 논리학, '우리들이 철학적 대상에 대해 어떻게 인식할 수 있으며 또 그 한계는 어디까지 인가'에 대한 인식과 그 한계를 다루는 인식론 등이 중요한 철학의 분류로 등장한다. 그 밖에도 사회철학, 역사철학, 법철학, 언어철학, 심미적 대상에 대해 다루어 나가는 미학 등이 있다. 이렇듯 철학은 인간, 세계, 신등에 대해서 접근하는 방향성에 따라, 그 다루는 대상과 방법에 의해서 무수히 많은 종류의 철학으로 나눠질 수 있다.

철학의 대상은 '스스로 주어져 있는 것'모두이다. 철학에는 따로 분야가 없다. 그래서 모두 다 붙들고 생각할 수 있다. '존재란 무엇인가?'에서 진드기의 다리 수까지 무엇이든지 생각해 볼 수 있다. 그렇다면 어떻게 생각하는 것이 철학하게 하는 것인가? '도대체(before all, after all)'란 말을 넣어 질문을 던지면 철학적 질문이 된다. '도대체'란 말마디가 본격적으로 사용될 때 그것이 바로 철학하는 것이 된다는 것이다. '도대체'란 말은 '개별적인 것을 넘어서다'라는 말이다. 모든 개별적인 것 이전에 생각해 보아야 할 것 즉 생각해 볼만한 것을 붙들고 생각해야 한다. 예를 들면 '역사란 무엇인가'가 아니라 '역사 그것은 도대체 무엇인가'라고 물으면 그것은 역사철학이 된다는 것이다.

2. 제일철학으로서의 형이상학

인간은 살아가면서 여러 가지 것들을 경험하게 된다. 그리고 그것들을 경험하면서 '그것이 무엇인가?'라고 질문 한다. 일반적으로 우리는 '그것이 무엇인가?'라고 물을 때에는 그것의 본질이 아니라 쓸모 즉 이용가치를 문제 삼는다. 예를 들어 '사과나무란 무엇인가?'라고 물을 때 사과나무의 본질이 아니라 사과를 문제 삼는다. 다시 말해서 '사과나무란 무엇

인가?'하고 물을 때 무엇의 문제에서 어떻게 되어 있는가 로 향하고 그것
의 이용가치로 넘어간다. 이처럼 우리는 실용을 중요시하고 살아간다.
그러나 '그것이 무엇인가?'라는 문제는 원래 본질에 관한 질문이고 본질
의 문제는 바로 존재의 문제이다. '그것이 무엇인가?'라는 질문은 '....이
다'이기 때문이다. 이 존재의 문제를 우리는 보통으로 문제 삼지 않는다.
하지만 '존재 그것은 무엇을 의미하는가?' '도대체 왜 아무것도 없지 않고
무엇인가가 있는가?' 이것은 우리를 꼼짝 못하게 하는 문제이다. 이 존재
문제를 다루는 것이 형이상학이다. 전통적으로 우리는 형이상학을 철학
의 여왕 즉 철학중의 철학이라고 하고 제1철학(Prima Philosophia)이
라고 부른다.

  오늘날 우리가 형이상학이라고 명명하고 있는 첫 번째 작품은 아리스
토텔레스의 작품인데 그것은 형이상학이라는 그 자신의 고유한 명칭이전
에 나온 것이다. 형이상학(metaphysica)라는 말마디에 대해 확실히 할
수 있는 것은 그것이 아리스토텔레스의 것이 아니다는 것이다. 그는 단
지 '존재를 존재인 한에서 다루고 존재의 본질적인 속성들을 탐구하는 학
문이 있다'라고 말하면서, 장차 형이상학이라고 불리게 될 분야의 대상을
명시하고 있다. 아리스토텔레스의 수사본은 아리스토텔레스의 사후 거의
2세기동안 동굴에서 보관되어 오다가 기원후 60년경에 로데스
(Rhodes)의 안드로니코스(Andronicos)에 의해서 편집된다. 이것이
바로 아리스토텔레스 강좌들에 대한 첫 번째 판이다. 따라서 형이상학
즉 'Meta ta physika'라는 명칭은 안드로니코스가 편집 또는 분류하는
과정에서 생긴 것이다. 'Meta ta physika'은 물리학에 관한 강좌 뒤에
오는 강좌라는 의미이다. 그렇다면 이런 표현의 철학적인 의미는 무엇인
가? 'meta'라는 접두어는 두 가지 의미를 가질 수 있다. 하나는 시기적

인 순서 즉 강좌의 순서상 또는 도서 분류상 물리학의 '뒤에' 온다는 것이고, 다른 하나는 그곳에서 취급되고 있는 대상자체에 따른 체계상의 질서를 의미한다. 특별히 후자의 의미는 물리학을 '넘어선다'는 것이다. 즉 물리학의 원리에로의 접근을 의미하는 것으로, 형이상학이 아리스토텔레스의 표현 즉 '제일철학(Prima Philosophia)'과 동일한 것이라는 의미이다. 또한 '뒤에' 있는 것이라는 것은 그 자체가 '첫 번째'로 있는 것이라는 의미이기도 하다. 따라서 이러한 형이상학과 제일철학의 유사성은 아리스토텔레스에 관한 고대 주석가들에 의해서 인정되고 있고, 데카르트의 '형이상학적 성찰'의 첫 번째 라틴어판(1641)의 제목 '제일철학에 대한 명상(Meditationes de Prima Phil- osophia)'에서 다시발견 된다. 이러한 데카르트적인 형이상학은 '철학의 원리(Principia Philosophiae)'의 4권의 책 가운데 첫 번째 속에 내포되어 있다. '철학의 원리'의 서문에 학문의 총체와 나무를 비교하는 유명한 구절이 있다. '나무의 뿌리는 형이상학이고, 줄기는 물리학이고, 이 줄기로부터 나온 가지들은 다른 모든 학문이다.' 그러므로 물리학을 넘어선다는 것은 먼저 있는 원리들에로 돌아감을 뜻한다.

형이상학은 그야말로 제일철학(Prima Philosophia)이다. 그것은 '존재자를 그것이 존재자인 한에서' 탐구하는 학문으로 존재자를 존재자로서 다룬다는 측면에서 존재론(ontologia)이고, 동시에 존재자를 존재자이게 하는 존재자의 근본원리를 다룬다는 측면에서 신론(theologia)이다. 따라서 형이상학은 그의 최초의 포괄적이고 동시에 고전적인 이론들 이래로 존재론적인 연구가 형이상학적 신 이론이라고 부를 수 있는 것에로 까지 발전하게 되는 그러한 한 학문이었다. 일반적인 존재이론과 절대자에 관한 이론이 동일한 하나의 학문에 속한다는 확신은 중세전체의 기간까지도 계속되었다. 그러다 근대에 와서 크리스챤 볼프이후 형이상학이 일반형이상학과 특수형이상학으로 나누어져서, 전자를 존재론이라고 부르고, 후자는 세계와 영혼과 신의 문제를 다루는 우주론, 심리학, 철학적 신 이론으로 나누어졌다. 이런 분리는 근세에 하나의 관습이 되어버렸다. 하지만 이러한 다양한 분리적 논의에도 불구하고 존재론의 완성이 바로 철학적 신 이론이라는 지평은 아직 유효하다. 존재 자체가 연구될 때는 이 연구는 저절로 존재의 궁극적이고 독립적인 근거에로까지 파고들게 된다. 존재론과 철학적 신이론 두 가지 학문이 나눠져 있는 것이 아니다. 소크라테스이전의 철학자들부터 전통적으로 존재에 관한 학문은 신에 관한 학문 즉 철학적 신학으로 된다.

　　서양철학의 역사는 바로 이 형이상학의 역사이다. 따라서 형이상학의 관점에서 서양사상의 흐름을 정리하는 것은 새로운 일이 아니다. 서양고대와 중세의 철학을 한마디로 '존재-신학(onto-theologia)'으로서의 형이상학이라 할 수 있다. 고대철학은 일반적으로 '있는 것'의 근원적 토대를 찾아 나서는 것으로 시작한다. '일체의 것은 도대체 어디로부터 왔는가?'라는 존재론적인 문제가 대두되는 시대이다. 따라서 '소크라테스이전의 철학자'들은 존재자들의 원리(Principium, arche)를 찾았다는 측면에서 형이상학자들이다. 이들과의 연속성속에서 등장한 그리스 철학은 '있는 것' 가운데가 가장 근본적인 토대에 대해서 다루는 형이상학이다. 이것은 바로 플라톤과 아리스토텔레스에 의해서 구현되고 플로티노스에 와서 종합된다. 이러한 세 가지 커다란 존재에 관한 논의는 적어도 자기보다 앞선 논의에 대한 인식을 함축하고 있다. 아리스토텔레스적인 논의는 플라토니즘의 논의를 포함하고 있고, 플로티노스적 논의는 플라톤적인 논의를 토대로 하고 선별적으로 아리스토텔레적인 논의를 함축하고 있다. 플로티노스의 존재론적 논의는 바로 정신적으로 중세철학의 시작인 아우구스티누스의 사고의 틀이 된다. 다른 한편 아리스토텔레스의 철학은 아라비아의 철학을 통해서 다시금 중세에 재조명됨으로서 토마스 아퀴나스의 존재논의를 구현한다. 이러한 전통적인 형이상학적 흐름은 사고방식의 변화에도 불구하고 데카르트적인 합리주의에 와서도 동일하게 문제된다. 흄은 이와 같은 전통적인 형이상학의 전통을 경험이라는 무기로 비판하게 되고, 그 비판의 결과가 칸트를 가능케 한다. 칸트이후 헤겔에 와서 과거의 테마가 다른 양상으로 하나로 모아졌다 헤겔이후 20세기의 다양한 현대적 사조들이 등장한다. 이 가운데 특별히 언어분석 철학자들은 언어의 논리적 분석을 무기로 해서 전통적인 형이상학을 공격한다. 논리실증주의 자들은 형이상학의 명제일반을 언어의 정당한 사용 규칙을 어긴 것으로 무의미한 것으로 또는 개인적인 감정적 태도의 발로라고 비판한다. 뿐 만 아니라 존재자를 존재자로서 인식하려고 하기보다는 인간의 구체적인 역사적 상황과 현실적인 사회적 조건과의 관련 하에서 이해하려는 경향이 압도적으로 우세하다. 그 대표적인 것이 마르크스주의다. 또한 니체는 망치를 들고 2500년의 서양의 형이상학의 역사가 인간의 구체적인 삶의 소외라고 비난한다. 뿐만 아니라 본질보다 존재가 우선한다는 실존사상이 과거의 전통을 무너뜨리고 있다. 이러한 상황 속에서 전통적인 형이상학이 견뎌낼 수 있을 것인가 하는 의문이 생긴다. 이러한 흐름을 토대로 우리가 알 수 있는 것은 소크라테스이전의 철학에서 데카르트시대까지는 형이상학이 제일철학 또는 기초학문으로 그 토대를 이루어 왔으나, 그 이후 칸트의 시대에 이르러서는 '형이상학은 제일철학 또는 기초학문인가?'라고 본격적으로 질문을 던지게 된다. 따라서 우리는 철학의 역사를 크게 둘로 나누어 형이상학이 제일철학 또는 기초학문으로 내려오는 시기와 그 후 제일철학 또는 기초학문으로서 형이상학의 위치가 흔들거리는 시대로 나누어 정돈하고자 한다. 따라서 본 저서의 구성은 크게 '기초학문으로서 형이상학'과 '형이상학에 대한 근본적인 물음으로서의 형이상학'으로 크게 구분되어 전개된다. 본 저서는 과거의 형이상학에 대한 긍정적인 또는 부정적인 다양한 의견을 정리정돈하면서 다양한 비판에도 불구하고 본래적인 형이상학의 가능성을 가늠하는 초석을 마련하고자 한다.

Ⅱ. 기초학문으로서 형이상학

1. 존재와 현상 : 이데아

밀레토스(Miletos)학파는 신화적인 세계관에서 철학적인 세계관으로의 변화를 최초로 시도했다는 의미에서 서양철학의 시조라고 한다. 이 학파는 모든 존재자의 발생을 하나의 궁극적인 원소나 혹은 물질적인 바탕을 지닌 근본원리에 의하여 설명하고자 노력하였다는 점에서 서로가 공통성을 지녔다고 할 수 있다. 이들은 현상계의 다양한 모습을 하나의 근본원리에 귀착시키려는 대담한 시도를 한 것이다. 이렇게 존재의 근본적인 원리를 다루었다는 측면에서 이들은 단순한 자연철학자가 아니라 형이상학자이다. 특별히 파타고라스(Pythagoras)는 존재의 원리를 질료에서 찾지 않고 형상 속에서 찾음으로서 '수'라는 정신적인 실재로 사고한 것은 발전적인 변화였다. 이러한 존재의 원리로서 통일적인 근원을 파르메니데스(Parmenides)는 '존재'라는 말로 표현하였다. 파르메니데스는 다음 세 가지 명제를 통해서 진리에로 나가는 길을 제시한다. 1) 사람들은 항상 오직 존재만이 있다고 생각하고 말해야 한다. 그와 반대로 무는 없다. 2) 사고와 존재는 동일하다. 3) 서로 연관이 되어 있는 존재가 있다. 이런 존재는 하나요 모든 것이다. 이런 주장을 뒷받침하기 위해서 파르메니데스의 제자인 제논(Zenon)은 존재만 있고 운동은 없다는 주장을 파라독스에 의해서 논리적으로 증명이 가능함을 보여주고자 한다. 이와 반대로 헤라클레이토스(Hera-cleitos)는 존재를 부정하고 생성 곧 운동만이 실재임을 논증한다. 파르메니데스는 헤라클레이토스의 생성의 존재론과는 반대로 생성은 없고 존재만이 있다고 하는 것이다. 존재란 항상 자기 자신과 같은 것이며 이 존재에게는 발전이나 시간 같은 것이 조금도 없다. 이러한 두 철학자에 의해서 형이상학적인 논의가 본격적인 단계에 이른다. 다시 말해서 존재나 생성이나, 하나이냐 여럿이냐, 이성적인 인식이 참인가, 아니면 감각적인 인식이 참인가하는 문제가 등장한다. 다시 말해서 이 양철학자에 의해서 모든 존재를 대상으로 하는 본연의 형이상학이 출현한다. 하나와 다수의 문제, 존재와 생성의 문제가 대두된 것이다. 이러한 문제들은 의심의 여지없이 중대한 존재론적인 문제들이다. 다시 말해서 존재개념의 유일성과 다수성 그리고 존재하는 것의 존재와 생성을 어떻게 설명할 것인가 하는 문제들이다. 이렇게 제기되는 형이상학적 이율배반은 후대에 플라톤에 의해서 종합된다.

1) 소크라테스의 절대적인 것

형이상학적 원리에 매달려있는 소크라테스이전 철학자들의 철학적 성향을 '인간'이라는 새로운 철학적 대상으로 그 관심사를 바꾸어 놓은 것이 바로 소피스트(Sophist)들이다. 기원전 449년경 페르시아 전쟁의 승리를 통해서 그리스는 풍요한 생활을 누리게 된다. 그 가운데 아테네는 이러한 부를 바탕으로 그리스의 문화적 정치적 중심지로 부각되어 고대철학의 중심이 된다. 이제 이곳에서는 교양과 이념 또는 주의 같은 것이 문제가 되기 시작한다. 특별히 민주주의 이념은 모든 이들에게 정치

적인 가능성을 열어주었다. 이러한 역사적 배경 안에서 아테네에는 그리
스 각지에서 가능성을 찾아 많은 사람들이 모여들었다. 따라서 이제는
사람들은 학문이라는 것보다는 정치적인 유리한 지위를 확보하게 하는
웅변술이나 수사학에 많은 관심이 쏠리게 되었다. 이러한 그리스 사람들
의 욕구에 부응하여 그리스의 각처에서 소피스트들이 모여들었다. 그들
은 자신들이 지혜로운 자(sophos)로 자처하고 인생의 스승으로 자처하
였다. 정치적인 웅변술이나 수사학을 이용하여 권력을 잡고, 돈을 벌고
입지를 다지려고 하는 사람들에게 스스로 인생의 스승이라고 자칭하면서
재산을 모으는 기술, 권력을 잡게 하는 기술, 명예를 얻는 기술을 가르쳐
주겠다고 장담하였다. 이들 에게는 이것이 옳다 혹은 저것이 그르다하는
가치기준은 문제 밖이었다. 단지 개별적인 인간들의 이해관계만이 가치
의 기준이었다. 소피스트 중에서 가장 대표적인 인물은 압데라 출신의
프로타고라스(Protagoras)이다. 그의 가장 유명한 어귀는 다음과 같다.
"인간은 만물의 척도(Homo mensura)이고 자기 존재를 위한 존재자로
서의 척도이며 또한 자기존재의 부정을 위한 비존재자로서의 척도이기도
하다." 여기서 그가 뜻하는 것은 절대적 진리란 있을 수 없고 다만 상대
적인 진리만이 가능할 뿐이며 또한 객관적인 진리도 존재할 수 없고 다
만 주관적인, 즉 인간에게 유용할 수 있는 진리만이 가능하다는 것이다.
다시 말해서 프로타고라스가 여기서 말하고자 하는 인간은 인간일반이
아니라 어떤 개별적인 존재로서 인간만이 있을 뿐이라는 것이다.

　지혜(sophia)가 여러 가지 현세적인 의미로 해석되면서 소피스트들
에 의해 본래적인 의미가 왜곡되었다. 지혜가 일종의 기술로 해석되면서
이 기술로 재산과 권력과 명예를 획득하기 위한 도구로 이해된 것이다.
다시 말해서 지혜란 남을 설득하는 능력으로서 의회정치에 나아가 다른

이들을 자신의 논리에 설복시킴으로써 정치가로서의 명예와 권력을 획득하려는 것으로 이해된 것이다. 이제 인간이 모든 것을 규정한다. 즉 '있는 것은 있다'라고 하는 그것의 척도는 바로 '나'다. '없는 것은 없다'라고 하는 것은 척도도 바로 '나'다. 그리하여 프로타고라스는 신이 있는지 없는지 알 수 없음에도 불구하고 어떤 인간들이 자신의 척도에 따라 종교를 만들고 규범을 정한 것이라 하였다. 더 나아가 고르기아스(Gorgias)는 '도대체 있는 것이라고는 아무것도 없다 도대체 무엇이 있단 말인가?'라고 하면서 인간의 존재에 아무런 의미가 없음을 주장하였다. 분명히 무언가가 있다는 사람들의 주장에 대해서 "그러면 좋다. 내가 백보 양보해서 무언가가 있다고 치자. 그렇지만 우리는 그것에 대해 한 마디도 말해낼 수 없다"라고 주장하였다. 이것은 바로 주관적인 상대주의로서 회의주의다. 이러한 소피스트를 추종하는 무리 속에 플라톤도 끼어 있었다. 그는 소크라테스의 문하생이 되기 전에 소피스트의 추종자였다.

소크라테스는 소피스트들을 논박하기 위해서 거리에 나섰다. 그리하여 광장과 경기장에서 사람들을 가르치기 시작했다. 소크라테스는 당시 소피스트들의 변론술이 과연 참된 것 인가에 의문을 제시하였다. 즉. 사람들은 '설득한다'는 데에 의문을 제시하여 "과연 올바른 길로 설득하는가, 그 자체로 참된 길을 설득하고 있는가, 올바른 길, 참된 길에 상관치 않고 자신의 이익(권력과 명예)을 추구하기 위해 설득하고 있지 않는가?"라고 묻기 시작한 것이다. 이러한 의문에 대한 소크라테스의 답은 전자가 아니라 후자 쪽이었다. 즉 어떤 것이 그 자체로 옳은 것이기 때문에 사람들로 하여금 그것을 추구하도록 설득하겠다는 것이 소피스트의 의도가 아니었다. 오히려 그것이 옳은 것과는 아무런 상관이 없는데도 불구하고 사람들로 하여금 그것을 추구하도록 설득하겠다는 것이 소피스트들의 의도였다. 또한 어떤 것이 그 자체로 참된 것이기 때문에 사람들로 하여금 그것을 추구하도록 설득하겠다는 것이 그들의 의도가 아니었다. 오히려 그것이 참된 것과는 아무런 상관이 없는데도 불구하고 그리고 때로는 그것이 거짓된 것인데도 불구하고 사람들로 하여금 그것을 추구하도록 설득하겠다는 것이 그들의 의도였다. 그리고 그렇게 사람들을 설득함으로써 소피스트들은 자기 자신의 이득을 챙기고 있었다. 즉 재산을 모으고 권리를 획득하며 그리고 명예를 얻어내고 있었다. 그리하여 소크라테스 사람들에게 그렇지 않다는 것을 가르치기 위해서 거리로 나섰던 것이다. 덕스러운 것 즉 옳은 것, 참된 것, 선한 것이 있음을 가르쳐주고자 하였다.

소크라테스는 인간이 인간답게 살기 위해서는 덕스러운 것을 추구하는데 놓여 있다고 생각하였다. 다시 말해서 사람이 사람다워진다는 것은 옳은 것, 선한 것, 참된 것을 추구하는데 놓여 있다고 소크라테스는 굳게 믿고 있었다. 이제 소크라테스에게 생각해 볼만한 것은 덕스러운 것 그것은 도대체 무엇인가 라는 질문이다. 그가 생각해 보아야 할 것은 구체적으로 옳은 것, 그것은 무엇인가, 참된 것, 그것은 무엇인가, 선한 것 그것은 무엇인가 등의 질문이다. 그러나 이러한 질문에 대해서 해답을 얻어 낼 수 없었다. 다시 말해서 실천적으로는 확실하고 명백한 것에 대해서 이론적으로는 그 근거를 제시할 수 없었다. 인간은 옳은 것을 추구해야 한다. 그리고 참된 것, 선한 것을 추구해야한다. 소크라테스에게 이것은 실천적으로 자명한 사실이다. 너무나 명백한 사실이었다. 그러나 옳은 것 그것은 도대체 무엇인가, 참된 것 그것은 도대체 무엇인가, 선한 것, 그것은 도대체 무엇인가 라는 질문에 이론적으로 답을 줄 수가 없었다. 또한 우리가 그렇게 판단하고 그렇게 말하는 근거는 무엇인가, 그 토대는 그리고 그 척도는 무엇인가 라는 질문들에 대해 소크라테스는 대답을 얻어낼 수 가 없었다. 그래서 그는 '모른다'고 대답한다. 실천적으로는 확실하고 명백한 것에 대해서 이론적으로는 그 근거를 제시할 수 없었다.

그럼에도 불구하고 소크라테스는 사람들에게 옳은 것, 참된 것, 선한 것을 행해야 함을 가르치고자 하였다. 그는 먼저 소피스트들을 찾아가 옳은 것, 참된 것, 선한 것을 알고 있는지를 묻기 시작하였다. 결국 그는 그들이 옳은 것, 참된 것, 선한 것을 모르고 있다는 사실조차도 깨닫지 못하고 있음을 알게 된다. 그들은 자기가 모른다는 사실을 모르고 있었다. 스스로 자기 자신이 지혜롭다고 내세우고 있는 그들은 자기가 모른다는 사실조차도 모르고 있었다. 그리하여 소크라테스는 스스로 다음과 같이 말했다. "나는 내가 모른다는 사실을 알고 있다. 그러나 스스로 현명하고 지혜롭다고 자기를 내세우고 있는 그 사람들은 자기가 모른다는 사실조차도 모르고 있다." 결국 그는 사람들로 하여금 자신들의 무지를 깨닫게 하는 데에 자신의 전 생애를 바치게 되었다. 그렇게 하기 위해 그가 사용한 방법이 저 유명한 '산파술'이다. 이것은 변증법적인 방법으로 소크라테스가 사람들로 하여금 자신의 무지를 깨닫도록 도와주려 했다는 점에서 붙여진 이름이다. 결국 소크라테스는 옳은 것, 참된 것, 선한 것이 무엇인지에 대해서는 답을 분명히 하지 못한 채 비운의 죽음을 맞이해야 했으며, 그 답은 그의 제자 플라톤에 의해서야 비로소 주어지게 되었다.

소크라테스는 이론적인 한계와는 달리 실천적으로는 덕을 찾으면서 덕스럽게 살다가 간 사람이다. 옳은 것, 참된 것, 선한 것 을 찾으면서 그렇게 산사람이다. 이러한 것을 죽음을 통해서 생생하게 증거한 사람이다. 옳은 것, 참된 것, 선한 것을 위해서 죽을 수 밖 에 없었다. 탈옥할 수 있는 가능성을 거부하고 스스로 죽음을 택한다. 왜냐하면 그것은 옳은 일이 아니라고 소크라테스는 생각했기 때문이다. 이러한 점이 우리가 소크라테스를 인류의 스승이라고 부르는 이유이다. 이러한 소크라테스의 죽음은 플라톤의 파이돈에서 생생하게 묘사되고 있다. 이곳에서 소크라테스는 슬퍼하는 제자들을 향하여 철학자 즉 진리를 추구하는 자는 죽음을 기꺼워해야 한다고 논변하고 있다. 철학자는 항상 죽음을 연습하는 삶을 살아야 하고 죽음의 때가 오면 즐겁게 맞이해야 한다는 것이다. 뿐만 아니라 이러한 죽음 뒤에 인간의 영혼은 불멸하다 고 주장하고 있다. 이곳에서 우리는 소크라테스의 순교자적 인간상을 엿볼 수 있다. 사상적으로는 희랍인들의 이원론적인 인간관과 영혼만이 인간이라는 관점이 뚜렷하게 부각된다.

2) 절대적인 것의 체험

플라톤은 소크라테스의 삶을 생생하게 체험한다. 소크라테스의 삶속에서 어떤 절대적인 것이 있음을 자각하게 된다. 이러한 자각을 토대로 플라톤은 '선한 것(ἀγατον), 그것은 도대체 무엇인가?'를 묻는다. 그의 스승이었던 소크라테스가 해결하지 못한 채 남겨 놓은 질문을 그대로 이어받는다. 그리고 그러한 질문의 해답이 바로 이데아론이다. 다시 말하면 소크라테스는 선한 것, 그것은 도대체 무엇인가? 에 대해 한없이 생각하였으나 답을 얻지 못하고 후에 플라톤이 스승의 정신을 계승하여 이론적으로 체계화시킨다. 그 결과가 바로 이데아론이다. 이 이데아론은 본격적인 의미에서 서양철학 즉 형이상학의 시작이다.

형이상학은 존재에 관한 논의 즉 모든 다른 학문의 기초로서, 모든 존재자의 기초존재에 대한 학문이다. 이러한 논의는 플라톤에게서 이데아로 귀착된다. 플라톤적인 논의는 이데아에서 출발하여 존재에 관한 사유를 구성하고 있다. 이데아는 존재와 현상을 동시적으로 하나로 하거나 분리시킨다. 존재는 파르메니데스가 이미 언급하고 있는 것처럼 항상 변화하는 현상과는 반대되는 것으로 이해된다.

플라톤의 형이상학이란 결국 이러한 그의 이데아론을 말한다. 따라서 우리는 그의 이데아론을 들여다보면서 그의 사상을 살펴보도록 하겠다. 그의 스승인 소크라테스는 옳은 것, 참된 것, 선한 것 등의 본질에 대해서 대답을 할 수가 없었다. 옳은 것 그것이 왜 옳은 것인가? 옳지 않는 것 그것이 왜 옳지 않은 것인가? 무엇을 근거로 해서 무엇을 토대로 해서 그리고 무엇을 척도로 해서 우리는 그렇게 판단하고 그리고 또한 그렇게 말하는가? 그에 대한 대답을 소크라테스는 할 수 없었다. 그리고 대답을 못한 채 죽고 말았다. 그리하여 플라톤은 스승의 질문을 이어받아 자신이 그 질문을 계속 질문해 나갔다. 이 배경에는 플라톤이 소크라테스의 삶속에서 어떤 절대적인 적이 있음을 체험한 사실이 깔려있다. 이런 체험을 토대로 해서 스승이 못 다한 질문을 계속해 간다. 선한 것 그것은 도대체 무엇인가? 선한 것 그것은 도대체 왜 그것이 선한 것이며 선하지 않는 것 그것은 도대체 왜 그것이 선하지 않는 것인가? 무엇을 근거로 해서 무엇을 토대로 해서 그리고 무엇을 척도로 해서 우리는 그렇게 판단하고 그렇게 말하는가? 플라톤은 참된 것과 아름다운 것에 대해서도 동일한 질문을 던진다. 이러한 질문을 거듭하다가 플라톤은 다음과 같은 착상에 이르게 된다.

플라톤은 어떤 이상세계에 선한 것 자체가 있음에 확실히 한다. 그리고 우리가 일상생활에서 얻어 만나는 선한 것들은 그들이 선한 것 자체에 한 몫(participation)을 차지함에 틀림없다. 그리하여 그들이 도대체 선한 것들이 이유는 그들이 선한 것 자체에 한 몫을 차지하기 때문이다. 그리고 어떤 것이 선하지 않는 것은 그것이 선한 것 자체에 한 몫을 차지하지 않기 때문이다. 한 걸음 더 나아가서 어떤 것이 더 선한 것이 되는 이유는 그것이 선한 것 자체에 차지하는 몫이 더 크기 때문이다. 그리고 어떤 것이 덜 선 한 것이 되는 이유는 그것이 선한 것 자체에 차지하는 몫이 더 작기 때문이다. 이것은 참된 것과 아름다움 것에도 동일하게 적용된다. 이것은 플라톤이 이 세상이 아닌 저 세상의 선 자체가 있음 요청한 결과이다. 이 선 자체에 의해서 선한 것들이 규정되는 것이다.

플라톤은 이러한 생각을 존재하는 모든 사물에 적용한다. 플라톤에 의하면 어디엔가 나무자체가 있음에 틀림없다. 그리고 우리가 일상생활 속에서 얻어 만나는 나무들은 그들이 나무 자체에 한 몫을 차지함에 틀림없다. 그리하여 그들이 도대체 나무인 이유는 그들이 나무자체에 한몫을 차지하기 때문이다. 그리고 어떤 것이 나무가 아닌 이유는 그들이 나무 자체에 한몫을 차지하지 않기 때문이다. 한걸음 더 나아가서 어떤 나무가 더 나무다운 것이 되는 이유는 그것이 나무자체에 차지하는 몫이 더 크기 때문이다. 그리고 어떤 나무가 덜 나무다운 것이 되는 이유는 그 나무가 나무자체에 차지하는 몫이 더 작기 때문이다.

이렇게 본다면 우리가 일상생활 속에서 얻어 만나는 현실의 세계 이외에도 그것 자체의 세계라고 하는 또 하나의 세계가 있게 된다. 이것이 플라톤의 생각이다. 그리고 그는 이러한 그것 자체의 세계를 이데아의 세계라고 불렀다. 이데아의 세계는 참된 세계이며 현실의 세계는 그림자의 세계이다. 다시 말해서 이데아의 세계는 하나의 원형의 세계이며 현실의 세계는 하나의 모형의 세계이다. 따라서 플라톤에 의하면 인간은 현실의 세계에 매달려 있어서는 안 된다. 그는 이데아의 세계를 찾아나서야 한

다. 이러한 이데아세계에 대한 동경이 바로 철학하는 길이다. 이데아란
어떤 사물의 그것 자체이다. 그 참된 모습이다. 그 원형이다. 한마디로
이데아는 그 사물의 바로 그것 자체이다. 따라서 인간은 현실의 세계에
매달려 있어서는 안 된다. 이데아의 세계를 찾아나서야 한다. 이렇게 하
는 것이 바로 인간이 인간다워지는 길이다. 이것이 플라톤의 생각이다.
따라서 우리는 그를 관념론의 창시자라고 한다. 그런데 플라톤에 의하면
이러한 이데아의 세계에는 선한 것 자체라는 이데아가 있는데 이것은 이
데아중의 이데아이다. 그리고 이 선한 것 자체라는 이데아는 다른 모든
이데아들에게 그 존재와 본질을 부여해 주는 그러한 이데아이다.

3) 이데아로서의 존재

이데아를 사유한다는 것은 가시적인 것과 불가시적인 것, 감각적인 것
과 정신적인 것, 존재와 현상을 구별하는 것이다. 우리가 그 가운데서 살
고 있는 현실 즉 우리가 일하고 눈으로 보는 이 현실은 현상
(phenomene)이다. 그런데 이런 현상이 참으로 존재하는 것인가? 대화
록 『소피스트(Sophiste)』에 묘사된 물질주의자 즉 '대지의 아들들'은
현상을 참된 존재로 보기를 거부한다.

"그들은 말 그대로 바위와 떡갈나무를 손으로 잡고 이러한 것들이
존재하는 것이라고 주장한다. 그들은 그와 같은 모든 것에 매달려 물질
(soma)과 존재(ousia)를 동일한 것으로 규정함으로써 다가갈 수 있고
만질 수 있는 것만이 존재한다고 확언한다. 만일 다른 이들 가운데 누가
물질을 지니지 않은 것이 있다고 말한다면 그를 완전히 얕잡아보면서 다
른 말은 전혀 들으려 하지 않는다."(소피스테스 246a) 이렇게 대지의 아
들들은 가장 일상적인 '믿음'만을 만들어 낸다. 그들은 존재와 현상의 분

리를 인정하지 않으면서 존재의 모든 비중을 감각적인 측면에 둔다. 여기서 존재라 함은 그리스어의 우시아(ousia), 그리고 비동사의 부정사 에이나이(einai)로 묘사된다.

이러한 플라톤의 파라독스적인 역전은 존재 즉 우시아를 물질이 아니라 이데아와 동일시 한 것이다. 이런 파라독스는 언어적 유희가 아니다. 소크라테스는 현상 속에 있는 공통적인 의견들의 불지속성을 고발했다는 이유로 죽음에 이르렀다. 소크라테스는 죽음을 통해서 존재는 현상이 아니라 이데아라고 보여 주었다. 존재와 현상의 분리는 비극적인 것이 아니라면 드라마틱한 어떤 것이다. 이러한 분리는 플라톤의 사상 초기부터 점차로 심화되는 것처럼 보인다. 초기 대화록에서 이데아는 사물들 '안에' 있다. 즉 그것은 사물들과 닮고, 현상하는 사물들의 다양성을 '매개로 (dia)' 참으로 '존재'하는 단일성이다. 의심 없이 사물들과 이데아와의 관계 즉 이데아로 향한 사물들의 '참여'를 설명하는 방식들도 다양하다. 하지만 플라톤은 점차로 사물들 현상들과 '그것들을 있는 바'의 것으로 존재케 하는 이데아들 사이의 떨어짐 즉 말해서 정신적인 것들에 비해서 감각적인 것들의 결함을 강조해 가고 있다. 후반기 대화록의 하나로서 르네상스까지 가장 많이 읽혀지고 가장 많이 주석된 『티마이오스 (Timaios)』에서 보면 두 가지 실재, 적어도 실재의 두 단계가 있는 것처럼 보인다.

"똑 같은 상태로 있는 형상이 있다는데 동의해야만 하는데, 이것은 생성되지도 소멸되지도 않고 또한 자신이 그 어디고 다른 것 속으로 들어가지도 않는 것이며, 그리고 눈에 보이지도 않지만 다른 식으로도 지각되지 않는 것이나, 이것은 지성에 의해 이해가 그 대상으로 갖게 되어 있는 것입니다. 반면에 형상과 같은 이름을 갖고 그것과 닮은 둘째 것은 감각에 의해 지각될 수 있고 생성되는 것이며, 언제나 운동하는 것이요. 그리고 어떤 장소에서 생성되었다가 다시 거기에서 소멸하는 것이며, 감각적 지각을 동반하는 판단(독사)에 의해 포착되는 것입니다."(티마이오스 51-52)

파르메니데스의 존재를 회상케하는 이데아의 특징을 정돈한다면, 그것은 가장 충족한 존재로서 알려지고, 감각적인 것은 정신적인 것의 모사로서 정신적인 것으로부터 자신의 존재를 도모하거나 명명하는 가능성을 가진다. 이러한 플라톤적인 이원론은 모든 철학의 역사에 커다란 영향을 끼친다. 우선 그것은 그리스도교의 이 세상과 저세상이라는 대립으로 변형된다. 또 그것은 '최상'의 세계에 대한 이해에 필연적인 영향을 준다. 이원론이 파라독스적이라면 대부분의 사람들은 정신작용과 억견을 혼동한다. "대부분의 사람들은 억견에 참여하고 있고, 신들과 적은 카테고리의 사람들만이 정신에 참여한다."(티마이오스 51e) 플라톤은 항상 감각적인 세계의 유혹을 회피하는데서 오는 어려움, 감감적인 세계에서부터 벗어나서 이데아의 관상에로 상승하는데서 오는 난점을 강조하고 있다. 플라톤은 국가론의 제 6권의 유명한 구절 즉 동굴의 비유는 흉내자들에 의해서 투영된 그림자들 외에 다른 광경을 가지지 못하는 쇠사슬에 묶인 죄수들을 잘 묘사한다. 단지 몇몇의 죄수들만이 태양의 빛아래 실제적인 광경을 보기 위해서 동굴의 입구에로 인도되는 거북한 길을 오를 수 있다.

이러한 비유는 많은 해석을 발생하게 한다. 단지 여기서 우리가 지적하는 것은 정신적인 것의 충만한 빛 아래에서 감각적인 것의 그림자 안에 있는 것처럼, 우리가 육체의 눈 또는 이성의 눈만이 문제가 되는 가시적인 것들의 척도 속에 속하고 있다는 것을 지적할 뿐이다. 철학자의 방법적인 상승 즉 억견에서부터 지식으로, 감각작용 으로부터 이데아에로의 상승은 직관으로부터 변증을 분리시키지 않는다. 변증이라는 용어는 원래 대화로부터 유래하고, 플라톤에 의해서 묘사된 소크라테스의 토론법칙에서 그 기원을 갖는다. 하지만 여기서 변증이라는 것은 논증 안에서 이데아를 인정하는 것이고, 그것을 분리하여 정의하는 것이다. 따라서 변증은 단지 대화의 과정을 질서지우는 방법론만이 아니다. 그것은 가시적인 것으로부터 불가시적인 것으로서 통로 즉 감각적인 인식으로부터의 정신적인 인식에로의 통로다.

(1)플라톤이 이데아에 대해서 처음 본격적으로 논하고 있는 책은 『파이돈(Phaedo)』이다. 파이돈은 소크라테스가 세상을 떠나던 마지막 날의 장면을 그린 작품이다. 소크라테스는 친구들과 제자들을 모아놓고 대화를 나눈다. 그 내용은 주로 죽음과 영혼의 불멸에 대한 것이지만 이 속에 플라톤의 기본사상인 이데아론이 담겨져 있다. 소크라테스는 파이돈에서 다음과 같이 말한다. "내가 지금 말하는 것은 새로운 것이 아니다. 아름다운 무엇인가가 그것 자체로 존재한다고 ,그리고 좋은 무엇인가와 큰 무엇인가가, 그리고 그 밖의 모든 무엇인가가 그것 자체로 존재한다고 가정한다. 만약에 어떤 사람이 나더러 말하기를 꽃의 색깔, 모양 등 그것들이 아름다운 것의 원인이 된다고 말할 것 같으면 나는 그 사람에게 '그것은 좋은 말씀이오'하고 말하고는 그의 말을 받아들이지 않을 것이다. 그 모든 것은 나를 혼란 속에 빠뜨릴 뿐이다. 아름다운 것은 어떤 알 수 없는 아름다운 것 자체가 있어 이 아름다운 것 자체에 한몫을 차지함으로써 아름다운 것이 된다.'(파이돈100b)

우리는 세상에서 아름다운 것을 발견한다. 그것은 색깔이나 모양 때문에 아름다운 것이 아니고 아름다운 것 자체가 있고 아름다운 것은 그 자체에 한 몫을 차지하고 있기에 아름다운 것은 아름다운 것이 된다. 아름다운 것 자체는 영원불변하다. 반면에 하나하나의 개별적인 아름다운 것들은 그때그때마다 변한다.

　(2)『파이돈』다음으로 이데아론이 본격적으로 등장하는 것은 『국가(Politeia)』에서다. 이제 철학은 근본적으로 이데아론이고, 철학자란 이데아를 추구하는 자들임이 명백해진다. 플라톤은 국가론에서 이데아론을 구체적으로 설명하기 위해서 세 가지 비유를 든다. 그것이 바로 '동물의 비유', '선의 비유', '태양의 비유'이다. 국가론 제 7권 시작부분인 동굴의 비유에서 소크라테스는 대화 상대자들에게 이렇게 말한다. '사람들은 날 때부터 쇠사슬에 묶여 동굴에 갇혀 있다. 이들은 이곳에 머물러 있으면서 앞만 보도록 되어 있고 포박 때문에 머리를 돌릴 수도 없다. 그래서 고개도 못 돌리고 동굴의 벽을 보고 있다. 바깥에 담이 쳐져있고 그 밖으로는 말하면서 떠들면서 사람들이 지나간다. 그 뒤로 태양이 있다. 그래서 사람들이나 짐승들이 지나 다닐 때마다 태양 때문에 그림자만 동굴 벽에 비친다. 동굴 속의 사람은 고개를 돌릴 수 없으니 실재를 보지 못하고 동굴 벽에 비친 그림자만 보고 산다. 그런데 그중 한 사람의 쇠사슬을 풀어주어 바깥으로 데려오면 빛이 너무 강해 처음에는 아무것도 못 볼 것이다. 얼마 후 차츰 사물을 보게 되고 비로소 '사물이란 이런 것이구나' 하게 될 것이다. 더 나아가 태양마저도 차차 볼 수 있게 될 것이다. 그 사람은 태양에 열광해서 다시 동굴 속으로 내려와 사람들을 동굴 밖으로 끌고 나오려고 할 것이다. 하지만 동굴 속의 사람들은 그림자만 보고 그것만이 전부로 알고 살고 있었기에 그를 돌았다고 하며 마침내는 죽여 버릴 것이다.'

　이 동굴의 비유에서 동굴 속의 세상은 현실의 세계이다. 우리가 일상생활에서 경험하는 현실의 세계이다. 그리고 동굴 밖 세상은 이데아의 세계이다. 이데아의 세계만이 참된 세계이며 원형의 세계이다. 이 세계만을 우리는 찾아 나서야 한다.

『국가론』 제 6권 마지막에서 선의 비유에 의해서 이데아론을 보다 더 상세하게 설명하고 있다. 그것을 도표화하면 다음과 같다.

<경험의 세계>		<사고의 세계>	
추측	믿음	논증적 지식	정신
이미지들	살아있는 것과 사물	수학적인 대상	이데아

(그림)

선의 비유에 이어서 이데아론을 가장 높은 경지에 설명하고 있는 것은 태양의 비유이다. 일차적으로 태양은 사물이 보이게 한다. 즉 눈이 볼 수 있게 한다. 따라서 눈이 사물을 볼 수 있는 것은 태양 때문인 것이다. 여기서 태양이란 바로 '선의 이데아'를 의미한다. 선의 이데아는 대상 그것이 인식될 수 있게 하는 것이다. 두 번째 태양은 사물, 그 중에서도 특히 생물이 생겨나게 한다. 그리고 성장하게 한다. 그러면서도 태양은 사물이 아니다. 태양은 사물을 뛰어 넘는다. 이처럼 선의 이데아는 실재에 존재와 본질을 부여해 준다. 그러면서도 선의 이데아는 실재가 아니고 생각되어질 수 있는 것이 아니다. 결국 모든 이데아적인 것들은 이 선의 이데아에서 나온다.

요약해 보면 현실의 세계는 모형의 세계고 이데아의 세계는 원형의 세계이다. 모형의 세계는 원형의 세계에 몫을 차지하고, 몫을 차지하는 정도에 따라 보다 더 그것다워지고 보다 덜 그것다워진다. 그 중에서도 선의 이데아는 독특한 위치를 차지하여 후에 신이 된다. 따라서 철학자는 잡다한 현실세계에 매달려 있으면 안 된다. 이데아의 세계를 추구하면서 살아야 한다, 그 중에서도 선의 이데아를 찾아야 한다. 이러한 점은 『심포지엄』에 다음과 같이 그려져 있다. 제우스라는 신이 아프로디테라는 딸을 낳았다. 그는 이를 축하하기 잔치를 열어 사방에 나가있는 신들을 불러 모았다. 그 속에 포로스라는 풍요의 신과 페니아란 결핍의 신이 있었다. 결핍의 여신이 평소에 흠모하던 풍요의 신에 접근해서 아들을 낳으니 에로스였다. 에로스는 아버지를 닮아 풍요가 무엇인지 알고 있으나 엄마를 닮아 늘 채워지지 않고 부족을 느낀다. 여기서 플라톤은 철학자는 에로스처럼 현실 세계 뿐 만아니라 이데아의 세계를 알고 있다. 그러나 그것을 완전히 손에 쥘 수 없기에 한없이 추구해 나가야 함을 암시하고 있다.

(3) 『파르메니데스』라는 대화편에도 이데아론이 등장하는데, 여기서 대화를 이끄는 사람은 파르메니데스이고, 소크라테스는 젊은 사람으로 등장한다. 여기서 이데아론의 다른 국면이 나타난다.

파르메니데스가 젊은 소크라테스에게 묻는다.

파르메니데스 : 그대는 옳은 것 자체, 아름다운 것 자체, 선한 것 자체가 다양한 옳은 것들, 아름다운 것들, 선한 것들과 분리되어 존재한다고 생각하는가?

소크라테스 : '그렇다'

파르메니데스 : 그렇다면 머리카락. 먼지. 쓰레기 등에 있어서도 그러한가?

소크라테스 : (대답을 주저한다. 왜냐하면 위의 것들은 알만한 것들이 못되므로)

파르메니데스 : 그것들도 그러하다.

첫 번째 단계로 또 다시 '선한 것'이 문제된다. 이것은 소크라테스의 문제였는데 통째로 플라톤에게 전해졌다. 플라톤에게 있어 생각해 볼만한 것은 "선한 것 그것은 도대체 무엇인가, 더 나아가 옳은 것, 그것은 도대체 무엇인가, 참된 것, 그것은 도대체 무엇인가, 아름다운 것, 그것은 도대체 무엇인가"를 묻는 것이다. 우리는 살아가면서 선한 것들을 얻어 만난다. 어떤 것은 선하지 않다고 생각하고 그렇게 말한다. 더 나아가서 이것은 저것보다 더 선하다 또는 덜 선하다고 평가하고 말한다. 그러나 무엇을 기준(criterium, 시금석)으로, 무엇을 토대로, 무엇을 척도로 해서 그렇게 평가하고 그런 말을 할 수 있는지 소크라테스는 그 근거를 댈 수가 없었다. 이에 대하여 플라톤은 모르긴 모르지만 어디엔가 선한 것 자체가 있음에 틀림없다고 했다. 그리고 선한 것들은 거기에 몫을 차지한다. 그리고 그 몫을 차지하는 정도(gradus)에 따라 보다 더 선한 것이 되고 보다 덜 선한 것이 된다고 생각했다. 만일 몫을 전혀 차지하지 못하면 아니 선한 것이 된다고 생각했다. 더 나아가 옳은 것 자체가 있다. 우리가 만나는 다양한 옳은 것들은 그 몫을 차지하는 정도에 따라 보다 더 옳은 것이 되고 보다 덜 옳은 것이 된다. 참된 것도 참된 것 자체가 있다. 아름다운 것도 역시 그러하다.

두 번째 단계로, 파르메니데스가 던진 질문인 '먼지, 쓰레기, 머리카락에 대해서도 그러한가?'에 대해서 말해보자. 소나무는 소나무 자체가 따로 있다. 여러 소나무들은 소나무 자체에 몫을 차지한다. 몫을 자치하는 정도에 따라 보다 더 소나무답고, 보다 덜 소나무답다고 생각했다. '개'는 '개 자체'가 따로 있다. '인간' 역시 '인간자체'가 따로 있다. 인간이면 누구나 인간 자체에 몫을 차지한다. 몫을 차지하는 정도에 따라 보다 더 인간답고 보다 덜 인간답다고 말한다.

첫 번째 단계에서는 선한 것, 옳은 것, 참된 것 등은 '윤리적인 것'이라는 느낌을 가지나 두 번째 단계에서는 있는 것을 문제 삼는 '존재론적인 문제'에로 넘어온다. 여기서 물론 그것 자체의 세계는 따로 있게 되는 것이고 이것을 일컬어 이데아세계라 한다. 이데아의 세계가 원형이고 현실세계는 모형이다. 참된 의미에서 있는 것은 원형의 세계이고 모형의 세계는 거의 아니 있는 것이다(상대적인 부정). 현실의 세계는 원형의 세계의 몫을 차지한다(Participatio). 하나하나의 사물은 그것의 몫을 차지하고 몫을 차지하는 정도에 따라 보다 더 그것다워지고 보다 덜 그것다워진다.

파르메니데스는 있는 것은 하나이면서 운동이나 변화가 없다고 보았고 헤라클레이토스는 있는 것은 여럿이면서 수시로 변한다고 주장하였다. 이러한 양자를 종합한 것이 플라톤이다. 플라톤의 관심사는 존재하는 것들을 존재하게 하는 존재를 가장 생각해 볼만하다고 사유한 것이다. 그렇다면 이제 우리가 추구해야 할 것은 이데아이다. 앞으로 철학사의 모든 관념론(Idealismus)의 원형이 여기서 탄생한다. 이것이 더불어 서양철학의 탄생한 것이다. 후대 사람들은 이것을 붙들고 확대, 비판, 변형시키며 이론을 전개한다.

(4) 눈으로 볼 수 있는 세계인 현실세계는 플라톤에 의하면 본격적인 세계가 아니다. 존재와 비존재 사이에 있는, 본격적인 의미에서 '있다'고 할 수 없고 그렇다고 전혀 없는 것은 아닌 세계, 따라서 거기에 매달려서는 안 되는 그런 세계이다. 플라톤은 어떻게 해서 이러한 세계가 생겨나게 되었는지에 대해서 신화로써 이야기한다. 플라톤의 『티마이오스』의 작품에서 등장한 데미우르고스(Demiurgos)라는 신은 반신반인으로 아버지가 신이고 어머니가 인간이었다. 그래서 한편으로는 신의 세계에 속하고 한편으로는 인간의 세계에 속한 다. 이 데미우르고스는 세계를 형

성해 낸다. 그리고 질서 지워주는 작업을 하게 된다. 이 데미우르고스의
신은 제작자로서의 신으로 순수하게 주어져 있는 질료를 토대로 이데아
를 그 원형으로 하여 이 세계를 형성한다. 이러한 것은 '무로부터의 창조'
를 주장하는 그리스도교와 크게 다르다.

　한편 『프로타고라스』라는 대화편도 세계가 어떻게 형성되었는지 잘
기록하고 있다. 이것은 후에 철학적 인간학에서 크게 문제가 된다. 이 대
화편에서는 데미우르고스라는 이름이 나오지 않고 프로메테우스
(Prometheus, 미리 생각하는 사람)와 그의 동생 에피메테우스
(Epimet- eus, 뒤에 일을 저지른 후 생각하는 사람)가 등장한다. 제우
스가 세상의 형성에 관한 일을 프로메테우스와 에피메테우스에게 위촉하
자, 동생은 형에게 그 일은 자기가 할 테니 동생이 다해 놓은 것을 구경
하라고 한다. 동생은 일을 시작하여 한없이 많은 재료를 가지고 짐승들
을 만들었다. 어떤 동물들에게 추위를 막기 위해 털을 나누어주고, 어떤
동물에게는 더위를 막기 위해 두꺼운 가죽을 주었다. 어떤 동물들에게는
공격용 무기로 뿔, 발톱을 주기도 하고 어떤 동물에게는 빨리 달릴 수 있
도록 다리를 주었다. 어떤 동물에게는 풀이나 열매를 식량으로 주었고,
어떤 동물들에게는 다른 동물을 잡아먹을 수 있게 해주었다. 이때 잡아
먹히는 동물은 빨리 번식하고 잡아먹는 동물은 천천히 번식하게 해주었
다. 이러한 것은 창조라기보다 나누어주는 것이었다. 그런데 사람에게는
아무것도 줄 것이 없었다. 왜냐하면 재료를 다 써버렸기 때문이다. 따라
서 사람은 벌거벗은 채로 그대로 있게 되었다. 프로메테우스가 들어와
보니 동생이 쩔쩔매고 있었다. 그래서 그는 제우스가 와서 볼 것에 대비
해서 신들의 세계에 침입하여 불(지혜의 상징)을 훔쳐다 사람에게 가져
주었다. 사람으로 하여금 지혜를 가지고 자기에게 없는 것을 머리를 써

서 해결해 나가도록 한 것이다.

사람들이 여기저기 흩어져 살았다. 그러다 보니 짐승에게 잡혀 먹혀 사람들은 점점 줄어들었다. 그래서 사람들이 모여 살기 시작하자 오히려 짐승들은 잡아먹게 되었다. 그러나 한편으로 자기들끼리 싸우게 되자. 사람들은 차라리 짐승에게 먹혀 죽는 것이 낫지 여기서는 도저히 못살겠 다고 생각한다. 그래서 다시 흩어지기 시작한다. 제우스는 큰 걱정 속에 서 사람들을 다시 모을 수 있도록 하기 위해 헤르메스(Hermes)를 시켜 인간들한테 두 가지를 가져다 주게 했다. 그것은 정의와 수치심이고 사 람들은 이것을 가지고 함께 살아갈 수 있게 되었다. 프로메테우스는 제 우스가 등장 하기 전 '다스리는 것'을 훔쳐내려 했으나 경계가 심해서 못 훔쳐냈다. 그는 그냥 돌아오면서 '다스리는 것, 그것은 제우스의 것이다' 라고 말하였다. 이 말은 사람들은 제대로 다스릴 줄 모른다는 말이다.

플라톤에 의하면 인간은 원래 신들 곁에 있으면서 이데아들을 직관하 고 있었다. 그래서 사물들에 대한 참된 지식들을 가지고 있었다. 그런데 뭔가가 잘못 되어서 영혼은 육체 속에 갇히게 되었다. 육체는 마치 감옥 처럼 사람에게 짐이 된다. 이때부터 머리가 흐릿하게 되었다. 그래서 사 람들은 잡다한 것들에 힘을 쓰게 되었다. 이제 참된 인식이란 내 눈 앞에 놓여 있는 것이 계기가 되어 흐릿하게 되어 있는 것을 회상하는 것이다. 그래서 무엇을 알아차린다는 말은 전적으로 '기억(memoria)'이다. 모르 는 것을 따로 배우는 것이 아니고 이미 희미하게 알고 있는 것을 기억해 낼 뿐이다. 우리는 모든 것을 미리알고 있다. 그리고 그때그때마다 기억 해낸다. 그것이 인식이다. 그리고 신들 곁에 있는 영혼은 죽지 않고 없 어지지도 않는다. 이것은 플라톤의 『파이돈』에서 가장 강하게 드러난 다. 따라서 후대에 '인간의 본질'은 영혼이므로 육체는 벗어 던져야 하는 것이라고 여기게 되었다. 따라서 서양에서의 영혼불멸사상은 그리스도교적 유산이 아니고 희랍철학의 영향이다.

플라톤은 이데아론을 가지고 본격적 의미에서 서양을 열었다. 특히 그것 자체의 세계가 따로 있다고, 그리고 그것은 변화하지 않고 영원하다고 한 그의 생각은 대단한 역할을 한다. 이는 존재자들을 가능케 하는 절대적인 존재에 관한 사유이다. 하지만 세계란 것이 평가절하 됨으로써 후대의 사람들은 평가 절하된 세계를 복권시키는 작업을 많이 하게 된다. 니체에 의하면 플라톤적인 이원론은 그것이 나타난 이래 서양철학의 모든 역사를 지배한다. 하지만 니체는 이런 이원론을 모든 형이상학과 함께 해체하기를 원한다.

2. 존재와 운동 : 실체

아리스토텔레스는 그의 스승 플라톤의 이데아론을 비판한다. 그는 사물(res)에게로 다가가야 한다고 강조한다. 이를 통해서 그는 엄격한 의미의 학문을 가능케 했다. 그리하여 그는 학문의 아버지가 된다. 특별히 그는 최초로 형이상학을 쓴 사람이다. 형이상학은 존재 그 자체와 존재의 특성과 존재의 제일원인에 관한 일반적인 이론으로 모두 14권으로 구성되어 있다. 이 책의 제목은 뒤에 와서 붙여진 것으로서 안드로니코스가 체계적인 저작들을 간행할 때에 이 저서를 8권으로 된 자연학 뒤에 두었다고 하는, 도서정리 상의 기호일 뿐만 아니라, 동시에 인식의 순서에 있어서도 자연학에 관한 저작들 '뒤에(meta)'읽혀져야 한다는 방법적이고 구체적인 것도 시사하고 있다. 그러나 이 형이상학의 대상은 본성적으로 제일 첫 번째의 것이요, 따라서 이 학문은 제일철학(prima philosophia) 또는 지혜라고 불린다.

　형이상학은 의학이나 수학처럼 존재의 개별적인 여러 분야를 연구하는 학문이 아니고 아무데나 있는 보편적인 존재 즉 존재 자체와 존재자체와 관계 지워져 있는 것을 생각한다. 존재 자체와 이것에 본질적으로 속해 있는 모든 것을 고찰하는 학문이다. 이렇게 해서 형이상학은 존재에 관한 학문 즉 존재론(ontologia)이다. 또한 제일철학은 움직여지지 않는 자와 스스로 존재하고 있는 자에 관한 학문 다시 말해 신, 즉 움직여지지 않고 움직이는 자와 존재하고 있는 것들의 제일원인에 관한 학문이다. 따라서 형이상학은 '신에 관한 학문'이 된다. 이러한 형이상학의 두 가지 측면 즉 존재자체에 관한 학문과 제일 운동자 즉 움직여지지 않는 자에 관한 학문은 모순되는 것이 아니다. 존재자체가 연구될 때는 저절로 존재의 궁극적이고 독립적인 근거에로까지 파고들게 된다. 따라서 아리스토텔레스에 있어서 존재론과 신학은 크리스챤 볼프 이후의 근대에 이르러 관습이 되어버린 것처럼, 두 가지의 나뉘져 있는 학문이 아니다. 신학은 아리스토텔레스가 젊었을 때뿐만 아니라 나이든 후에도 존재론의 완성이요 왕관인 것이다. 소크라테스 이전의 철학자들과 플라톤에 있어서와 마찬가지로 아리스토텔레스에게 있어서도 존재에 관한 학문은 신에 관한 학문 즉 그 전시대의 신화적인 신학과 구별되는 철학적인 신학으로 된다.

1) 플라톤의 이데아론 비판

　아리스토텔레스의 사상은 그의 스승 플라톤을 비판하면서 시작한다. 플라톤이 죽은 후 아카데미아를 떠나면서 아리스토텔레스는 "플라톤은 친구이다. 그러나 진리는 보다 큰 친구이다.(amicus Plato. magis amica veritas)"라는 말로 플라톤의 이데아론을 비판한다. 아리스토텔레스가 플라톤의 이데아론을 비판하는 근본 이유는 어떤 사물을 바로 그 사물이 되게 하는 그것 자체가 그 사물과 분리되어 따로 존재한다고 하는 주장은 알아들을 수 없다는 것이다. 어떤 사물을 바로 그 사물이 되게 하는 본질은 바로 그 사물 속에 있지 않으면 안 된다. 구체적이고 개별적인 그 사물 속에 있을 수밖에 없다.

그리고 아리스토텔레스에 의하면 우리는 그 사물에게로 다가가서 그 사물로부터 그 사물의 본질을 추상해내여 그 사물의 개념을 얻어낸다. 플라톤이 이야기하고 있는 이데아란 바로 이러한 개념에 지나지 않는다. 따라서 우리는 무엇보다도 사물에게로 다가가야 한다. 그리고 더 나아가서 사실에게로 다가야 한다. 그리고 그로부터 그 개념을 얻어내야 한다. 이러한 개념으로부터 우리는 지식을 얻어낸다. 그리고 그 지식을 체계적으로 정리하면 그것이 바로 학문이 된다. 이렇게 해서 아리스토텔레스는 학문의 아버지가 된다.

아리스토텔레스가 플라톤의 이데아를 끌어내려 '개념'이란 말을 하기 시작함으로써 비로소 논리학이 생겨난다. 그리고 논리학의 생겨남으로 학문이 가능하게 되었다. 결국 플라톤의 이데아의 세계가 아리스토텔레스에게서는 인간의 사고 안에 들어오게 된 것이다. 플라톤은 이데아 그 자체가 따라 있다고 했으나 아리스토텔레스에게서 이데아의 세계는 '개념'이라는 단어 하나를 통해 우리의 사고 속에 들어오게 된다.

또한 앞에서 언급한 것처럼 사물의 본질은 그 사물 안에 있다. 그래서 아리스토텔레스는 사물(res)들에 다가간다. 아리스토텔레스의 마지막 말은 '사물(res)한테 다가가라!'는 것이다. 그리하여 모든 형태의 실재론(realismus)의 원형이 아리스토텔레스와 더불어 탄생한다. 그는 사물한테 다가가, 그것이 그것 되게 하는 본질 곧 개념을 얻어낸다. 이것이 지식이 되고, 이것을 정리하면 학문이 된다. 바로 여기서 아리스토텔레스의 논리학이 탄생한다.

아리스토텔레스에 의하면 우리가 무엇을 인식하는 것은 감각을 통해서이다. 감각을 통하지 않고서는 아무것도 인식할 수 없다. 눈으로는 색깔을, 코로는 냄새를, 귀로는 소리를, 입으로는 맛을, 손으로는 딱딱하고 부드러움을 감각한다. 그리고 우리는 이러한 감각자료들을 하나에로 통합해낸다. 그것을 우리는 통각이라고 한다. 그리고는 아직도 감각의 단계에 머물고 있는 통각에 이성이 작용하여 그 통각을 하나의 개념에로 작업해 낸다. 다시 말해 오관을 통해 각각 받아들여진 것들이 내 속에 들어와 통각이 이루어지고 통각이 이루어져야 비로소 '그것이 무엇임' 곧 개념이 생기게 되는 것이다. 따라서 인식하는데 무엇보다도 먼저 반드시 수동적인 받아들임이 있어야 한다. 그리고 다음단계로 사고 속에서 능동적 작업이 이루어져야 비로소 개념이 형성된다. 우리는 오관을 통해 감각재료들을 얻어낸다. 이것은 감각되어진 것들의 받아들여짐의 단계이다. 이 단계는 아직 감각적인 단계이다. 이를 일컬어 수동지성이라 한다. 그러나 감각적인 것은 지적인 단계로 즉 인식되어질 수 있는 것으로 옮겨져야 한다. 감각적인 것을 인식되어질 수 있는 것으로 옮기는 것을 능동지성(intellectus agens)이라 한다. 이 능동지성에 의해서 우리 사고 속에서 개념이 생기게 된다.

일반적으로 우리 머릿속에 있는 것을 통틀어 사고(Denken)라 하는데 이 사고와 사물은 동일하게 된다. 이와 같이 사고와 사물의 일치 (adaequatio intellectus et rei)가 진리라고 보는 것을 사상사에 있어 realismus(실재론)라 한다. 아리스토텔레스에 의하면 인간의 사고

는 비어있었다. 그래서 감각을 통해 무엇을 받아들이고 인식을 형성한
다. 따라서 감각을 통하지 않고 우리는 어떠한 지식도 갖고 있지 않다.
먼저 감각에 의해서 들어오는 것만이 우리 이성 속에 들어있게 된다. 결
국 감각 속에 들어있지 않은 것은 어떤 것도 이성 속에 들어있지 않다고
말하게 된다. 이러한 태도는 사상사 안에서 후에 경험론으로 이어지게
된다.

아리스토텔레스는 이러한 기초 위에서 여러 분야를 다루었다. 이론학
문(논리학, 자연학, 형이상학, 정신학), 실천학문(윤리학, 정치학), 제
작학문(시학, 웅변학)을 다룬다. 이론적인 것에서는 진리를 따지고 실천
적인 것은 선을 따지며 제작적인 것에서는 미를 따진다.

2) 실체의 형이상학 : 형이상학 제 4 권

아리스토텔레스에 의하면 형이상학은 '있는 것(존재자)'을 있는 것으
로 다루는 학문이다. '있는 것'을 그 있다는 관점에서만 문제 삼는 학문이
라는 말이다. '있는 것'을 일정한 관점에서 예컨대 그 것이 살아 있는 것
인가. 또는 살아 있지 않는 것인가, 그것이 정신적인 것인가 또는 물질적
인 것인가 라고 하는 일정한 관점을 택하지 않고 '있는 것'을 있는 것으로
즉 그 있다는 관점에서 문제 삼는 그러한 학문이라는 말이다.

아리스토텔레스는 먼저 있는 것. 그것은 무엇인가를 묻는다. 그리고
있는 것, 그것은 무엇으로 되어있는가를 작업한다. 아리스토텔레스에 의
하면 '돌맹이', '소나무' 등만이 본격적인 의미에서 있는 것들이다. 이들은
돌맹이로서 소나무로서 '스스로 서 있다.' 다른 것에 의존하지 않고 독립
적으로 그리고 독자적으로 서 있다. 그리하여 이들만이 본격적인 의미
에서 있는 것들이다. 아리스토텔레스에게 있어 '있는 것'이란 일차적으로

'자기 속에 버티고 있는 것', '스스로 서 있는 것(ens in se)'을 말한다. 후에 이를 일컬어 실체(substantia)라 말한다. 그때그때마다 변하는 것, 더부살이하는 것 (ens in alio)들도 있는 것이긴 하지만 그것들은 우연히 있는 것(accidens)으로 속성들로서 범주에 속하며 서술어 역할을 한다. 이러한 것은 본격적인 의미에서 있는 것이 아니다. 존재하는 것이 아니다. 결국 아리스토텔레스의 형이상학은 실체의 형이상학이다.

다음 단계에서 아리스토텔레스는 우유적인 것들이란 있는 것이 아니라고 한다면 본격적인 의미에서 있는 것이라고 하는 실체란 무엇으로 되어 있는가라고 묻는다. 그에 의하면 실체란 질료(materia)와 형상(forma)으로 되어 있다고 한다. 구리로 된 공을 예로 든다면, 첫째 그것은 구리로 되어 있다. 즉 구리가 재료(materia, 질료)이다. 둘째 그것은 '공'이다. 구리로 된 동상이 아니고 구리로 된 공이다. 즉, 그것의 드러나는 모습 곧, 형상(forma.꼴)은 공이다, 이처럼 아리스토텔레스에 의하면 실체는 질료와 형상으로 되어있다. 다시 말해서 있는 것은 그리고 존재하는 것은 질료와 형상으로 되어 있다. 이것이 아리스토텔레스의 질료형상설이다. 이것은 그의 존재론에 있어 가장 중요한 자리를 차지한다. 셋째 그것은 누구에 의해서 만들어졌는가를 물을 수 있다. 그 구리공은 장인에 의해 만들어 졌다. 넷째 무엇 때문에 만들어 졌는가라고 물어진다. 그것은 운동을 하기 위에서 혹은 건강을 유지하기 위해서 만들어 졌다. 있는 것은 이렇게 이상의 네 가지로 되어있다. 즉 있는 것은 질료와 형상으로 되어있고, 그것을 만든 이가 있으며 그것을 만든 목적이 반드시 있다. 아리스토텔레스 이전의 선배들은 이상의 네 가지를 모두 다 언급하지 못하고, 어떤 사람은 재료만 말했고, 또 어떤 사람은 형상 혹은 원인만 언급하였다. 그리고 목적에 대해서는 아무도 언급하지 않았다.

'있는 것'은 아리스토텔레스에 의하면 다음과 같이 크게 분류된다. 첫 번 단계는 단순히 있기만 하는 즉 무기물이 있다. 둘째 단계는 단순히 있을 뿐 아니라 살아 있는 것 즉 생물이라고 하는, 식물과 동물이 있다. 셋째 단계로 있고 살아 있을 뿐 아니라 생각하는 것이 가능한 그러한 것 즉 인간이 있다. 넷째 단계로 그리고 끝으로 순수 정신적 인 것 즉 신들이 있다. 이와 같이 아리스토텔레스에 의하면 존재하는 것들은 단계별로 그 서열을 갖고 있다.

3) '있는 것'의 운동 : 형이상학 제 7,9권

'있는 것'은 항상 이렇게 있는 것으로 남아있지 않고 저렇게 있는 것으로 넘어간다. 혹은 없는 것이 있는 것으로 남아나고 (생성), 있는 것이 없는 것으로 넘어간다(소멸). 이를 한마디로 줄여서 '변화' 혹은 '운동'이라 한다.

아리스토텔레스는 있는 것이 없는 것으로 되는 변화 그리고 없는 것이 있는 것으로 되는 그러한 변화를 문제 삼지 않는다. 그리고 다만 이렇게 있는 것이 저렇게 있는 것으로 옮겨가는 변화 그리고 저렇게 있는 것이 이렇게 있는 것으로 옮겨가는 변화만을 문제 삼고 있다.

그에 의하면 하나의 변화에는 두 개의 상태가 있게 된다. 예컨대 사과 씨라는 하나의 상태와 사과나무라는 다른 하나의 상태가 있게 된다. 여기서 만일 사과 씨가 사과나무로 옮겨 간다면 그것은 사과 씨가 사과나무로 될 수 있는 가능한 상태에 있기 때문이다. 그리고 사과나무가 사과열매를 맺는다면 그것은 사과나무가 사과열매를 맺을 수 있는 가능한 상태에 있기 때문이다. 아리스토텔레스는 이러한 가능한 상태를 짧게 가능태(potentia)라고 이름 짓는다. 다른 한편 사과 씨는 사과나무에 대해서는 아직도 가능한 상태에 있을 뿐이지만 사과 씨로서는 이미 이루어져 있는 현실의 상태에 있다. 사과나무 역시 사과열매에 대해서는 아직도 가능한 상태에 있을 뿐이지만 사과나무로서는 이미 이루어져 있는 현실의 상태에 있다. 아리스토텔레스는 이러한 현실의 상태를 짧게 현실태(actus)라고 이름 짓는다.

그리하여 아리스토텔레스에 의하면 변화란 가능태에서 현실태로 넘어가는 과정이다. 그리고 아리스토텔레스에 의하면 '존재하는 것'은 첫째로 질료와 형상으로 되어 있고, 둘째로 현실태와 가능태로 되어 있다.

고대의 선배들 중 헤라클레이토스와 파르메니데스는 운동이 있다 혹은 없다고 대립되어 왔다. 그런데 이 문제가 아리스토텔레스에 의해 해결이 된다. 예컨대 삼각형이 사각형이 되었다 했을 때, 삼각형이 왜 삼각형으로 남아있지 않고 사각형으로 넘어 갔느냐가 문제이다. 그리고 또 그때 삼각형이 삼각형인 채로 남아 있느냐(연속성), 아니면 삼각형인 것을 그치고 사각형으로 넘어갔느냐(단절성)의 문제가 대두된다. 삼각형은 삼각형이라고 하는 현실의 상태에 있다. 그리고 그것이 사각형이라고 하는 현실의 상태로 넘어갔다. 아리스토텔레스에게 있어 모든 것은 현실의 상태 곧 현실태(actus)로 있다. 삼각형이 사각형이 되었다고 할 때 삼각형은 사각형이 될 수 있는 상태에 있었기에 사각형이 될 수 있었다. 다시 말해 삼각형은 사각형이 될 수 있는 가능의 상태 곧 가능태(potentia)에 있었다. 따라서 있는 것은 모두 현실태로 있고, 다른 한편으로 가능태를 지닌다고 할 수 있다. 그런데 변화 곧 운동이란 있는 것의 가능태가 현실태로 넘어가는 것이다. 즉 가능태가 현실태로 넘어가는 과정이 운동이다. 예컨대 씨는 씨로서 현실태이지만, 나무가 될 가능성이 있다. 이 씨가 나무가 되는 과정이 운동, 변화이다. 이때 변하지 않고 그대로 남아 있는 부분 (자기가 자기이기를 버티고 있는 부분)이 실체이고, 변하는 부분(크기, 모양, 색깔등)은 우유이다. 그 결과 우리는 실체는 그대로 남아나지만 우유적인 것은 변한다는 결론에 이른다. 이러한 결론으로 아리스토텔레스는 헤라클레이토스와 파르메니데스의 싸움을 해결하고 종합해 낸다.

4) 신론 : 형이상학 제 12 권

아리스토텔레스에 의하면 변화라는 것은 다른 것에 의해서 변화한다. 다시 말해서 어떤 것이 가능태에서 현실태로 넘어가는 것은 반드시 현실태에 있는 다른 어떤 것에 의해서 그렇게 된다. 변화하는 것은 반드시 다른 것에 의해서 변화한다. 그런데 여기서 이 다른 것은 또한 다른 것에 의해서 변화한다. 그러나 이러한 다른 것은 한없이 그리고 무한히 소급될 수 없다. 그리하여 결국 첫 번째 것이 있어야 한다. 다시 말해서 '스스로는 다른 것에 의해서 변화되지 않으면서도 모든 것을 변화시키는 첫 번째 것'이 있어야 한다. 아리스토텔레스는 첫 번째로 움직이게 하는 것 (제일운동자, Primus motor)을 신이라고 말한다. 그래서 아리스토텔레스가 말하는 운동의 원인은 신학으로 치닫는다. 그런데 아리스토텔레스는 운동이 어디서 오는가를 말하고 있으나, '있다'가 오는 곳을 말하고 있는 것이 아니다. 즉 존재의 차원이 아니고 운동의 차원에서만 그 근거를 탐구한다. 운동에서도 없는 것이 있는 것으로 넘어가는 것, 있는 것이 없는 것으로 넘어가는 것 곧 생성과 소멸을 다루지 않고 생성. 변화 소멸 중 주로 변화를 다루었다. 후에 아랍 철학자들이 이를 발견해 내고 존재의 근거를 움직임의 차원이 아니라 '있다'의 차원에서 다루면서 아리스토텔레스를 수정 보완한다. 그리고 아리비아철학자들에 의해 수정 보완된 아리스토텔레스가 토마스 아퀴나스에게로 이어진다.

이렇게 본다면 아리스토텔레스의 형이상학은 전체적으로 보아 존재론이다. 있는 것을 있는 것으로 다룬다는 의미에서 존재론(onto -logia)이다. 또한 있는 것을 일반적으로 다룬다는 차원에서 존재일반론(ens commune)이다. 다른 한편 있는 것을 움직이게 하는 것 즉 신을 문제 삼는 신론(theologia)이다. 운동의 원인을 추구하면서 제일동자 곧 신이 있어야 한다고 말하고 있다. 이것은 중세에 큰 영향을 미친다.

3. 존재와 여럿 : '하나'

플로티노스는 그리스철학을 하나의 통일된 체계로 엮어낸다. 그리하여 그리스철학을 마무리 짓는다. 그에 의하면, 모든 것은 '하나'에서 나왔다. 그리고 또한 모든 것은, 일체의 것은 이 '하나'에로 돌아간다. 이 하강의 길은 플로티노스의 형이상학이고 상승의 길은 그의 윤리학이다.

플로티노스의 사상은 다음 두 가지 사실에서 영향을 받으면서 형성되었다. 첫째로, 그는 그리스철학을 이어받았다. 그중 에서도 플라톤의 사상을 이어받았다. 플로티노스는 스스로 '나는 플라톤의 해석자'로 자신을 말하고 있다. 그래서 사람들은 그의 사상을 일컬어 신플라톤주의(Neoplatonismus)라고 부른다. 둘째로 그는 '신적인 것'과 하나가 되는 체험(unio mystica)을 한다. 네 번씩이나 그런 체험을 했다고 한다. 그리하여 그는 플라톤의 철학을 이어받고 아리스토텔레스의 철학을 감안하면서 자기 자신의 체험을 해명해 나간다. 그리고 이것이 바로 그의 사상이다.

플로티노스는 육체를 떠나 높은 곳으로 '올라가는' 경험을 했다. 그리하여 '신적인 것'과 하나가 되는 체험을 했다. 이때 그는 마음이 가득 채워지는 것을 느꼈다. 그리고 그는 더 할 수 없이 행복했다. 이러한 신비 체험으로부터 깨어난 그는, 다시 말해서 또다시 낮은 곳으로 '내려와서' 일상생활로 돌아온 그는 생각하기 시작했다. 방금 가졌던 그러한 체험이 가능했던 이유는, 내가 이전에는 저 '위에'있었기 때문일 것이다. 그리고 어째서 그런지는 알 수 없으나 지금은 내가 이 '밑에서' 살아가고 있는 것이다. 한걸음 더 나아가서 모든 것은 그리고 일체의 것은 이전에는 저 '위에' 있었다. 그런데 무언가 잘못되어 지금은 이 '아래로' 내려와 있는 것이다. 바로 여기서 그의 '상승'과 '하강'의 개념이 나오게 된다. 그는 상승하는 경험을 했다. 이 경험을 토대로 하강 했으리라 확신을 가지게 되고 그래서 하강을 설명하게 된다. 하강 쪽을 설명해 낸 것이 그의 존재론이고, 상승 쪽은 그의 윤리학이 된다.

1) 하강과 상승

플로티노스에 의하면, 모든 것은 그리고 일체의 것은 '하나(hen)'에서 나왔다. '하나'는 그 자체로 충만하다. 그리고 충만하기에 넘쳐흐른다. 그리하여 모든 것은 그 '하나'로부터 흘러나온다. 결국 '하나'는 일체의 것의 근원이요 원천이다. '하나'는 우리가 규정할 수 없는 것이다. 그리고 우리가 이해할 수도 인식할 수도 없다. 우리가 표현할 수도, 말해 낼 수도 없고, 마지막까지 전달할 수도 없다. 결국 우리가 정의해 낼 수 없다는 말이다. '하나'라는 말 자체도 우리가 답답해서 쓴말이지 결코 거기에 매여 있지 않다. 이러한 '하나'로부터 하강이 시작된다.

제1단계로서, '하나'로부터 '정신(nous)'이 흘러나온다. 플로티노스에 의하면, 그것은 마치 흘러넘치는 '샘'에서 물이 흘러나오는 것과 같다. 그리고 '빛'이 어둠 속으로 번져나가는 것과 같다. 그리고 제2단계로서, '정신'으로부터 '혼'이 나온다. '정신'은 순수하여 물질과는 아무런 상관이 없는 것이어서, 물질로부터 자유로운 것이다. 그러한 '혼'은 물질과 결합되어 있어서, 물질로부터 구애를 받는 그러한 것이다. 그리고 또한 제3단계로서, '혼'으로부터 끝으로 '물질'이 나온다. 이러한 '물질'은 '하나'로부터 가장 멀리 떨어져 있어서, '하나'가 하나의 '빛'이라면 '물질'은 하나의 '어둠'이다. 그리고 이것은 어느 모로 보나 긍정적인 면이 조금도 없다. 그것은 전적으로 부정적인 것이어서 우리는 그로부터 떠나야 한다. 그것은 '악한 것'이다. 그리하여 이제 하강운동에 반대가 되는 상승운동이 전개된다.

플로티노스에 의하면, '혼'은 '물질'에 붙들려 있기 때문에 죄를 짓고 악을 저지르게 된다. 따라서 '혼'은 무엇보다도 먼저 물질(육체)에서 벗어나서 스스로를 '정화(purification)'하는 데 힘써야 한다. 그리고 다음 단계로, '혼'은 '정신'으로부터 '조명(illuminatio)'을 받아서 그러한 '정신'의 단계에 올라서야 한다. 그리하여 이제 마지막 단계로, '정신'은 모든 것과 일체의 것의 근원이며 원천인 '하나'와 '일치(unio)'되어야 한다. 그리고 이렇게 될 때, 모든 것은 그리고 일체의 것은 완성된다.

지금까지 이렇게 이야기한 사람은 아무도 없었다. 플로티노스는 그리스철학을 체계화한 사람이다. 또한 그는 1급가는 신비 사상가였다. 그가 말하는 '하강과 상승'은 다분히 플라톤을 닮았다. 그런데 플라톤은 이데아들을 이야기하면서 선의 이데아에 특별한 자리를 부여했지만 그의 이데아론에서는 여전히 애매한 점이 있었다. 이에 대해서 플로티노스는 '하나'를 가지고 전체를 설명했다. 또 한편 플로티노스가 이야기하는 〈정신-혼-물질〉의 단계 구분에는 아리스토텔레스가 말한 실체들의 단계들이 들어와 있다. 그런데 아리스토텔레스는 모든 것을 움직이게 하는 첫 번째 동인(primus motor)에 대해 이야기하면서, 그것이 하나라고도 했다가 55개(당시 행성의수가 55개라고 생각했다)라고도 이야기하면서 애매한 태도를 취한다. 그런데 플로티노스가 하나를 가지고 모든 것을 마무리하였고, 체계를 지웠다. 한편으로는 플라톤의 몫을 차지하는 것과 닮았으면서 다른 한편으로 단계를 아리스토텔레스처럼 설명함으로써 그리스철학을 완성시켰다. 그리스철학은 플라톤, 아리스토텔레스, 플로티노스 이 세 사람으로 완성되었다. 물론 준비한 사람은 소크라테스였다.

플로티노스를 통해서 고대의 그리스철학은 완결된다 하겠다. 이 철학은 이제 하나의 종합된 체계를 갖추게 된다. 그의 사상은 하나의 깨끗한 체계를 갖추게 된다. 모든 것은 그리고 일체의 것은 '하나'에서 나온다. '하나'에서 흘러나온다. 그리하여 모든 것이 그리고 일체의 것이 '시작'된다. 그리고 또한 모든 것은 그리고 일체의 것은 또 다시 '하나'에로 되돌아간다. 그리하여 모든 것이 그리고 일체의 것이 '끝'난다. 다시 말해서 '완성'된다. 이러한 플로티노스의 사상은 후대에 특히 중세에 철학하는 데 있어서 하나의 확고한 그리고 지속적인 '틀'을 제공해 준다. 플로티노스의 이런 사상은 아우구스티누스에 의해 대폭적으로 받아들여졌고 그를 통해 그리스도교 영성신학에 지대한 영향을 미친다. 아우구스티누스는 이 사상을 받아들여서 이 개념들을 이용하여 신학을 이루었고 이 신학은 그 후 그리스도교 신학의 기초를 이루게 된다. 또 한편 플로티노스의 사상은 앞으로 벌어지는 상승의 철학의 토대가 된다. 파스칼, 키에르케고르, 가브리엘 마르셀 등의 뿌리는 아우구스티누스이고, 아우구스티누스는 플로티노스에 뿌리를 두고 있기 때문이다.

2) 아름다움의 본질

포르피리오스의 연대기적 순서에 따르면 플로티노스의 첫 번째 논고인 '아름다움에 관하여Enneades. I 6(1)'[1]는 엔네아데스 가운데 가장 잘 알려져 있고 많이 읽혀져 온 논고이다. 이것은 또한 정신적인 실재에 대한 이해를 증가시키기 위한 방편으로서 정신적인 아름다움을 논의하고 있는 '정신적인 아름다움에 관하여Enn. V8(31)'라는 논고와 함께 빈번하게 논의되어 왔다. 이런 두 논고는 플로티노스의 가장 독창적이고 중요한 미학적 철학의 완벽한 견해를 제시하고 있고 그가 물리적 아름다움과 도덕적인 아름다움의 관계, 이 양자와 정신적인 아름다움의 관계, 정신적인 아름다움과 '하나'에 대한 관계를 어떻게 이해하고 있는가에 관해 밝히고 있다. 아름다움과 '하나' 사이의 관계성의 문제는 특별하게 '형상의 다수성과 선에 관하여Enn. VI 7(38)'라는 논고에서 다시금 논의되고 있다. 이러한 아름다움에 관한 논고들은 플로티노스의 사상적 체계를 가장 명확하게 드러내 보이고 있다. 이것이 우리가 아름다움에 관한 논고를 우선적으로 다루어야 할 이유이다.

가) 감각적인 아름다움

'아름다움에 관하여(Enn. I 6)'는 아름다움에 대한 플로티노스의 개념에 관한 연구에 있어서 대표적인 분석대상이다. 포르피리오스의 연대기적인 순서에 의하면 이 논고는 플로티노스의 첫 번째 작품이다. I 6의 논고는 본질적으로 세 부분으로 구분된다. 첫 번째 부분에서는 감각적 아름다움에 대한 자신의 설명을 시도하고(1-3장), 두 번째 부분에서는 영혼의 아름다움(4-6장)을 다루고, 마지막에서는 아름다움을 사랑하는 사

---

1) 엔네아데스(Enneades)를 Enn.으로 약식표기함.

람의 대상으로서 선 즉 '하나'(7-9)에 대한 논의를 하고 있다. 첫 번째 부분에서 플로티노스는 감각적 아름다움에 대한 스토아학파의 개념을 비판한다. 스토아학파는 감각적 아름다움을 '부분들의 상호관계 및 부분과 전체의 관계에서의 좋은 비례(summetria)와 첨가된 좋은 색채'로 설명한다. 이런 설명에 대한 플로티노스의 비판은 무엇보다도 그 설명이 단지 비례적인 것들 즉 복합적인 것들에게만 관계되고 개별적인 아름다운 색채, 태양의 빛, 황금 또는 번개 같은 '단순한' 아름다움들에게는 적용될 수 없기 때문에 불완전하다고 지적한다. 또한 플로티노스는 좋은 비례가 반드시 얼굴을 아름답게 하지는 않았다고 믿었고, 비례의 개념이 물질적인 대상에 적용되고 덕이나 지식 혹은 아름다운 사회제도 등과 같은 정신적인 대상에는 적용되지 않는다고 보았다. 뿐만 아니라 그는 좋은 색을 추가하는 것이 충분할 것이라고 생각하지 않았다.

이와 같이 플로티노스는 아름다움에 대한 스토아적인 이론을 비판하면서, 플라톤에게 많은 빚을 지면서도 동시에 새로운 것을 더하는 방법으로 자신의 이론을 발전시킨다. 플로티노스는 우선 감각적인 아름다움에 대한 '경험' 즉 아름다움의 현존에 대한 영혼의 반응을 자신의 이론의 출발점으로 삼는다. 감각적인 것속에서 아름다움을 경험하는 것 즉 아름다움의 재인식은 영혼의 내부에 정신적인 실재, 이데아들의 현존을 시사함으로써 플라톤적인 상기를 기억나게 한다. 영혼은 이러한 정신적인 실재에 의해서 감각적인 대상들 속에서 정신적인 것의 현존을 재인식한다. 그러므로 플로티노스는 영혼이 육체들의 참여대상인 아름다움의 형상을 재인식하는데 있어서 토대가 되는 플라톤적인 이데아에 아주 밀접하게 근접해 있는 것처럼 보인다. 그러나 플로티노스에게 재인식은 선천적인 직관의 종류라기 보다도 영혼과 정신적인 것을 연결하는 존재론적인 유사성에 토대로 둔다.

따라서 감각적 아름다움은 감각적인 것 안에 있는 정신적인 것 즉 형상의 현존 일뿐이라는 플로티노스적인 결론이 나온다. 물론 이것은 물질이 형상에 참여하는 범위 내에서다. 반대로 추함은 형상의 부재 또는 결핍으로서 정의된다. 따라서 아름다움의 경험은 영혼의 정신적인 '본향'을 드러내는 것이고, 영혼이 감각적인 것 속에서 있는 정신적인 것의 현존을 재인식하는 것이다. 여기서 영혼은 단지 아름다움의 형상이라는 하나의 형상이 아니라 형상들의 세계 즉 정신적인 존재를 회상하는 것이다. 영혼이 아름다움의 경험 속에서 정신적인 실재를 기억하고, 이런 기억이 아름다운 육체들과 정신적인 존재사이의 관계에 의해서 일어난다면, 육체들은 아름다움의 형상과 같은 개별적인 형상이 아니라 어떤 형상이든지 상관없이 정신적인 실재에 참여하는 한 아름다운 것이다.

다시 말해서 플로티노스는 플라톤과 유사하게 객관적인 현상으로서 숙고되는 아름다움이 아니라 아름다움의 경험을 중시한다. 이러한 경험은 두 사람 모두에게 영혼의 깊은 본성 즉 사랑 또는 완전한 행복에 대한 욕망과 결핍을 보여주는 것이다. 하지만 플로티노스는 플라톤과 거리가 있다. 영혼 안에서의 아름다움의 경험이 감각적인 것 속에 현존하는 '아름다움의 이데아'가 아니라 감각적인 것 속에 있는 모든 정신적인 것의 현존에 의해서 설명된다는 의미에서다. 플로티노스에 있어서는 아름다움의 이데아가 존재하지 않는다. 모든 이데아가 아름다움이고, 모든 감각적인 것은 정신적인 것에 참여하는 한 아름다운 것이다.

이러한 접근방법은 감각적인 실재의 원인에 의해서 '단순한 아름다움들' 과 '복합적인 아름다움들' 모두에 대한 명확한 설명을 가능하게 한다. 어느 것이든 감각적인 아름다움을 만드는 것은 바로 정신적인 형상이고,

좋은 비례는 형상의 여러 표현가운데 하나일 뿐인 것이다. 이런 것으로부터 세계에 대한 아주 긍정적이고 미학적인 시각이 나온다. 왜냐하면 아름다움은 형상처럼 이 세계에 어디든지 현존하기 때문이다. 물론 우리가 형상의 부재 즉 물질로 이해되는 추함도 이세계의 아름다움을 동반하는 침묵, 어둠, 부정과 같은 종류로서 어디든지 편재한다.

　나) 정신적인 아름다움

　'정신적인 아름다움에 관하여(Enn. Ⅴ 8)'는 플로티노스의 제자이며 편집자인 포르피리오스가 하나의 텍스트를 4가지 논고(Ⅲ8, Ⅴ8, Ⅴ5, Ⅱ 9)로 임의적으로 나눈 것 중에 하나이다. 4가지 부분으로 임의적으로 나누어진 이 작품은 그노시스파에 대한 비판을 그 목적으로 하고 있다.

　플로티노스는 우선적으로 신적인 장인이 정신적인 실재로부터 멀어지면서 세계를 만들었다는 그노시스학파의 개념에 주목한다. 이 개념에 의하면 이 세계는 타락하고 무지한 의지의 산물로서 단지 악일 뿐이다. 반면에 플로티노스는 플라톤의 티마이오스에 의거해서 세계는 정신적인 실재라는 완전한 존재의 아름다운 표현으로서 구조되었다고 생각한다. 플로티노스는 이러한 것을 납득시키기 위해서는 정신적인 것에 대한 올바른 이해가 우선적으로 요구된다고 보고, 자신의 반그노시스적인 텍스트를 통해서 정신적인 것에 대한 분명한 이해를 시도한다. 따라서 Ⅲ8의 논고는 세계의 산출을 관상 즉 정신적인 존재인 지혜에 결부시키고, Ⅴ5의 논고는 정신적인 것을 주체와 그 대상의 단일성이라는 관점에서 다루고, 정신으로서의 정신적인 것을 진리의 문제로 다룬다. 그리고 Ⅴ8의 논고에서는 정신적인 것을 아름다움의 양상으로 탐색한다.

　플로티노스는 먼저 Ⅰ6의 논고의 논쟁을 다시취하면서 육체와 영혼의 아름다움이 정신적인 존재 즉 '첫 번째 아름다움', 혹은 '순수한 아름다움'

이라고 불리는 형상들로부터 온 것임을 보여주고자 한다. 육체적인 아름
다움의 물질성은 형상을 받아들이는 것을 제한함으로써 감각적인 대상의
아름다움에 기여하는 것이 아니라 방해할 뿐이다. 이러한 물질적인 한정
으로부터 자유로운 '형상의 아름다움'은 근원적으로 자신의 순수성을 재
발견한다.

플로티노스는V8의 논고의 서두에서 (1-3장) 정신적인 아름다움의 이
해에 대한 접근을 시도하면서 물질성이 야기하는 아름다움의 축소를 강
조하였다. 예술에 의해서 물질적인 대상들안에서 산출된 아름다움은 그
것의 물질화에 의해서 축소되고 약화된다. 그러나 이런 한계로부터 자유
로운 순수하고 첫 번째 가는 아름다움은 정신적인 것 즉 형상이다. 그렇
다면 어떻게 이러한 정신적인 아름다움을 이해할 수 있는가? 플로티노스
에 따르면 형상들 즉 정신적인 존재는 이것들을 사유하는 신적인 정신
(nous)과 동일하다. 그래서 V8논고 4-8장은 이 신적인 정신이 무엇인
가를 설명하는 데 집중하고 있다. 실제로 신적인 정신을 이해하는 것은
자신의 사유의 대상인 정신적인 존재 즉 형상들, 말하자면 순수미를 이
해하는 것이기 때문이다. 만약 우리가 이러한 정신적인 아름다움을 이해
하는데 어려움을 가지고 있다면 우리가 그런 경험을 가능하게 하는 상태
속에 있지 않는다는 사실에 기인할 것이다. 우리는 정신적인 아름다움으
로부터 떨어져 있고 관객과 대상사이와 같은 거리감 속에 있다. 따라서
정신적인 것의 인식이 주체와 사유의 대상의 단일화를 함축하는 것처럼
우리도 떨어져 있는 관객의 상태를 떠나서 정신적인 아름다움인 대상과
하나가 되어야 한다. 다시 말해서 영혼이 그자체로 아름다워져, 정신적
인 아름다움과 하나 되는 아름다움이 되어야 한다.

다) '아름다움'을 넘어선 '아름다움'

'형상의 다수성과 선에 관하여(Enn.Ⅵ 7)'의 논고는 266 / 7년경에 기술된 것으로 Ⅴ8의 논고가 들어 있는 반그노스시파 작품과 같이 세계가 정신적인 존재의 표현이라는 것을 논증하면서 그노시스파와의 논쟁을 계속한다. 철학적으로 풍부한 이 논고에서 22장과 32장은 아주 특별하게 이미 Ⅰ6의 논고의 끝부분에서 제기한 정신적인 존재를 초월하는 궁극적인 원리인 선과 아름다움사이의 관계에 대한 문제를 다루고 있다. Ⅰ6의 논고와 Ⅴ8의 논고 안에서 다루어진 생각을 기초하여 우리는 그 관계를 '순수한 아름다움은 정신적인 존재와 동일하다. '선'은 존재를 넘어서 있다. 그러므로 아름다움은 '선'이 아니고 '선'에 예속되어 있다'는 것으로 정돈할 수 있다. 그런데 Ⅵ 7의 논고의 22장과 32장은 아름다움과 '선'사이의 관계에 대한 보다 신중한 접근을 제안한다. 영혼은 정신위에 이 '선'의 빛이 빛나는 것을 볼 때 감동과 열정으로 가득 찬다. 이것은 마치 이 세상에서 사랑하는 사람들이 육체가 아니라 육체위에 빛나는 아름다움에 의해서 매료되는 것과 같다. 동일한 방식으로 정신과 형상들은 '선'이 그들로 하여금 색조를 띠게 할 때만 영혼의 사랑을 자극한다. 정신의 아름다움은 영혼이 '선'의 빛을 받지 않는 한 생기가 없어지고 영혼은 그것의 현존에도 무관심하게 남아난다. 그러나 '선'의 열기가 영혼에게 까지 다가오자마자, 영혼은 깨어나 높은 곳에로 향해하여 올라가고, 결국에는 정신을 초월해서 '선'에게로 향해간다. 여기서 우리는 '선'의 빛이 없는 정신과 아름다운 얼굴을 비교할 수 있다. 호의가 없고, 생명이 없는 얼굴과 비교할 수 있다. 하지만 우리가 최종적으로 사랑하는 것은 언제나 생명이고, 이 생명은 육체에게 아름다움을 준다. 그러므로 아름다움은 비례 속에 있지 않고 호의 속에 있다. 말하자면 아름다움을 숨 쉬게 하는 생명 속에 있다. 따라서 플로티노스의 관심은 살아있는 것 위에서 호의

(charis) 즉 '선'의 빛이 반짝이는 것을 보는 것이다.

이곳에서 아름다움은 '선'의 '빛'으로서 제시되고, 정신적인 존재 안에 현존하는 '선'의 '호의', '생명', '색채'로 제시된다. 내용적으로 우리는 전적으로 다른 차원에서지만 아름다움의 정의에 대한 스토아적인 요소(비례와 색채)를 재발견한다. 여기서 '좋은 색채'는 비례에 부가되는 것이 아니고, 정신적인 존재에 앞서서 그것을 조명하고 아름답게 하는 것이다. 그것은 정신적인 존재인 아름다움 속에 있는 '선'의 창조적인 현존이다. 또한 그것은 우리를 아름다움에 대한 사랑으로 이끌어 들이는 것이다. 플로티노스는 아름다움으로 부터 '선'을 분리하면서 양자를 단순한 예속 관계로 보고 그것에 만족하는 것이 아니라, 아름다움 안에 원인적으로 '선'이 현존함을 강조한다. 색채에 대한 스토아적인 개념의 변형과 그리고 빛이라는 플라토니즘의 기초적인 은유에 의지해서 '선'의 현존을 강조하고 있는 것이다.

플로티노스에 따르면 1) 형상과 아름다움의 원리는 '형상이 없는 것'이고, 2) 그것이 우리의 욕망을 불러일으키는 것이라면, 초월적인 아름다움은 '형상 없이 존재하는 것'이어야 한다. 3) 따라서 아름다움과 최고선에 도달하기 위해서는 언제나 '형상이 없는 것'을 향하여 나아가야 한다. 실제로 '선'자체는 정신 이외에 다른 것이 아닌 '형상이 없는 아름다움'을 산출한다. 우리는 모든 감각적인 또는 이성적인 형상으로부터 벗어나서 이러한 정신의 '형상이 없는 아름다움'에 도달해야 한다. 그러므로 정신 자체는 형상과 척도가 없는 진정한 아름다움에 도달할 수 있기 위해서 모든 정신적인 형상을 초월해야하고, 형상들의 아름다움을 넘어서 있는 것을 찾아야만 한다.

특별히 여기서 욕망을 자극하는 것은 '형상이 없는 것'이라는 점은 최고선과 모든 아름다움을 초월해 있는 아름다움을 동일시하는 것을 가능하게 한다. 한편으로는 욕망과 사랑을 촉발하는 것은 아름다움이다. 다른 한편으로 '형상이 없는 것'은 최고선이다. 그러므로 우리는 '형상이 없는 것'을 매개로 하여 초월적인 아름다움과 최고선을 동일시 할 수 있다. 이제 욕망과 사랑을 불러일으키는 '선'은 아름다움을 뛰어넘는 초월적인 형태의 아름다움이다. 그것은 자신이 산출한 것 즉 정신을 아름답게 하는 아름다움의 원리다. 그렇다면 '선'과 정신적인 아름다움사이의 관계가 구성하는 힘과 그것의 직접적인 결과라는 의미에서 '선'은 아름다움을 넘어서 있는 아름다움이라고 말할 수 있다.

3) 정신의 본질

그리스철학에 있어서 세계를 이성적인 구조로서 설명하기 위해서 '신적인 정신(nous)'을 요청해야 한다는 생각은 아주 공통적인 현상이었다. 그러나 이러한 '정신'이 기술되는 방식에 대해서는 희랍철학자들 사이에 많은 차이점이 있다고 말할 수 있다. 따라서 플로티노스는 다음과 같이 문제를 제기한다.

"그러므로 몇 사람들의 논쟁 주제가 될 수 있을 지라도 정신이 있는 것인가 라고 묻는 것은 아마 우스운 일이다. 우리의 일은 이제 정신이 우리가 말하고 있는 그런 존재인가, 또는 분리된(khoristos) 정신이 있는가, 정신은 참된 존재인가, 형상들의 본질을 포함하고 있는가 에 대해서 말하는 것이다."(Enn. Ⅴ 9,3,4-8.)

플라톤 이론에 있어서 형상들은 어떤 영원하고 부동한 그리고 항상 그 자신과 동일한 실재이다. 플라톤은 그것을 이데아들(ideai)라고 부른다. 감각적인 것들은 정신적인 형상에 참여함으로서 그 존재성을 획득한다. 그러나 형상들은 감각적인 것으로 부터 분리되어(khoris) 존재한다.
이 분리는 형상이 존재론적으로 절대적인 우월성을 간직한다는 것이다.
또한 형상들의 실재는 추리, '사유와 정신작용'에 의해서 알려지나, 감각
작용에 의해서는 알려지지 않는다. 이것이 형상들이 '정신적인 것'이라고
불리는 이유이다. 이데아론 가운데 플라톤 자신과 그 해석자들에게 가
장 난해한 부분으로 남아나는 문제 가운데 하나는 정신에 대한 이데아의
형이상학적 위치에 관한 문제이다. 특별히 이데아와 영혼과의 관계문제,
이데아와 데미우르고스와의 관계문제가 그것이다. 1)영혼은 이데아와
동일한 것인가? 영혼의 이데아가 있는가? 2)또한 세계의 제작자는 자신
이 모델로 취하는 이데아들에게 예속되는가? 아니면 이데아들은 그 제
작자의 산물인가? 첫 번째 주제인 영혼과 이데아의 동일성에 관해서 플
라톤은 『파이돈』에서 이데아(ousia)와 우리들의 영혼, 특별히 탄생
전의 영혼과 사이의 상관성을 잘 설명한다(77a). 플라톤에 의하면 영혼
은 우선 이데아와 같이 복합적이지 않고, 불가시적이고, 똑같은 방식으
로 한결같은 상태로 있다(78b-79e)는 이유와 이데아과 같이 신적인 것
이라는(80a) 이유에서 이데아와 유사하다. 따라서 신적이고, 불멸하고,
불가분적인 적이고 그 자체와 동일한 영혼은 정신적인 것과 극적으로 근
접한 것으로 드러난다(80ab). 두 번째 주제는 데미우르고스와 정신적인
것과의 관계성의 문제이다. 이 문제는 영혼과 이데아의 문제보다 더 중
요한 것으로 나타난다, 왜냐하면 그것은 'nous-noeton'사이의 동일성
또는 이타성의 문제로 네오플라토니즘의 주토론 대상이 되기 때문이다.
플라톤은 처음으로 데미우르고스을 자주 'nous' 라고 부르고, 정신은 모
든 것에 질서를 부여하는 것이며 그것들의 원인이 되는 것이라 한다
(97bc).

따라서 네오플라토니즘의 정신은 플라톤의 데미우르고스에서 비롯되었음을 알 수 있다. 그러므로 'nous-noeton'관계에 대한 토론의 출발점으로 플라톤의 데미우르고스와 이데아의 관계를 탐구하는 것이 본질적이다. 그런데 데미우르고스와 이데아의 대조는 그렇게 단순한 문제는 아니다. 이 문제에 관한한 플라톤은 주제에 따라서 모순적인 태도를 취하는 것처럼 보인다. 상당한 구절에서 데미우르고스는 이데아들보다 더 열등하게 나타난다. 그러나 여기서 말하는 이데아들은 데미우르고스의 사유를 말하고 있는 것이 아니고, 외적인 것들의 모델로서 역할을 강조하고 있다고 보아야한다. 또한 많은 다른 구절에서 이데아들은 데미우르고스의 창조물로서 제시된다. 이데아들 즉 정신적인 것들이 데미우르고스에 의해서 산출된다는 것이다. 그러나 여기서 산출은 데미우르고스로 부터 이데아들이 떨어져 나간다는 것을 의미하지 않는다. 그것들은 데미우르고스 속에 머무는 데미우르고스의 사유이다. 정리해서 말하면 데미우르고스가 정신이외에 다른 것이 아니라면, 데미우르고스 즉 정신은 자신 안에 존속하는 정신적인 것과 구별되지 않는다. 따라서 플라톤에 있어서 정신과 정신적인 것의 동일성은 의심스러운 것이 아니다.

아리스토텔레스에 있어서 이러한 동일성의 문제는 다음 두 가지 시각에서 논의가 가능하다. 첫 번째는 '현실태에 있는 정신'과 정신적인 것이 동일하다는 『영혼론』(De anima 430a1-4)의 관점이다. '정신적인 것이 정신과 같은 어떤 것이다.' 마찬가지로 "정신은 그 자체가 정신적인 것이다. 왜냐하면 질료가 없는 것들의 경우에 사유하는 것과 사유되는 것은 동일하기 때문이다." 이런 맥락에서 "현실태에 있는 앎은 사실 즉 정신적인 것과 동일하다." 이러한 아리스토텔레스의 명제들을 플로티노스는 다음과 같이 인용한다. "질료가 없는 것들에 대한 앎은 사실 즉 정신

적인 것과 동일한 것이다(Enn. V 9,5,30-31)." 두 번째는 신적인 정신
은 자기 자신을 스스로 사유한다는 형이상학의 관점이다
(Metaphysica1072b20-30). "정신은 정신적인 것(사유대상)에 참여함
으로서 자신을 사유한다. 그 까닭은 정신은 대상과 접촉하고 사유하는
가운데 사유대상이 되기 때문이다. 결과적으로 정신은 정신적인 것과 동
일한 것이 된다." 또한 "정신의 현실태는 삶이고, 그런 현실태는 바로 신
이다. 현실태는 그 자체로서 신에게 속한 것으로서 가장 좋고 영원한 삶
이다." 달리 말하면 '신적인 정신'은 삶 즉 사유활동 특히 다른 것에 의존
하지 않는 사유 활동이다. 결과적으로 신적인 정신은 본성적으로 사유
활동이고, 이 사유 활동보다 더 좋은 것이 있을 수 없다면, 신적인 사유
활동은 사유 활동 자체를 대상으로 삼아야 한다. "그러므로 사유 활동은,
만일 그것이 최선의 것이라면, 자기 자신을 사유하고, 그 사유 활동은 사
유 활동에 대한 사유 활동이다."(1074b33-45) 이러한 아리스토텔레스
의 신적인 정신과 그 대상과의 동일성에 관한 논의는 플로티노스의 '신적
인 정신'에 논의에 기초자료가 된다.

　엔네아데스V9는 '정신, 이념과 존재에 관하여'라는 논고의 제목이 가
리키는 것처럼 정신과 정신적인 형상들 사이에 존재하는 관계에 관한 문
제를 다루고 있다. 이 논고의 서론인 제1-2장은 진정한 철학의 특징들
을 규정하기 위해서 철학적인 학설들을 그 근본요인에 따라 구별 짓고
있다. 내용적으로는 감감적인 것의 단계에서는 발견될 수 없는 '참된 존
재들'에 이르기 위해서는 '이곳의' 세상에서 정신적인 것들의 세계인 '저
곳의' 세상까지 고양되어야 한다는 논지로 구성되어 있다. 보다 구체적으
로 정리하면 플로티노스는 당시의 현존했던 세 가지 주요한 철학적 학설
들을 인식개념의 본질에 따라 계층적으로 구별하면서 비판적으로 검토한

다. 그 가운데 가장 낮은 단계는 에피쿠루스학파이다. 이들은 진리의 기준을 감각으로 삼고, 철학과 앎을 쾌락의 추구와 동일시하면서 육체만이 실재라고 보는 입장이다. 플로티노스는 이 보다 바로 위 단계에 스토아학파의 실천적 지혜를 둔다. 스토아학파 역시 육체적인 실재를 내세우는 철학자들이지만 '가장 낮은 단계로부터 약간 상승한 것'이다. 왜냐하면 그들은 에피쿠르스학파의 쾌락을 넘어서서 윤리적인 가치의 우선성과 인간의 도덕적 삶의 선행성을 인정하고 있기 때문이다. 그러나 그들은 감각적인 세계 위에 정신적인 세계의 존재를 인정하고 있지 않음으로써, 단지 감각적인 것들 가운데 남아난다. 하지만 철학과 앎에 있어서 가장 높은 단계에 있는 것이 플라톤주의자들이 있다. 이들은 감각적인 세계와는 절대적으로 다르고, 그것보다 상위에 있는 '정신적인 세계'안에서 참된 실재를 확립한다. 따라서 플라톤주의자들은 '정신적인 것'을 향하여 상승하는 노력을 해야 한다. 아름다운 것으로 향하는 사랑의 이끌림에 의해서 감각적인 아름다움에서 영혼의 아름다움에로 결국에 그 자체로 아름다운 정신적인 아름다움에로 인도되는 길을 찾아 나서야 한다. 이와 같은 철학적인 상승의 모델에 따라 플로티노스는 영혼의 아름다움의 원인인 '신적인 정신'에 머물지 않고 모든 존재와 아름다움의 원천이고 첫 번째 원리인 '하나(hen)'에 까지 이르러야 한다는 요구를 강하게 암시하고 있다.

이러한 서론적인 논의에서 우리는 플로티노스 사고의 주요한 테제의 하나에 이르게 된다. 그것은 정신적인 세계는 감각적인 세계와는 다르고, 또 분리되는 존재라는 것이다. 또한 정신적인 세계는 그것 자체로 존재하는 것이고, 참된 실재들 전체를 포함하고 있다. 이러한 감각적인 것과 정신적인 것 사이의 구별은 플로티노스가 유물론적인 에피쿠루스학파와 스토아학파의 학설을 거부하게 만든다. 그렇다면 정신적인 세계가 어떻게 구성되어 있는가? 플로티노스는 그것을 계층적 구조로 보고, 정신적인 세계 상위에 정신을 두고, 그것의 주요한 기능은 '사유'라고 본다. 이런 연유에서 엔네아데스 V9가 검토하고 있는 문제는 크게 두 가지로 나누어진다. (1) 그 하나는 정신적인 세계의 최상위에 있는 정신의 본질과 활동은 어떤 것인가 하는 것이고 (2) 다음 하나는 정신과 정신적인 실재인 형상과의 관계는 어떠한 것인가 하는 것이다. 플로티노스는 제 3 장에서 질료형상설을 통하여 정신의 존재를 확립하고, 제 4장에서는 영혼에 대한 정신의 우월성을 다루고, 제 5-8장에서는 정신과 정신적인 것들 즉 형상들과의 관계를 다룬다.

① 정신의 존재

플로티노스는 V9, 제3장에서 정신의 본질을 문제 삼으면서 일차적으로 모든 것은 질료와 형상으로 구성되어 있고, 영혼으로부터 형상은 질료에 이른다고 설명한다. 그러나 아리스토텔레스가 『영혼에 관하여』(De anima III,4)에서 주장하고 있는 것처럼 영혼 역시 질료와 형상으로 구성되어 있다. 플로티노스는 여기서 덧붙이기를 영혼의 구성요소인 형상은 정신으로부터 영혼에 오는 것이다. 따라서 이 정신은 영혼에 형상을 이끌어 들이는 것이며 동시에 영혼의 형상이기도 하다. 플로티노스에 따르면 정신이 영혼과 관계함에 있어서 '능동적인 정신'(영혼에게 형상을 부여하는 정신)과 수동적인 정신(형상인 정신)으로 나누어진다. 이것은 전적으로 아리스토텔레스가 형상을 산출하는 능동이성과 그것을 받는 수동이성을 구별하는 것과 같다. 우주의 단계에 있어서도 동일하게 정신은 데미우르고스적인 산출자이다. 정신은 영혼에게 자신의 '로고이(logoi)'를 제공하고 이 로고이는 영혼의 활동을 고취시키고, 영혼은 이것으로부터 우주에게 외형을 제공한다. 이런 이유에서 영혼의 형상인 정신과 영혼에게 형상을 제공하는 정신이 있다. 그렇다면 여기서 '로고이'라고 하는 것은 바로 형상들이고, 형상들은 영혼의 단계에 자신을 드러내는 것이므로, 정신의 단계보다 더 낮은 단계라고 말해야 한다. 그러므로 정신은 '능동적 정신'으로서 영혼에게 형상을 부여하는 것이고 동시에 데미우르고스적인 산출자로서 영혼에게 형상을 제공하는 것이다. 따라서 정신은 영혼과 다르고 영혼보다 더 우월한 존재이다. 이미 언급한 것처럼 이런 입장의 배경에는 아리스토텔레스의 능동적인 정신과 플라톤의 데미우르고스가 있다. 구체적으로 말하면 신적인 정신과 능동이성을 동일하게 보는 알렉산더의 사상이 그 배경으로 깔려있고, 정신을 데미우르고스와 동일하게 보고 형상은 신의 사유라는 알치누스(Alcinous)의 입장이 그 토대를 이루고 있다.

② 영혼에 대한 정신의 우월성

위와 같은 것들은 플로티노스로 하여금 다음 제 4장에서 영혼에 대한 정신의 우월성에 대한 질문을 하게 한다. 그는 우선 '우월한 것은 그 본성상 첫 번째이다'라는 말로 시작한다. 이것은 '영혼은 자체 안에 이성적인 기능 즉 정신을 포함하고 있고, 포함된 정신이 인간의 삶을 지배해야 한다'는 스토아학파의 철학과 반대되는 구절이다. 그는 동일한 말투로 엔네아데스 Ⅳ 7 제8장에서 영혼에 대한 스토아학파의 개념을 비판한다. "영혼을 능가하고, 생성케하는 것은 바로 정신이다, 왜냐하면 정신은 영혼보다 우월하고, 우월한 것은 본성상 첫 번째이기 때문이다." 플로티노스는 또한 정신은 영혼보다 우월하고 그것과 다르다는 논증을 하기 위해서 아리스토텔레스의 사고에 도움을 청한다. 영혼이 가능태로부터 현실태로 이행해야 된다면, 어느 한 원인이 그것을 현실태로 옮겨야 한다. 게

다가 '첫 번째 실재들이 항상 현실태에 있고, 완전하다면', 영혼은 첫 번째 실재들로서 생각될 수 없다. 그러므로 우리는 영혼보다 더 우월하고 좋은 다른 실재 즉 영혼을 현실태로 이행하게하고, 완전하게 하는 실재를 제안해야한다. 그것이 바로 정신이다. 플로티노스가 영혼에 대한 정신의 존재론적 우월성을 보여주기 위해 선택한 '가능태에 대한 현실태의 선행성'에 관한 견해를 이해하기 위해서는 아리스토텔레스의 『형이상학』 IX,8에로 거슬러 올라가야 한다. 아리스토텔레스는 개념과 시간과 실체에서 현실태가 가능태에 앞선다고 말한다. 먼저 개념상으로 현실태를 알지 못한다면 가능태를 정의할 수 없기 때문에 현실태가 가능태를 앞선다. 둘째로 시간에서도 현실태가 앞선다, 왜냐하면 가능태속에 있는 것은 자신을 현실태로 이끌어갈 원인을 필요로 하고, 이 원인은 이미 현실태이어야 하기 때문이다. 세 번째로 실체에 있어서도 현실태가 선행한다. 현실태가 형상과 일치하고 가능태가 사물의 질료와 일치한다면, 형상은 질료보다 더 우월하고 앞설 뿐만 아니라 현실태도 가능태보다 우월하고, 앞서기 때문이다. 이러한 세 가지 아리스토텔레스 논증가운데 정신의 우월성을 논증하기 하기 위해서 플로티노스가 취한 논증은 '시간에 따른' 현실태의 선행성이다. 정신은 이미 현실태로서 가능태인 영혼을 현실태로 이행하게 하는 원인이기 때문이다.

정신은 영혼보다 우월하고 그것과 다르다, 왜냐하면 그것은 항상 현실태속에 있고, 현실태속에 있는 것은 본성상 가능태 속에 있는 것에 비해 우월하고 우선하기 때문이다. 따라서 1) 정신은 영혼은 현실태로 인도하며 그것을 완전하게 한다. 2) 영혼은 사물에 대한 애착에 예속되지만, 정신은 그것에 예속되지 않는 실재이다. 3) 영혼은 세계 안에 있지만 정신은 세계밖에 있다. 이러한 주장은 정신과 영혼은 구별되고 분리되는 것이고, 결국 영혼보다 정신의 우선하다는 플로티노스의 입장이다. 그러나 이것은 정신이 영혼의 산물이라고 하는 스토아학파의 입장과는 아주 다른 것이다.

③ 정신의 사유대상

정신이 항상 현실태속에 있고, 정신의 고유한 실재가 사유라면 정신은 무엇을 사유하는가? 이점에 있어도 플로티노스는 제 5장에서 정신에 대한 아리스토텔레스적인 이론을 사용한다. 정신이 항상 현실태속에 있기 위해서는 정신은 자신의 활동 즉 사유로 부터 멀리 떨어져 있지 말아야 하고, 정신의 현실태가 진정으로 사유이기 위해서는 외부로부터 사유를 받아들이지 말아야 하고, 필연적으로 '그 자신에 의해서 그 자신에 대해서 사유해야' 만 한다. 결과적으로 정신은 자기 자신을 자신 스스로 의해서 사유할 수 있는 것이다. 만약 그렇지 않는다면, 달리말해서 정신이 그 자신과 다른 것을 사유한다면 그것은 현실태속에 있지 않을 것이고 가능태 속에 있을 것이다.

이 시점에서 플로티노스는 '자신을 자신 스스로 의해서 사유한다'는 것은 정신이 형상들을 사유하는 것이라고 한다. 정신은 '자신 안에 있는 것처럼, 자신과 동일한 것처럼' 형상들을 사유한다. 형상들이 정신자체속이 아니라면 어디에 존재하겠는가? 형상들은 감각적인 것들 가운데 있을 수 없다, 왜냐하면 형상들은 순수한 정신적인 실재들이기 때문이다. 단지 감각적인 것 속에는 형상들의 이미지들만이 있다. 우리는 감각적인 것 속에서 질료와 필연적으로 연관되어있는 형상들의 이미지들만을 발견한다. 이미지들은 우리가 아리스토텔레스에서 확인할 수 있는 것처럼 질료와 필연적으로 연관되어있는 것으로, 단지 '질료 속에서(enula eide)' 발견된다. 플로티노스의 표현에 의하면 '질료위에(epi hulei)'있다. 이러한 형상들의 이미지들은 즉 질료위에 있는 형상들은 '획득된'존재일 뿐이다. 즉 말해서 그것들은 감각적인 것처럼 변화하여 발생과 퇴화에 예속된다. 반면에 정신의 사유대상인 정신적인 형상들은 '정신 자체 안에 거하고' 변화와 퇴화하지 않는 독립적이고 자율적인 존재들이다. 플로티노스는 여기에 머무르지 않고 정신은 '우주의 제작자'(티마이오스28c3-4)라고 언급하면서 형상들은 정신 속에 있다고 말한다. 우선 정신이 우주를 제작하기 전에 즉 말해서 아직 존재하지도 않는 우주 안에 형상들이 있을 수 없기 때문이고, 정신은 자신의 제작자로서의 활동을 시도하기 전에 정신 자체이외에 다른 곳에 존재하지 않기 때문이다.

4) 정신과 형상과의 관계

정신이 자기 스스로 자신에 대해서 사유한다면, 또 동시에 감각적인 우주의 산출자 또는 데미우르고스적인 제작자이다면, 형상들은 사유로서 정신 안에 있다. 플로티노스는 정신의 사유대상인 형상들과 정신과의 관계를 다음과 같이 심화한다.

"정신은 참된 존재들이고, 정신은 이것들을 그 외 다른 존재로서 사유하지 않는다. 그것들은 정신 전 또는 후에 있는 것이 아니기 때문이다. 사실로 말하자면 정신은 첫 번째 입법자이고 혹은 그들의 법자체이다. 그러므로 다음과 같은 것을 주장할 수 있다. '존재와 사유는 동일한 것'이다. '비질료적인 사물들의 앎은 그 대상과 동일한 것이다', '한 존재로서의 나 자신을 찾았다."

형상들은 정신 속에 사유로서 있다. 그것들은 정신 '전'이나 '후'에 있는 것이 아니다. 왜냐하면 정신은 자신의 영원한 사유의 대상인 형상들 자체들이기 때문이다. 이러한 생각은 플로티노스가 정신의 유일하고 단일한 본질을 논증하고자 하는 제 6장에서 세부화 된다. 형상들은 정신 속에 하나의 본질과 현실태로서 있다. 말하자면 정신의 단일성은 부분에 대한 전체처럼 차이점을 인정하는 통일적인 단일성이다. 그러므로 형상들은 정신 안에 포함되고 정신과 하나를 이룬다. 그러나 그것들의 각각은 '개별적인 가능태'이다.

플로티노스는 제 7-8장에서부터 형상들의 본질에 관해서 주의를 집중시킨다.

"만약 사유 활동이 정신 내부에 있는 대상의 사유 활동이라면, 그것은 형상이고 이데아 자체이다. 그러면 이런 이데아란 무엇인가? 그것은 정신 또는 하나의 정신적인 실체다. 각 이데아는 정신과 다르지 않다. 즉 각 이데아는 하나의 정신이다. 정신은 모든 형상들이고 각 형상은 하나의 정신이다."

그에 의하면 형상들을 정신의 사유다. 그러나 이것은 정신이 형상들을 사유함으로서 형상들을 산출하거나 발생시킨다는 의미는 아니다. 플로티노스는 형상들이 정신에 의해서 산출될 수 없다는 것을 설명하면서 정신과 형상들의 동일성을 다른 방법으로 강조하고 있다.

"만약 우리가 정신이 존재보다 먼저 오는 것이라고 생각한다면, 사유하는 정신이 존재를 산출하고 발생시킨다고 주장할 필요가 있을 것이다. 그러나 존재가 정신보다 전에 오는 것이라고 생각해야 됨으로, 우리는 존재가 사유하는 것 속에 있고, 마치 불의 현실적인 활동이 단숨에 불을 붙이는 것과 같이 현실태와 사유 활동이 존재를 구축한다고 해야 한다. 그 결과 그것들은 자신들안에 정신을 그들의 고유한 현실태로 가진다."

정신적인 세계에는 시간이라는 것이 없기에 시간적인 관점은 아닐지라도 형상들을 정신 '전'의 것으로 생각해야 한다. 그러나 만약 형상들이 정신 '전'에 있는 것이 아니라면, 우리는 정신이 형상들을 사유하는 것은 '우연하게' 이루어진 것이다 고 결론지어야 한다. 따라서 정신은 모든 형상들을 이미 자신의 기질 안에 가지고 있어야 그것을 사유할 수 있는 것이다. 플로티노스는 여기서 형상이 정신보다 선행한다는 것으로 정신과 형상들의 동일성을 논증한다. 이미 제 5-6장에서 확립한 정신과 형상들 사이의 동일성을 뒷받침하는 새로운 방식으로서 동일성의 확보이다. 그 논증 내용은 다음과 같다.

"존재는 현실태이다. 존재의 현실태와 정신의 현실태는 유일하고 동일한 현실태이다. 그들은 오히려 유일하고 동일한 것이다. 그러므로 존재와 정신은 유일하고 동일한 본성이다. 이것이 '존재'와 '존재의 현실태'와 '정신'이 하나인 이유이다. 결과적으로 사유 활동은 형상이고, 존재형태이고 존재의 현실태이다. 그러나 우리들은 이러한 것들 분리시켜서 그 가운데 어느 하나를 다른 것 '전'에 있는 것으로 생각한다. 이렇게 분리하는 '우리들의 정신'은 분리하지 않는 불가분적인 정신과는 다른 것이다."

플로티노스는 제 8장에서 정신과 형상들과의 관계문제를 새로운 차원으로 발전시켰다. 형상들은 '죽은' 대상들이 아니다. 그것들은 사유 활동이다. '참된 존재'인 형상들은 신적인 정신의 사유 활동이다. 따라서 정신과 정신적인 것들과 사유 활동은 하나이고 동일하다. 사유하는 것과 사유되는 것의 사이를 구별하거나, 더 나아가서 사유하는 것과 사유되는 것 가운데 어느 것이 먼저이냐 혹은 뒤에 오느냐하는 것은 인간조건의 열등함에서 비롯된다. 정신과 형상들과 사유작용들의 상호간에 선행성과 후진성의 문제를 제기하면서, 하나인 것을 분리하는 것은 우리들이다. 감각적인 것 속에 있는 우리들에게는 모든 것들이 일시적이고 시간과 운동에 예속되어 있다. 그러나 감각적인 실재들과 동일한 카데고리와 기준을 정신적인 세계에 적용한다는 것은 오류이다. 따라서 '정신은 참된 존재들이고, 정신은 이것들을 그 외 다른 존재로서 사유하지 않는다. 그 것들은 정신 전 또는 후에 있는 것이 아니기 때문이다.'

이처럼 플로티노스가 제 7-8장에서 발전시킨 논점은 아주 명백하다. 정신과 정신적인 것과 사유 활동은 동일하다는 것이다. 이미 언급한 것처럼 플로티노스의 주장은 아멜리우스(Amelius)에 의해서 설득되기 전까지 포르피리우스가 가지고 있었던 것 즉 형상이 정신 '전'에 혹은 '밖'에 존재한다는 것과 구별되는 것이다. 또한 아테네에서 포르피리우스의 옛 스승인 론지누스(Longinus)의 입장으로 알려진 형상들은 신적인 정신 '뒤'에 온다는 것과도 구별되는 것이다.

정신은 자기 자신만을 사유할 수 있다. 만일 정신이 자기 자신이외의 다른 어떤 것을 사유하지 않는다면 그는 현실태속에 있는 것이다. 이렇게 자기 자신을 사유한다는 것은 형상을 사유한다는 것을 의미한다. 이런 논의를 통해서 플로티노스는 정신과 형상의 동일성을 주장한다. 이러한 정신의 형상은 바로 플라톤의 이념을 의미한다. 다시 말하면 플로티노스는 아리스토텔레스적인 정신의 주체적인 기능으로부터 영향을 받아 그 논법에 의해서 정신과 이념들의 동일화를 이끌어 낸 것이다. '신적인 정신'이 현실태라는 관점에서 이 양자사이의 동일성을 증명한 것이다. 그런데 정신의 현실태는 삶이다. 플로티노스는 정신의 현실태를 삶으로서 서술하면서 정신의 본질이 삶이라고 기술한다. 이러한 입장에 영향을 준 것은 스토아학파의 역동적인 생동주의와 '신적인 정신'의 삶에 대한 아리스토텔레스의 논리, 그리고 플라톤의 소피스트(246e-249)이다. 특별히 이 가운데서 플로티노스는 아리스토텔레스로 부터 주요하게 영향을 받는

다. 그 결과 삶으로서의 정신의 현실태는 사고작용(noesis)임을 발견한
다. 아리스토텔레스에 의하면 신의 삶은 사고작용이다. 즉 신의 완벽한
삶은 현실태로서의 완벽한 사고작용이다. 동일한 방법으로 플로티노스도
정신을 순수 현실태로서 삶이고 노에시스라고 본다. 결과적으로 정신의
현실태가 노에시스이기 때문에 정신은 절대적인 것이 된다.

   그러나 플로티노스의 '신적인 정신'은 그 스스로 자신을 사고한다는 의
미에서 하나이고, 동시에 자신의 사고의 대상을 구성하는 이념들이 다양
하다는 의미에서 여럿이라고 할 수 있지 않은가? 어떻게 '신적인 정신'이
동시에 하나이고 여럿일 수 있을 까? 이런 문제에 대해서 플로티노스는
신적인 정신과 이념들은 비질료적인 형태의 '다수적 단일성'을 구성한다
고 본다. 씨앗은 하나이나 다양성을 이미 내포하고 있는 것과 같이 정신
은 자신을 사고함으로써 하나이고 이념들을 생각함으로써 여럿이라고 할
수 있다. 따라서 플로티노스는 정신의 현실태가 다수성을 함축하고 있다
는 이유로 아리스토텔레스적인 정신을 제일의 전제로 삼지 않는다. 그는
정신의 단일성이 신적인 정신과 사고의 대상 즉 이념들로 구성되어 있다
는 이유로 신적인 정신을 실재의 궁극적인 원리로 인정하지 않는다. 그
결과 플로티노스는 '신적인 정신'위에 '하나'라는 단순하고 최상인 존재
를 전제하게 된다. 따라서 플로티노스는 엔네아데스 V.6(24)에서 정신
을 제일원리로 취급하는 아리스토텔레스와 그 제자들을 비판하고 있다.

5) 정신을 넘어선 '하나'

   신적인 정신은 우주를 구성하는 영혼의 지혜를 현실화한다. 그러나 이
런 정신은 실재의 궁극적인 원리인가? 아리스토텔레스와 알비누스에 따
르면 대답은 '예'이다. 그러나 플로티노스는 신적인 정신에 앞에 궁극적

인 원리가 있다고 말할 것이다. 이런 결론은 모든 복합적인 존재는 그 전에 단순한 원리를 전제하고 있다는 원인성의 원리의 엄격한 적용으로부터 나온 것이다. 이런 원리는 플로티노스가 플라톤에서 발견한 것이고 아리스토텔레스의 『형이상학』Ⅰ 6안에서도 나타난다. 내용으로 보면 '하나'와 디아드(dyade) 사이의 움직임은 개별적인 사물들의 원인들인 이데아들을 야기한다는 것이다. 이러한 원인성의 원리를 가지고 플로티노스는 알비누스와 아프로디시아스의 알렉산더가 생각한 것과는 반대로 신적인 정신이 모든 실재의 궁극적인 원인이 될 수 없다고 주장한다. 그 것은 정신이 아직 복합적인 존재이기 때문이다. 이러한 것은 우리가 모든 사유는 이중성을 내포하고 있는 것을 생각한다면 보다 이해가 될 것이다. 엔네아데스 V4,2에서 플로티노스는 이런 현상을 정신(nous)은 그의 사유(noesis)와 사유의 대상(noeton)사이의 이중성에서 구성된 현실태라고 말함으로서 설명한다. 이미 자신을 사유하는 정신은 다양이다. 왜냐하면 사유하는 주체이고 동시에 사유의 대상이기 때문이다. 다르게 말하면 사유의 모든 대상은 그것이 사유의 대상이라는 사실에 의해서 다양성을 함축하고 있다. 동일하게 신적인 정신은 다양성을 벗어나서 자신의 사유의 대상으로 그가 존재한다는 것을 설명할 수 없을 것이다. 가장 단순한 사유의 대상은 추리적인 논리에 본래적인 이러한 다양성을 벗어 날 수 없을 것이다. 엔네아데스 V6,4에서 플로티노스는 선의 사유의 문제에 의해서 신적인 정신을 넘어서 있는 궁극적인 원리의 요청을 위해서 보충적인 논쟁을 제공한다. 그는 설명하기를 이러한 정신은 비록 자신이 선을 사유할 수 있을 지라도 선과는 다른 것이라고 설명한다. 그런데 한 사물의 존재는 항상 이 사물의 사유보다 우선함으로, 선은 신적인 정신에 앞서서 그리고 독립적으로 존재해야한다. 이러한 논쟁의 결론으로 신적인 정신인 복합적인 것을 넘어서서 절대적으로 단순한 원리를 요청해야만 한다. 그것은 '하나'로서 사유, 존재와 선의 이데아를 동시적으로 초월한다.

플로티노스의 이런 입장의 전개과정은 신적인 정신을 절대적으로 단순한 것을 보는 아리스토텔레스 또는 알비누스의 입장을 아주 독창적으로 비판하고 동시에 플라톤의 하나-디아드라는 이중성을 초월함으로서 완성된다.

모든 사유는 우리가 방금 살펴본 것처럼 다양성을 내포하고 있다. 이러한 것은 신적인 정신에게도 마찬가지다. 그러나 '하나'가 절대적으로 우선하고 독립적인 존재라는 관점에서 신적인 정신을 초월해 있다면 그것은 다양성이 아닐 것이다. 그러므로 이러한 '하나'는 플라톤이 언급한 것처럼 존재를 '넘어서서' 존재한다, 결과적으로 모든 규정을 넘어서서 있는 것이다. 이런 사실로부터 플로티노스는 '하나'는 사유되고 말해질 수 있는 것이 아니다. 그것은 말로 표현할 수 없고, 인식이 불가능한 것이다. 플로티노스는 자신의 선각자들과 관련해서 첫 번째 원리의 인식불가능성의 이론을 발전시킨다. 엔네아데스 VI 9,3-4에서 그는 자신의 추론을 '하나'를 기술하는 것이 아니라 오히려 영혼을 하나에게로 인도하는 것이라고 말하면서 '하나'에 대한 자신의 담론을 정당화한다. 또 그는 엔네아데스 V3,14에서 우리는 그보다 열등한 사물로부터 출발하여 '하나'에 대해서 말하는 것에 이른다고 덧붙인다. 여기에서 말하는 '하나'에 대한 추론은 항상 그 자신 안에 머무르는 '하나'에 관계되는 것이 아니고, 그것은 그보다 나중에 오고 그에 의해서 야기된 존재들인 우리들에게 관계된다. 따라서 '하나'에 대한 담론은 가능하게 된다. 그러나 이것을 위해서 우리들의 논리적인 추리의 부족함을 의식할 필요가 있다. 이런 의식의 파지에 힘을 얻은 우리의 영혼은 신적인 정신의 인식을 파악할 수 있고, 그 결과로 '하나'와의 일치라는 신비적 침묵 속에서 모든 정신작용을 초월하고 중단하게 된다. 그러므로 '하나'에 대한 플로티노스적 담론은 본질적으로 상승적인 담론이다. 플로티노스는 '하나'를 기술하는 대신에 우리로 하여금 그것에로 가깝게 가기를 원한다.

6) '하나'로부터 사물들의 발출

우리는 플로티노스에 있어서 하나로부터 사물들의 발출의 문제를 취급할 때 말마디에 주의를 해야 한다. 왜냐하면 어떤 말마디도 그가 이해한 것을 적절하게 기술하기위해서 알맞지 않기 때문이다. 그래서 발출, 유출 또는 산출, 구성 등의 용어들은 주의를 가지고 다루어져야만 한다. 만약 이런 개념들의 뒷면에 있는 복합적인 실재들에 대해서 관심을 가지기를 원한다면 더욱 그러하다.

엔네아데스 V 1,6에서 플로티노스는 하나와 디아드를 첫 번째 원리들로서 요청했던 플라톤의 학설을 다시 취한다. 그는 플라톤처럼 디아드가 하나로부터 유래했다고 한다. 이러한 것은 그 자신의 사유와 플라톤의 학설이 완전하게 일치한다는 것을 보증해 주는 것이다. 따라서 플로티노스는 원인의 원리에 따라 절대적으로 단순하고 초월적인 '하나'로부터 모든 사물들이 발출한다고 한다. 이러한 발출은 다음 세 가지 단계위에서 실행된다.

①하나'로 부터의 신적인 정신의 구성

'하나'로 부터의 신적인 정신의 구성은 '하나'를 둘러싸고 있는 비정신성의 영역에서 실현된다. 이것이 우리가 열등한 단계들과 유사한 현상으로 만 그것을 기술할 수밖에 없는 이유이다. 그렇지만 우리를 도와주게 될 하나의 원리가 있다. 이것은 모든 완전한 존재는 산출되기를 원한다는 것이다. 그런데 우리는 이 원리를 이미 아리스토테레스의 생물학적인 이론과 플라톤의 타마이오스에서 발견한다. 질투하지 않는 신은 자신의 완전성을 통교하고자 한다. 또 다른 중요한 원리는 각 존재의 이중적인 현실성의 원리이다. 한편으로 존재의 내적이면서 첫 번째인 현실태(실체)가 있고, 다른 한편으로는 외적이면서 두 번째인 현실태가 있다. 그런데 첫 번째 현실태는 외적인 것으로 드러난다는 것이다. 예를 든다면 열은 불이라는 내적인 현실태의 외적인 현실태이다. 마찬가지로 빛은 태양의 외적인 현실태이다.

이러한 두 가지 원리를 '하나'에 적용하는 것은 우리에게 그 자신의 완전성에 의해서 '하나'가 산출해야한다는 가르친다. '하나'는 완전한 한 첫 번째 현실태와 두 번째 현실태를 가져야 한다. 플로티노스는 설명하기를 '하나'의 첫 번째 현실태는 사유를 넘어서서 위치하여 있다. 그러나 '하나'에서 나온 두 번째 현실태는 사유의 단계로 하강한다. 그것은 정신적인 무규정성, '하나'를 사유하는 가능성이다.(이것은 플라톤의 다이드에 일치하는 것이다) 이런 사유(noesis)의 가능성은 자신의 대상(noeton)에 의해서 현실화된다. 말하자면 '하나'에 의해서 정신적인 것이 된다. 그러므로 '하나'를 사유하면서 두 번째 현실태가 현실화된다. 그런데 이런 현실화, '하나'의 사유를 플로티노스는 '신적인 정신'이라고 부른다. 따라서 신적인 정신은 끊임없이 두 번째 현실태로서 정신을 산출하기를 계속하는 '하나'에로 향하고자 하는 자신의 방향에 근거해서 존재가 된다. 영원한 현재 속에서 '하나'와 '신적인 정신'은 바로 나란히 가깝게 존재한다.

② '하나'로부터 영혼의 구성

'하나'로부터 영혼의 구성은 플로티노스에 있어서는 신적인 정신의 구성과 마찬가지 방법으로 이루어진다. 영혼이 '하나'로부터 직접적으로 발출되는 것이 아니라 신적인 정신의 매개에 의해서 구성된다는 것만 다르다. 따라서 그는 엔네아데스 V2,1에서 설명하기를 신적인 정신은 첫 번째 현실태(본래적인 정신)와 두 번째 현실태(정신을 생각하는 현실태)로 이루어져 있다. 이 두 번째 현실태는 신적인 정신에 대한 관상으로 플로티노스가 영혼 즉 정신의 이미지 이라고 부르는 것이다. 영혼은 정신을 사유하는 그의 능력 외에 다른 능력을 가진다. 이것은 물질을 조직하기 위해서 물질에 개입한다. 그러므로 영혼과 정신사이의 구별은 정신의 사유인 영혼이 물리적인 세계를 조직하는 능력에 의해서 정신과 다름으로 물리적인 세계에 관련해서 이루어진다. 이러한 것은 우리를 얼마간 난처하게 한다. 만약 물리적인 세계가 논리적으로 아직 존재하지 않는다면 실제로 어떻게 우리가 물리적인 세계에 관계해서 그런 구별을 할 수 있느냐 하는 것이다. 이러한 것에 덧붙여서 플로티노스는 개별영혼, 세계영혼과 신적인 정신의 영혼사이를 구별하지 않고 영혼에 대해서 말하고 있지만 영혼들이 구조하는 다양한 물체들 사이에 구별의 덕분에 이런 영혼들을 차별화하는 것이 가능한 것처럼 보인다. 따라서 개별영혼은 개별적인 물체에 해당되고 세계영혼은 세계의 물체에 해당되고 정신의 영혼은 가장 일반적으로 어떠한 물체에서라도 받아들여지는 능력에 해당된다.

　③ '하나'로부터 물리적인 세계의 구성

　'하나'로부터 물리적인 세계의 구성은 플라톤의 『티마이오스』의 아리스토텔레스적인 비판의 토대위에 행해진다. 『티마이오스』에서 플라톤은 장인의 모델에 따른 물리적인 세계의 산출을 제시한다. 말하자면 데미우르고스라는 장인이 세계를 제작한다. 그런데 아리스토텔레스는 이런 개념의 한계들을 제시한다. 즉 장인의 산출방식은 본질적으로 불안전하여, 본질만이 완전하고 복제할 수 없는 사물들을 산출할 수 있기 때문이다. 그러므로 플라톤은 물리적인 세계구성에 대한 자신의 설명안에서 장인과 본질을 혼동하고 있다. 게다가 『티마이오스』는 세계가 규정된 순간에 만들어 졌다고 제시한다. 하지만 아리스토텔레스는 세계가 영원하다고 반박한다. 일반적으로 중기플라톤주의자들은 이러한 아리스토텔레스적인 이중적인 비판을 받아들인다. 이들 속에 플로티노스도 포함되어 있다. 그는 플라톤의 데미우르고스적인 모델에 따르기를 거절한다. 플로티노스는 엔네아데스Ⅲ 8에서 영지주의를 공격하면서 장인에 의해서 산출되었다는 세계에 대한 생각을 다시 거절한다. 또 그는 시간 안에서 산출가능성을 부정한다. 시간은 세계 전에 있는 것이 아니고 세계와 동시에 산출된 것이기 때문이다. 플로티노스는 이곳에서 인간은 '관상(테오리아)'을 통해서 완성된다는 아리스토텔레스적인 원리를 택한다. 그러나 그는 아리스토텔레스와는 반대로 이 원리를 식물과 동물까지 포함된 모든 실제에 까지 확대한다. 아리스토텔레스는 진리를 소유하고 인식을 현실화하는 관상, 도덕적이고 정치적인 행위인 프락시스, 사물의 제작을 의미하는 포이에시스사이를 구별한다. 그러나 플로티노스는 자기 입장에서 이 세 가지 행위의 각각을 관상들로 이해한다. 말하자면 프락시스와 산출은 아주 단순하고 열등한 형태의 관상으로 본다.

이러한 기초위에 플로티노스는 물리적인 세계의 구성에 대한 자신의 학설을 구축한다. '하나'와 신적인 정신과 마찬가지고 영혼은 일차적인 현실태(본래적인 영혼, 그의 실체)와 이차적인 현실태로 구성되어 있다. 일차적 현실태의 외적인 유출이 바로 질료이다. 이러한 질료 는 아직 전체적으로 무규정적이지만 영혼에게로 향해가고 영혼과 관계해서 자신을 형성한다. 즉 말해서 모든 산출은 플로티노스에게는 하나의 관상이고 영혼의 이차적 현실태는 하나의 산출임으로 물리적인 세계는 영혼의 관상적인 행위의 결과로서 나타난다. 장인의 노력없이 영혼은 자신의 마지막 사유로서 물리적인 세계를 존재하게 만든다. 영혼의 이미지인 질료는 자신이 규정되는 영혼으로부터 독립적으로 존재할 수 없다. 우리는 여기서 플라톤의 데미우르고스적 모델과 아주 멀어져 있다.

4. 존재와 우유: 본질

1) 아랍철학

기원후 529년 유스티니아누스 황제가 아테네에서 철학학교를 폐쇄하기 전에 아테네에서 그리스철학을 연구한 그리스도인들 의해서 그리스철학이 아시아에 전해졌다. 그리스도교의 학자들이 아리스토텔레스의 저작, 특히 '오르가논'과 '프르피리오스 서문' 및 위디오니시우스의 저작들을 시리아어로 번역하고 주해서를 쓰기도 했다. 아랍사람들이 페르시아와 시리아를 정복한 뒤에 이들은 이 철학을 자기들의 것으로 만들었다. 아불압바스의 왕족들은 시리아의 학자들을 바그다드의 궁전으로 초청하여 그리스인들의 저작들을 아랍어로 번역케 했는데 그리스에서 아랍어로 직접 번역되거나 그리스에서 시리아어로 번역되어 시리아어에서 아랍어로 간접적으로 번역되었다. 이렇게 해서 아랍사람들은 아프로디시아스의 알렉산드로스, 포르피리오스, 데미스티오스 및 암모니오스등이 쓴 일련의 아리스토텔레스 주해서들을 접하게 되었다. 우리는 여기서 아리스토텔레스를 해석하고 있는 사람들이 알렉산드로스를 제외하고는 모두 신플라톤주의 자들이라는 것을 알 수 있다. 따라서 아랍철학은 신플라톤주의적인 아리스토텔레스 해석을 주된 흐름으로 하고 있다. 이런 철학의 전통은 아리스토텔레스의 것이라고 생각했으나 본질적으로 신플라톤주의의 성격을 띤 두 논문에 의해서 형성되었다. 그것은 소위 『아리스토텔레스의 신학』과 『원인론(Liber de causis)』이다. 그런데 사실에 있어서는 첫 번째 책은 플로티노스의 엔네아데스의 제 IV- VI권에서 빌려온 것이며, 두 번째 것은 프로클로스의 『신학개요(Elementa Theologiae)』에서 발췌한 것이다. 이 사실이 미친 가장 중요한 결과는 아랍철학자들이 아리스토텔레스의 이름으로 아리스토텔레스와 플로티노스를 섞은 내용을 유포했다는 것이다. 이러한 아리스토텔레스와 신플라톤주의의 사상적인 교차는 아랍철학의 사고를 처음부터 끝까지 꿰뚫고 있다.

신플라톤 철학의 기본문헌인 플로티노스의 엔네아데스의 IV-VI과 프로클로스의 『신학개요(Elementa Theologiae)』의 아랍어 번역은, 아리스토텔레스의 『형이상학』과 『천체론(DeCaelo)』을 제일 먼저 아랍어로 번역해 낸 동일한 써클에서 이루어졌다. 그리고 그것은 9세기의 '알-킨디 써클'(the circle of al-Kindi)이었다.

알-킨디(al-Kindi)는 9세기의 40년경 칼리프 알-무타심(al-Mu′tasim)의 아들 아흐마드(Ahmad)의 가정교사였다. 바로 이 시기에 알-힘시(al-Himsi)가 플로티노스의 엔네아데스 제IV-VI권을 아랍어로 조정 번역하여, 『아리스토텔레스의 신학(Theologia Aris -totelis)』이라는 서명으로 출간했다.

'알-킨디 써클'은 플로티노스의 엔네아데스가 아리스토텔레스의 '제1동자'(Primus Motor, 『형이상학』 12권)에 대한 '보완'이라고 생각했다.

포르피리우스가 정리하여 출간한 엔네아데스 의 도입부분인 제Ⅰ-Ⅲ권을 건너뛰고, 제Ⅳ-Ⅵ권의 논고들(영혼, 정신, 하나)만을 따로 번역하게 되면, 아리스토텔레스의 형이상학이 하나의 '합리적 신학의 체계'가 될 수 있기 때문이었다.

많은 이슬람 철학자들의 눈에는 '신성'(하나→지성→영혼)을 다루고 있는 그리스철학(신학)과 물리학 다음에 오는 그리스철학(형이상학)이 동일한 것으로 보였다. 그리하여 그들은 이러한 합리적 신학(rational theology)의 공적을 아리스토텔레스에게 돌렸다. 그 뿐 아니라, 프로클로스의 『신학개요』를 발췌 조정하여 아랍어로 번역한 저서인 『순수선성에 대한 아리스토텔레스의 책(Liber Aristotelis de expositione bonitatis purae)』까지도 아리스토텔레스의 공적으로(저서로) 돌렸다. 이 둘째 저서는 12세기에 들어서자, 톨레도(Toledo)에서 크레모나의 제라르두스(Gerardus Cremona)에 의해서 라틴어로 번역되어, 『순수선성에 대한 아리스토텔레스의 책』이라는 명칭 외에 『원인론(Liber de Causis)』이라는 명칭을 갖게 되었다. 그리하여 『아리스토텔레스 라틴어 전집(Aristoteles Latinus)』 속에서도 '신플라톤적인 합리적 신학'이 아리스토텔레스 철학의 정점을 장식하게 된다.

그러나 신플라톤적인 합리적 신학을 아리스토텔레스에게 귀속시킨 것은, '플로티노스 이후의 신플라톤 철학'에서 기원한다. 특히 고대후기의 알렉산드리아 주석가들이 신플라톤 철학의 기본 내용('하나', '정신', '영혼')을 즉 '신플라톤적인 합리적 신학'을 아리스토텔레스에게 귀속시킨 것이다. 따라서 아랍 철학(falsafa)을 제대로 이해하려면, 이러한 '고대후기의 신플라톤 철학'을 감안하지 않고서는 불가능하다.

2) 본질-존재론

아랍철학자가운데 대표적인 사람인 알파라비(Alfarabi)는 포리피리
오스와 아리스토텔레스의 논리학 작품을 번역하고 주석을 다는 일외에
'지성과 이해되는 것에 대하여', '영혼에 대하여', '단일성과 일자에 대하
여'등의 논문을 썼다. 아랍철학에서 두드러지게 나타났던 신플라톤주의
와 아리스토텔레스주의를 하나의 철학으로 다루려는 동일한 경향이 알-
파라비에게도 여전히 움직이고 있다. 존재가 한분의 신적인 존재로부터
여러 가지 서로 다른 정도의 단계로 흘러나온다. 이런 단계들 중에서 맨
처음 것은 정신적인 실체 또는 지성으로서, 이것들이 영혼이 되어 천체
를 움직인다. 그런데 이것들 중의 하나가 아리스토텔레스의 '능동이성
(intellectus agens)'인 것이다.

아리스토텔레스에 의하면 '있는 것'이 질료와 형상으로 구성되어 있다.
그런데 이것은 물질적인 존재에는 타당하지만 정신적인 존재에는 타당하
지 못하다. 정신적인 존재에는 질료가 없기 때문이다. 따라서 '있는 것'이
란 다르게 표현되어야 한다. 이에 대해서 알-파라비는 '있는것'은 본질
(essentia)과 존재(existentia)로 나누어 있다고 본다. 이것은 형이상
학의 역사에서 한 중요한 사건이다. '있는 것'에 있어서 본질은 그것이 무
엇인가 하는 것이고 존재는 '있는 것'이 실제로 있는가 하는 문제이다. 그
런데 존재는 우유(accidens)이다. '있는 것'에 있어서 일차적으로 문제
가 되는 것은 본질이나 존재는 필연적으로 따라 오는 것이 아니다. 다시
말하면 한 사물이 무엇이라는 것이 존재한다는 것을 포함하지 않는 것이
다. 그래서 알파리비는 '지혜의 보석'에서 논리적인 지평으로부터 형이상
학적 지평으로 옮아가면서 다음과 같이 천명한다. '우리는 본질과 존재가

사물에서 구별되는 것임을 인정한다. 본질은 존재가 아니다. 본질은 존재를 파악한다고 나타나는 것이 아니다. 만일 사람의 본질이 그 존재를 함축한다면, 그의 본질을 인식하는 것은 또한 그의 존재를 인식하는 것이 될 것이다. 그리고 사람이 존재하는 것을 알려면 사람이 무엇인가를 아는 것으로 충분할 것이다. 그래서 모든 표상은 하나의 확언(존재한다는 것)을 함의한다. 그렇지 않으면 존재는 사물들의 구성특성 가운데 하나가 될 것이며, 본질이라는 것의 표상은 그 존재의 표상이 없이는 불완전하게 남아 있을 것이다. 게다가 우리가 상상력에 의하여 본질과 존재를 구별하는 것은 불가능할 것이다. 만일 사람의 존재가 사람의 신체적 동물적 본성과 일치한다면 사람이 무엇인가에 대해 정확한 개념을 가지고 또 자신의 신체적 동물적 본성을 알고서 사람의 존재에 의문을 제기할 수 있는 사람은 아무도 없을 것이다. 그러나 사실은 그렇지 않다. 우리는 감관을 통하여 사물들을 직접 인식하거나 증명을 통하여 간접적으로 인식하기 전에는 사물들의 존재를 의심한다. 그러므로 존재는 구성특성은 아니다. 그것은 부대적인 우유일 뿐이다.'

　이러한 입장은 다음 세 가지 계기를 포함하고 있다. 그것은 (1)본질개념에 대한 변증적 분석. (2) 존재가 포함되어 있지 않으므로 본질은 실제적 존재를 합의하지 않는다는 확언. (3) 존재는 본질에 우발적인 것이라는 확언이다. 이러한 중요한 형이상학적 움직임은 본질의 우선성이 전체 논증을 지배하고 있다. 단 한 순간이라도 존재가 본질의 술어임은 의심할 여지가 없다. 그리고 존재는 본질적으로 본질에 포함되어 있는 것이 아니므로 존재는 '우유'로 고찰된다. 이러한 알-파라비의 사상으로 지대한 영향을 받은 아비센나(Avicenna)는 알파리비보다 중세철학 발전에 훨씬 강한 영향력을 행사한다.

아비센나의 형이상학은 『치료의 책(al-Shifa)』이라는 명칭을 가진 기념비적인 작품의 마지막에서 다루어지고 있다. 이 책은 5000페이지에 이르는 일종의 철학의 백과전서로서 4가지 큰 부분 즉 논리학(9편), 물리학(8편), 수학(기하학, 대수학, 음악, 천문학), 형이상학(10편)으로 나누어져 있다. 이 책의 대부분이 라틴어로 번역되었고 아리스토텔레스의 철학에 대한 그의 해석을 포함하고 있다. 이 작품의 내용은 아리스토텔레스의 주석이기 보다도, 아리스토텔레스의 학설이 네오플라토니즘과 조화를 이루고 있는 철학에 관한 직접적인 설명으로서 구성되어 있다.

아비센나의 형이상학은 『치료의 책』에 의해서 서양에 알려지게 되었다. 이 작품은 12세기에 도미니쿠스 군디쌀리누스(Dominicus Gundissalinus)에 의해서 톨레도에서 라틴어로 번역되었다. 서양에 아비센나의 작품은 아리스토텔레스의 형이상학이전에 알려졌다. 왜냐하면 톨레도의 번역가들이 『아리스토텔레스의 전집』 보다 아랍-이슬람과 유대철학에 보다 관심을 가지고 있었기 때문이다. 결과적으로 아리스토텔레스의 유입은 아랍의 소요학파들 즉 아비센나와 아베로이스에 의해서 준비되고 가능해졌다. 아비센나는 자신의 제자 자와자니(Zaw-ajani)에 의해서 편집된 전기에서 아리스토텔레스의 형이상학을 마음으로 이해하기위해서 40번 읽고 또 읽었으나 그것을 이해하지 못했다고 말한다. 그런데 우연히 알-파라비의의 주석 즉 『형이상학의 계획』을 읽고 아리스토텔레스의 형이상학의 의미가 그에게 명백하게 되었다고 한다. 자와지니는 우리에게 아비센나가 어떻게 자신의 치료의 형이상학을 저술하게 되었는가를 이야기한다. 아리스토텔레스의 형이상학에 대한 주석을 편집하도록 자신의 제자에 의해서 독촉을 받은 아비센나는 그것을 하기에는 너무 분주해서 아리스토텔레스의 학설가운데 자신의 눈에 가치 있는 것으로 보이는 것을 취합한 개인적인 보고서를 제공하게 되었다는 것이다. 이러한 것은 다행스러운 일이였다. 왜냐하면 그것은 우리에게 아주 심오한 독창성을 가진 하나의 형이상학이기 때문이다. 이것은 확실히 아리스토텔레스와 알-파라비의 영향뿐만 아니라 네오플라토니즘의 영향을 받고 있다. 아리스토텔레스의 작품은 네오플라토니즘의 프리즘을 통해서 넓게 통찰되었기 때문이다.

아비센나는 자신을 아리스토텔레스주의자라고 천명할지라도 실제로는 필연적인 존재로 부터의 세계의 영원한 유출사상, 첫 번째 원리로부터의 첫 번째 유출은 분리된 방식으로 존재하는 정신이라는 사유에 의존하고 있다. 무엇보다 아비센나의 형이상학은 실제적인 것의 총체에 대한 이성적인 설명으로 이해된다. 만약이 그것이 무엇보다도 필연적인 존재로부터 모든 것의 유출에 대한 아비센나의 반성일지라도 이것은 우선 형이상학의 주제(subjectum)에 대한 자신이 반성으로 인하여 그의 작업은 아리스토텔레스의 형이상학의 수용사에 획기적인 것이었다.

아비센나는 학문을 그 대상에 따라서 실천적인 학문과 이론적인 학문으로 구별한다. 실천적인 학문은 다시 세 가지로 나누어 도시의 행정에 대한 학문, 경제 관리에 대한 학문, 자신의 통제에 대한 학문이라고 하고 이론적인 학문은 마찬가지로 세 가지로 나누어서 물리적인 학문, 수학적인 학문, 자연을 넘어선 학문 즉 '최상의' 학문이라고 한다. 이 마지막 것이 신적인 학문 즉 형이상학에 해당된다. 그렇다면 이 신적인 학문의 고유한 대상이란 무엇인가? 형이상학의 고유한 대상은 '있는 것인 한에 있어서 있는 것' 말하자면 실재하는 모든 것들에 공통적인 존재자이다. 아비센나는 형이상학의 역사에 있어서 '있는 것인 한에 있어서 있는 것'을 신으로서 묘사하지 않는 최초의 사상가이다. 이러한 그는 이러한 형이상학의 주제를 다른 이론적인 학문의 주제와 비교하기에 이른다. 물리학은 있는 것들인 한에서 대상들을 탐구하지 않고 운동과 정지에 예속되는 한에 있어서 대상들을 다룬다. 마찬가지로 수학은 척도와 수에 관심이 있다. 이 두 학문에 있어서 있는 것은 어떤 한계인 한에서 연구된다. 그것이 질료, 수 또는 척도에 의존하는 한에 있어서 연구된다. 이 두 경우에 있어서 '있는 것(ens)'은 그것 자체로 연구되지 않고 전제된다. 이러한 '있는 것'이 바로 형이상학의 주제이다. 형이상학이 다루는 것은 어떤 종류의 한계나 조건 없이 '있는 것'에 연관되어 있는 모두이다. 그러므로 형이상학은 존재자의 모든 종류의 카테고리들을 탐색하게 된다. 말하자면 실체, 양, 질 등이다. 그러나 그에 의하면 이 가운데 가장 보편적인 카테고리는 다른 모든 것들을 포함하고 있는 존재자의 카테고리다.

따라서 형이상학의 주제는 실재하는 모든 것들에게 공통적인 것으로서 이해되는 존재자인 한에서 존재자다. 아비센나는 이 존재자는 정신에 각인되는 첫 번째 것이라고 말한다. 존재자는 어떤 것의 '존재(existence)'를 표명하는 정신의 의향으로 묘사된다. 정신은 사물이 이렇게 또는 저렇게 있는 한에서 아니라 그것이 존재하는 한에 있어서 사물을 관찰한다. 아비센나는 존재자 또는 존재에 대한 이러한 정신의 의향과 사물의 본질에 의향을 명백하게 구별한다. 따라서 아비센나는 본격적으로 본질과 존재 또는 존재자를 구별하고 이러한 구별은 13세기의 서양에 큰 영향을 끼친다.

이제 아비센나는 존재는 본질의 우유라고 이해한다. 그렇다면 우리는 존재에 대해서 무엇을 말할 수 있는가? 아비센나는 특별하게 필연적인 것에 관심을 갖는다. 그에 따르면 필연적인 것은 존재의 확고한 긍정을 의미한다. 또 그는 아리스토텔레스를 따라서 필연적인 것은 사유되기에 가장 출중한 것이라고 판단한다. 이러한 필연적인 존재의 특권은 그로 하여금 신을 필연적인 존재(ens necessarium)로서 제시하게 한다. 이러한 개념은 신의 존재에 대한 아비센나의 첫 번째 증명의 초석이 된다.

아비센나에 따라 우리는 필연적인 존재자와 가능적인 존재자를 구별할 수 있다. 필연적인 존재자는 원인을 가지지 않는 것이고 반면에 가능적인 존재자는 하나의 원인을 가지는 것이다. 여기서 본질과 존재의 구별이 결정적인 역할을 한다. 필연적인 존재자는 그 자체 안에 자신의 존재의 원리를 소유하고 있는 반면에 가능적인 존재는 자신의 존재의 원인을 자신이 가지고 있지 않다. 이것은 가능적인 존재자에게 존재는 본질에 '부가되는' 우유이라는 것이다. 결과적으로 가능적인 존재는 그를 현실로 존재케 하는 어떤 것이 필요하다. 이것은 필연적인 존재자일 수밖에 없다. 이것으로부터 실재하는 모든 것들은 자신의 존재를 이끌어낸다. 이 필연적인 존재자는 필연적으로 존재해야 한다. 따라서 필연적인 존재자 안에는 존재와 본질이 동일하다. 이런 존재자의 본질을 필연적으로 존재하는 것이다.

아비센나의 신은 본래 필연적인 존재(Necesse esse)이다. 이런 점에서 그는 본질상 존재를 소유하고 있다. 그에게는 본질과 존재가 하나이다. 이러한 것이 신이 정의될 수 없는 이유이다. 우리가 그것이 무엇으로 있는가를 묻는다면 어떤 응답도 없다. 왜냐하면 그에게는 무엇으로 있는가(quid sit)라는 질문을 할 수 있는 무엇(quid)이 없기 때문이다. 신의 경우는 유일하다. 가능인 것인 모든 것은 반대로 본질을 가지고 있고 본래 이 본질은 자신 안에 자신의 존재의 이유를 가지고 있지 않음으로 모든 가능적인 것의 존재는 자신의 본질에 우연적으로 동반되는 것이라고 말해야한다. 따라서 신이 아닌 모든 것 안에서 본질과 존재의 구별이 있다.

　아비센나는 세계의 창조를 신으로부터 유출이라는 방식으로 이해한다. 신에 의한 세계의 산출은 영원하다. 첫 번째 또는 필연적인 것은 모든 가능적인 것보다 우선하고 자신을 스스로 인식한다. 그가 자신에 대해서 가지는 인식은 첫 번째 것 을 구성한다. 이 야기된 첫 번째 존재는 정신적인 실체 또는 정신이다. 이것은 야기되었기 때문에 본래 가능적이다. 그러나 그것은 또한 자신의 원인으로 인하여 사실상 필연적이다. 이 정신은 우선 신을 사유한다. 이러한 인식의 행위는 두 번째 분리된 정신을 야기한다(아비센나는 분리된 방식으로 존재하는 12개의 정신을 인정하고 있다. 각 정신아래는 각각 천구를 포함하고 있다). 이것은 다음에 자신의 원인에 의해서 필연적인 것으로 자신을 사유한다. 이러한 행위는 세계를 포함하는 천구의 영혼을 야기한다. 영혼은 그 자신 안에서 가능적인 것으로 자신을 사유한다. 이런 행위는 이 천구의 물체를 산출한다. 두 번째 정신이 동일한 방식으로 앞서가고 첫 번째 정신을 인식함으로서 그것은 세 번째 것을 산출한다. 정신은 자신을 필연적으로 인식하면서 두 번째 천구의 영혼을 산출한다. 영혼은 또 자신을 가능적으로 인식하면서 이 천구의 물체를 산출한다. 이러한 발출과정은 마지막 정신에까지 계속된다.

　아베로에스(Averroes)는 몇 가지 문제에 있어서 아비센나의 형이상학에 대해서 반대 입장을 취한다. 우선 그는 '존재자인 한에서 존재자'라는 존재론적인 논의를 첫 번째로 하는 아비센나의 형이상학의 대상에 대한 개념에 대해서 반대한다. 아베로에스는 오히려 신 또는 (질료로부터) 분리된 실체를 형이상학 또는 신적인 학문(scientia divina)의 대상으로 하고 있는 아리스토텔레스에 대한 그리스적인 주석가들의 해석에로 회귀하는 태도를 취한다. 아베로에스는 만약 형이상학이 제일 운동자의 존재를 증명하는 것이 아니라 할지라도 그렇게 하게 되는 것은 물리학 때문이다. 신의 존재는 자연 안에서 우리가 관찰한 운동에 의해서 증명될 수 있다(이것은 필연적인 첫 번째 원리에 관한 아비센나의 증명을 비판하게 만든다). 따라서 모든 형이상학은 첫 번째 운동자의 존재에 대한 물리적 증명을 전제하고 있다. 그에 따르면 아리스토텔레스의 물리학은 이미 이러한 방식의 신 존재에 대한 증명하고 있다. 만약 우리가 형이상학에서도 동일하게 제일 운동자의 존재에 대한 증명을 발견한다면 이것은 형이상학자들이 물리학자의 작업에서 빌려온 것이라고 한다. 자연에서 특별히 영원한 운동에서 우리는 최상의 존재의 흔적을 인식할 수 있고 증명할 수 있는 것이다.

5. 존재와 본질 : 에세

　12세기에 들어서면서 아리스토텔레스가 비로소 서방의 세계에 본격적으로 소개되기 시작했다. 아리스토텔레스는 이제 '철학자' 자체가 되어 '그 철학자'로 불리었다. 그리고 이제 근는 '학문'의 대명사가 되었다. 그리하여 13세기에 파리 대학을 기점으로 아리스토텔레스의 철학은 학문으로서의 주도권을 쥐기 시작했고, 그 주도권은 그 후 전 세계에 영향을 끼쳤다. 그러한 상황 속에서 토마스 아퀴나스는, 아리스토텔레스의 철학과 계시 진리를 종합해 내는 방대한 작업을 착수하기 시작했다. 그리하여 그는 중세의 철학이 그 전성기를 맞이하도록 했다. 다시 말해서 그는 '그리스도교 철학'이 그 전성기를 맞이하도록 했다.

　13세기에 들어서면서 파리 대학교에서는 아리스토텔레스의 철학이 주도권을 쥐기 시작했다. 그리하여 그는 바로 학문의 대명사가 되고 있었다. 따라서 당시 파리 대학교에서는 다른 한편 극단적인아리스토텔레스주의가 서로 팽팽히 맞서고 있었다. 극단적인 아우구스티누스주의는 '신앙'을 강조한 나머지 '이성'을 희생시켜버릴 위험을 안고 있었다. 다시 말해서 '신학'을 강조한 나머지 '철학'을 희생시켜버릴 위험을 안고 있었다. 그리고 극단적인 아리스토텔레스주의는 '이성'을 강조한 나머지 '신앙'을 희생시켜버릴 위험을 안고 있었다. 다시 말해서 '철학'을 강조한 나머지 '신학'을 희생시켜 버릴 위험을 안고 있었다. 토마스는 근본적으로 아리스토텔레스의 형이상학을 받아들인다. 그리고는 다음 단계로 그것을 보충 내지 수정해 나간다. 그리고 그러한 과정을 통해서 토마스는 그리스도교 철학을 형성해나간다. 그리고 그러한 과정을 통해서 토마스는 그리스도교 철학을 형성해 나간다.

1) 서유럽의 아랍철학 수용

서양 철학속에서 '아랍어 문헌들'의 역할은 엄청난 것이었다. 이러한 사실을 짐작해 보기 위해서는, 라틴어로 번역된 방대한 아랍문헌의 서명들을 살펴보면 된다.

그리스어로된 철학저서들의 아랍어 번역은 주로 아리스토텔레스의 저서들과 그 저서들에 대한 주해서들이다. 따라서 '아랍철학(falsafa)'이란 주로 '아리스토텔레스 철학(peripatetic philosophy)'인 셈이다. 아랍철학에 대한 '체계적 저서'는 아비센나의 『치료의 책』이 가장 중요하다. 그리고 아리스토텔레스의 저서들에 대한 '아랍어 주해서들'은 알-파라비로부터 시작되어 아베로에스에로 이어진다.

12세기 초에, 급증하는 자연철학에 대한 관심은 중세 라틴 문화권에 하나의 '새로운 학문분야'를 예고하고 있었다. 이러한 관심은 아리스토텔 레스의 '자연에 관한 저서들'(libri naturales)을 재발견하도록 했다. 그 리고 이들 저서는 희랍에서 그리고 아랍에서 온 것이었다.

'그리스 문헌들'은 아마도 대부분이 콘스탄티노플에서 번역되어 라틴 세계에 전해졌을 것이다. 대부분의 '자연에 관한 저서들'은 12세기에 콘 스탄티노플에서 그리스어로부터 라틴어로 번역되었었다.

그리고 '아랍어 문헌들'은 12세기 이후로 톨레도(Toledo)를 중심으로 해서 라틴어로 번역되어 나갔다. 그리고 톨레도에서 생겨난 아랍철학의 번역은 두개의 노선을 걷는다. 그 하나는 크레모나의 제라르두스의 노선 이고, 다른 하나는 도미니쿠스 군디쌀리누스의 노선이다. 그 '첫째 노선' 을 주도하는 제라르두스의 번역 순서에 따르면, 사물의 최종 원인을 탐 구하는 형이상학이 자연학에 앞서야 했다. 그러나 제라르두스는 아리스 토텔레스의 『형이상학』을 번역하지 않고, 그 대신 플로클로스의 『신 학개요』에 토대를 두고 있는 아랍문헌 '순수선성에 대한 아리스토텔레 스의 책 즉 『원인론(Liber de causis)』을 번역했다. 그리고 자연철학 에 있어서는, 알-파라비의 '학문분류론'에 따라서, '물리학', '천체론' 그 리고 '생성과 소멸'을 번역했다.

아베로에스의 아리스토텔레스 주해서들은 13세기 초에 미카엘 스코트 (Michael Scot)가 주도하여 번역해 냈다. 아베로에스는 아리스토텔레 스의 '물리학', '천체론', '영혼론' 그리고 '형이상학'에 대한 대주해서들을 저술했었다. 그리고 끝으로 톨레도에서 독일인 헤르만(Herman, the German)에 의해서 아리스토텔레스의 '수사학', '시학' 그리고 '니코마코 스 윤리학'이 라틴어로 번역되었다.

톨레도에서 생겨난 '둘째 노선'에서는 군디쌀리누스와 그 써클이 주도

했다. 당시에 두드러졌던 주제는 '영혼론'이었다. 따라서 그들은 '영혼'과 '인간지성'에 대한 저서들을 주로 번역했다. 처음에 그들은 아비센나의 '영혼에 대하여'를 그리고 아프로디시아스의 알렉산더, 알-킨디, 알-파라비의 정신에 대한 저서들을 번역해 냈을 것이다. 인간의 지성과 능동지성의 연결을 다루고 있는 아베로에스의 저서는, 그리고 아리스토텔레스의 '영혼론'에 대한 아베로에스의 '대주해서'는 13세기 초에 가서야 비로소 번역되기 때문이다.

　당시에 두드러졌던 다른 주제는 '형이상학'이었다. 다시 말해서 '사물의 제 1 원인'이었다. 12세기에는 아리스토텔레스의 '형이상학'에 대한 라틴 학자들의 지식이 빈약했다.

　13세기에 이르러서 비로소 아리스토텔레스의 '형이상학'에 대한 아베로에스의 대주해서가 라틴어로 번역되었기 때문이다. 그리고 드디어 뫼르베케의 굴리엘무스(Gullielmus Moerbecke)에 의해서 아리스토텔레스의 '형이상학'이 희랍어에서 라틴어로 번역되기 때문이다.

　그리하여 12세기의 라틴 철학자들은 그들의 형이상학을 다른 데서 얻어내고 있었다. 그들은, 크레모나의 제라르두스가, 번역한(프로클로스의 「신학개요」를 토대로 해서 생겨난) 아랍문헌 즉 『원인론(Liber de causis)』으로부터 그들의 형이상학을 얻어내고 있었다.

　『원인론』은 제 1 원인의 존재와 사물이 이러한 제 1 원인으로부터 생성되어 나왔다는 사상을 다루고 있다. 그리고 이러한 상황 속에서 도미니쿠스 군디쌀리누스는 '세계의 생성과정(De processione mundi)'이라는 자기 자신의 저서를 출간했다. 그는 여기서 신(제 1 원인)의 존재와 사물이 신으로부터 생성되어 나왔다는 사상을 다루고 있다.

　이처럼 톨레도에서는 첫째로, 아리스토텔레스의 저서들과 그 저서들에 대한 아랍주해서들을 번역해 내는 일이 크레모나의 제라르두스에 의해서 시작되었다. 그리고 둘째로, 아비센나 계통의 저서들을 번역해 내는 일이 도미니쿠스 군디쌀리누스에 의해서 시작되었다. 그리고 끝으로, 미카엘 스코트와 독일인 헤르만은 톨레도의 이러한 두 노선의 결과를 하나로 종합해 내고 있다. 그리고 이러한 종합은 13세기와 그 후 스콜라 철학자들의 사상을 규정해 나가게 된다.

2) 토마스의 형이상학의 대상

위협적인 그이 명성에도 불구하고 우리는 토마스에 대해서 그가 형이상학 또는 철학을 아주 좋아했었다고 말할 수 없다. 그는 자신을 무엇보다 신학자로서 인식했다. 그의 주요작품은 신앙의 본질적인 진리들을 제시하고 있는 하나의 『신학대전(Summa theologiae)』이다. 이 진리는 그가 '거룩한 학문(sacra doctrina, 신학)'이라고 부르는 것을 구성한다. 그런데 토마스는 이 거룩한 학문을 아비센나에서처럼 이론적이거나 실천적인 철학적 학문과 명백하게 구별한다. 그에 따르면 거룩한 학문은 동시에 이론적이고 실천적이다. 그러나 이학문의 원리들은 다른 학문으로부터 오지 않고 직접적으로 신 즉 계시로부터 온다. 그리고 다른 학문은 자연적인 지식으로 출발하여 초자연적인 것으로 정신을 안내하는 거룩한 학문의 봉사자(ancillae)이다. 토마스의 다른 주요한 걸작은 『대이교도 대전(Summa contra gentiles)』이다. 이것 역시 신학 즉 호교론의 작품이다. 그러나 토마스는 자기 시대의 학문의 흐름에 예의주시하고 아랍의 철학과 아리스토텔레스의 탁월성에 이끌려 자연적인 이성이 존재자와 존재자의 원리들에 대해서 반성할 때 신앙의 진리들이 어떻게 인식하는 것과 조화될 수 있는가에 관심을 가진다. 이런 맥락에서 그는 아리스토텔레스의 작품에 관심을 가지고 주석한다.

  토마스에 따르면 다른 학문을 지배하는 학문은 지혜(sapientia)라는 이름으로 불리는 것이다. 그렇다면 이런 학문이란 무엇인가? 그것은 모든 학문이 정신의 활동에 속하는 것이 참이라고 한다면 최상의 정신적인 것임이 틀림없다. 그러므로 모든 다른 학문들을 지배하는 학문은 '최상의 정신적인 대상(maxime intelligibilia)'을 취급하는 것이다. 이 최상의 정신적인 대상은 무엇인가? 아리스토텔레스주의자인 토마스는 이것을 세 가지 의미로 구분하고 각각에 상응하는 학문을 부여한다. 1) 인식의 관점에서 원인들에 대한 인식은 사물들 가운데 가장 완벽한 정신성을 보증해 준다. 따라서 지혜라고 불릴 수 있는 최상의 정신적인 것은 첫 번째 원인들에 대한 인식이다. 2)그러나 정신적인 것은 정신과 감각을 비교함으로써 파악될 수 있다. 감각은 항상 개별적인 것에 매어있으나 정신은 보편적인 것을 파악하는 능력이다. 그렇다면 최상의 정신적인 학문은 가장 보편적인 원리들을 취급하는 학문이다. 가장 보편적인 원리들은 무엇인가? 토마스에 따르면 존재자와 이것이 동반하는 모든 것, 단일성과 다수성, 가능태와 현실태 등이다. 그런데 이런 원리들은 개별적인 학문들에 의해서 취급될 수 없다. 단지 존재자에 대한 학문만이 모든 다른 학문들에게 공통적인 보편적인 원리들을 설명할 수 있다. 그러므로 원리들은 모든 다른 학문을 지배할 수 있는 유일한 하나의 학문에 의해서 취급될 수 있다. 3)최상의 정신적인 것을 파악하는 세 번째 방식은 이 정신적인 것을 질료에 속하는 모든 것과 분리시키는 것이다. 따라서 최상의 정신적인 것들은 감각적인 질료로부터 가장 멀리 분리되어 있는 것이다. 그러므로 지혜의 학문의 정신적인 대상은 '신'과 감각적인 것으로 분리된 '정신'이다.

토마스는 최상의 정신적인 것을 취급하는 이러한 학문의 각각에게 세 가지 명칭을 부여한다. 1)첫째로 첫 번째 원인들에게 관심을 가지는 학문은 제일철학(prima philosophia)이라고 부른다. 2)두 번째로 존재자와 이것을 동반하는 속성들에 관해서 다루는 학문은 형이상학(metaphysica)이다. 이것은 아비센나를 따른 것이다. 3)마지막으로 질료로부터 분리된 실체들을 탐구하는 학문은 신적인 학문 또는 신학(sicentia divina sive theologia)이다. 이것은 아베로에스의 형이상학의 이해와 상응하는 것이다.

그렇다면 우리는 세 가지 다른 지혜의 대상이 있다고 해야 하는가? 토마스는 이런 입장에 반대한다. 오히려 우리는 삼중으로된 하나의 탐구로 이해해야한다. 이 삼중적인 것은 하나의 학문에 속한다. 질료로부터 분리된 실체들은 첫 번째 원인들과 가장 고상한 존재자를 내포하고 있다는 것이 명백하다. 따라서 제일철학과 신학은 근본적으로 하나이다. 또한 토마스는 이러한 신학적인 탐구를 존재자인 한에 있어서 존재자를 그 대상으로 하고 있는 형이상학과 관계시키고자 노력한다. 그에 의하면 그것들은 하나이고 동일한 학문이다. 종의 원인과 종자체를 연구하는 것은 동일한 것이기 때문이다. 신학과 제일철학이 원인의 단계에 머물러있다면 형이상학만이 원인과 원인에 의한 것(존재자의 총체)을 동시에 포함하고 있다. 형이상학의 고유하고 유일한 대상은 존재자인 한에서 존재자이다. 그런데 이 대상은 저절로 신적인 자신의 원인을 가리킨다. 따라서 주도하는 학문은 형이상학이다. 왜냐하면 그것이 무엇 보다 총괄적이기 때문이다.

그러나 토마스는 거룩한 학문을 형이상적인 것으로 규정하지 않는다. 이것에는 근본적인 이유가 있다. 만약 총체적인 존재자에 대한 탐구가 우리를 존재자의 첫 번째 원천으로 안내하는 것이 참일지라도 이러한 존재자의 원천은 우리가 파악할 수 없는 것이다. 왜냐하면 그것은 우리의 정신작용의 능력을 벗어나 있기 때문이다. 이런 의미에서 토마스에게는 신의 본질에 대한 형이상학적 인식이 없다. 신에 대한 모든 인식은 단지 계시에 근거할 수 있을 뿐이다. 이 계시가 신학 또는 거룩한 학문의 토대가 된다. 존재자에 대한 형이상학적 탐구가 멈추는 그곳에 거룩한 학문에 속하는 신에 대한 탐구가 시작된다. 따라서 우리는 토마스에서 존재-신학적인 구조를 언급할 수 없고 존재론(형이상학)과 신학의 '병렬'을 논할 수 없다.

토마스는 아리스토텔레스를 따라서 '있는 것(ens)'은 일차적으로 실체이며, 실체는 '질료(materia)'와 '형상(forma)'으로 되어 있다 한다. 그러나 토마스에 의하면 이러한 '있는 것'은 '물질적 존재'에 한해서 그러하다. 토마스는 이제 아랍철학자들의 형이상학으로 아리스토텔레스의 형이상학을 보충한다. 즉, 토마스는 아랍철학자들을 따라서 '정신적 존재'는 질료와 형상으로 되어 있는 게 아니라, '존재(existentia)'와 '본질(essentia)'로 되어 있다 한다. 여기서 '본질'이란 그것이 '무엇인가?'라는 질문에 대한 대답이다. 그리고 '존재'란 그것이 '있는가?'라는 질문에 대한 대답이다.

따라서 토마스에 의하면, '있는 것' 중에서 '물질적 존재'는 '질료'와 '형상'으로 되어 있다. 이것은 아리스토텔레스로부터 받아들인 견해이다. 그리고 '있는 것' 중에서 '정신적 존재'는 '존재'와 '본질'로 되어 있다. 이것은 아랍 철학자들로부터 받아들인 견해이다. 그런데 여기서 토마스가 사용하고 있는 '존재'라는 말마디는 검토를 요한다. 토마스는 '존재'라는 말마디를 위해서 때로는 라틴어 '엑시스텐시아(existentia)'라는 말마디를 사용하기도 하고, 때로는 '있다', '존재하다'라는 말마디의 부정법 형태인 '엣세(esse)'라는 말마디를 사용하기도 한다. 다시 말해서 토마스는 '엑시스텐시아'라는 말마디와 '엣세'라는 말마디를 구별하지 않고, 섞어서 사용하고 있다. 그리고 한걸음 더 나아가서 토마스는 '존재'가 본질과 '실재적 구별(distentia realis)' 된다 했다. 만일 그렇다면 토마스가 말하고 있는 '존재'라는 말마디는 '엑시스텐시아'(어떤 것, 예컨대 집이 실제로 있다는 것을 뜻하는 말마디일 수 없다. 그것은 '엣세'일 수밖에 없다. 그리하여 이제 토마스에 의하면, '있는 것'은 존재와 본질로 되어 있다. 그리고 '있는 것', 그것이 없지 않고 있게 되는 것은 바로 이 존재 때문이다. 그리고 '있는 것', 그것이 이렇게 있게 되는 것(예컨대, 집으로서)은 그리고 저렇게 있게 되는 것(예컨대, 나무로서)은 본질 때문이다. 여기서 토마스가 말하는 '존재'는 '스스로 자립해 있는 존재 자체(ipsum esse sub-sistens)'이다. 그리고 모든 '있는 것' 또는 '존재하는 것'은 '스스로 자립해서 있는 존재 자체'에 '한 몫을 차지하기' 때문에, 그것이 없지 않고 있게 된다.

토마스는 『신학대전』에서 철학적인 학문과 형이상학과 구별되는 거룩한 학문의 대상에 대해 질의한 후에 무엇보다도 먼저 신의 존재를 문제 삼는다. 토마스는 신을 순수존재(esse tantum)또는 존재자체(esse ipsum)로서 언급한다. 그가 이것에 의해서 말하자고 하는 것은 "신이외의 모든 다른 존재자는 필연적으로 '존재하는 바의 것'과 '존재의 현실(esse)'로 구성되어 있다"는 것이다. 그런데 신안에는 이 두 가지 것이 합치된다(이것은 아비센나의 학설이다) 즉 신안에서는 존재와 본질이 동일하다는 것이다. 우리는 빈번히 존재의 현실(actus essendi)을 기술하기 위해서 '엑시스텐시아(existentia)'라는 말을 사용했다. 그러나 질송

은 엑시스텐시아의 말마디는 토마스의 언어에 속하지 않는다고 주장한
다. 신의 경우에 그것은 반대의미를 초래한다. 왜냐하면 'existere'는 우
선 라틴어로 '으로부터 나오다'는 의미로, '...의 밖에(ex) 존재한다
(sistere)'는 것을 의미하기 때문이다. 이런 방식으로 '존재'하는 것은 한
원인으로부터 돌출된 것이다. 따라서 우리는 쉽게 존재를 스스로 자립해
했는 존재자체(ipsum esse subsistens)인 신으로부터 나오는
(ex-siste) 엑시스텐시아로서 표현할 수 있다. 그리고 우리는 신에 대해
서 확실하게 그는 '...으로부터 나오는 (existe)것'이 아니다고 말할 것이
다. 즉 그는 원인으로부터 나오는 것이 아니라고 말할 것이다. 토마스에
게 신은 '부터 나오는 것(existe)'이 아니다. 그것은 '근저에 존재하는 것
(sub-siste)'이다 . 그것은 존재일 뿐이고, 순수존재이외 다른 것이 아
니고 그 자신에 의해서 자립적으로 존속하는 순수존재(ipsum esse per
se subsistens)이다.

6. 존재와 사유 : 주체성

고대의 플라톤은 우리 눈앞에 놓여있는 것 그것에 매달리지 말라. 그
것은 참된 의미에서 진리가 아니다. 그것이 거기에 몫을 차지하고 있는
'그것 자체'를 찾아 나서라고 하였다. 이때 그것 자체를 일컬어 이데아라
고 한다. 이데아를 추구 하는 것 그것이 생각해 볼만한 것이라고 하였다.
다시 말해서 이데아를 추구하는 사람이 철학자이다. 사물(res)에 매달리
지 말고 그 사물의 이데아를 추구해야 사람다워진다. 그리하여 플라톤
으로부터 관념주의(idealismus)가 생겨난다. 반면에 플라톤의 제자인
아리스토텔레스는 이데아에 다가가지 말고 사물에 다가가야 한다고 한

다. 왜냐하면 플라톤에게 있어서 그것 자체는 동떨어져 있는데 아리스토
텔레스에게 있어서 그것 자체는 사물 속에 들어있기 때문이다. 예를 들
어 분필자체는 이 분필 속에 들어있기에 분필을 찾아 나서야 한다는 것
이다. 이 분필이 바로 형상 혹은 실체이다. 이러한 실체의 철학으로부터
바야흐로 실재론(Realismus)이 생겨난다. 이후 아우구스티누스는 플
라톤에 접근하여 사물을 떠나 신을 찾아 나선다. 그는 플라톤과 플로티
노스에게서 틀을 빌리고, 내용은 성서로부터 얻어와 작업한다. 그 반면
에 토마스 아퀴나스는 아리스토텔레스에 접근하여 그리스도교철학을 집
대성한다. 또한 플라톤의 이데아론은 데카르트의 합리론
(rationalismus)과 독일관념론(idealismus)으로 이어지고, 또 아리스
토텔레스의 실재론은 근대의 경험론(empirismus)과 실증주의
(positivismus)로 이어진다. 칸트는 이러한 근대의 두 주류인 대륙의
합리론과 섬나라의 경험론을 종합해 보고자 하였고, 이러한 그에 의해
선험철학이 생겨나게 되었고 마침내 독일의 관념론을 탄생시키게 된다.

동로마가 터키족에 의해 멸망되는 1453이후부터를 근대로 잡는다. 로
마제국이 완전히 없어지자 콘스탄티노플의 학자들이 그리스말로된 플라
톤, 아리스토텔레스의 책들을 들고 서방세계 즉 피렌체(플로렌스)로 피
난오게 된다. 르네상스는 바로 여기서 시작된다. 중세는 그리스도교화된
시대였음으로 그리스고전들을 라틴말로 번역하면서 그리스도교에서 쓸
만한 것들만 걸러서 받아들여졌다. 그러므로 그리 말을 거의 모르는 이
런 시대에 그리스원전이 가져온 것은 큰 충격이었다. 왜냐하면 라틴어로
번역된 플라톤과 아리스토텔레스는 원전과는 상당히 달랐기 때문이다.
큰 충격이 ´renaissance˝란 말마디 속에 남아있다.

이상에서 보았듯이 근대는 그리스적 요소가 그리스원전을 통해 전해

지는 시대이다. 이제 로마제국은 사라지고 이탈리아, 프랑스 등 각 나라가 독립하여 주권이 흩어지는 시대이다. 또 학문의 중심지도 흩어진다. 즉, 옥스퍼드, 비인, 하이델르그 대학 등 여러 개의 대학이 생겨났다. 그리고 1517년 루터가 종교개혁을 일으켜 신앙의 중심자도 로마가 아니고 북독일의 비텐베르그로 옮겨졌다. 또 칼뱅에 의해서 제네바로, 츠빙글리에 의해 취리히로 옮겨졌다. 이렇게 신앙진리까지도 통일은 무너지고 각각 다르게 주장하여 모든 것이 상대화 되자. 사람들은 혼란스러워하며 새로운 통일을 가져다 줄 것을 찾게 된다. 이러한 시기에 제일 먼저 나선 사람이 데카르트(Rene Decartes)이다. 사람들은 무엇인가 새로운 것을 찾기 시작한다. 이때 데카르트가 본격적으로 새로운 다른 소리를 했다. 그래서 데카르트를 '근대철학의 아버지'라 일컫는다. 헤겔은 오랫동안 바다에서 표류하던 배가 드디어 육지를 발견하게 되듯이 '데카르트에 이르러 드디어 철학은 육지를 발견했다'고 하였다. 그러나 여기서 새롭다는 것은, 내용은 전통적이나 전통적인 것을 대하는 기본자세가 다르다는 것을 의미한다. 이점이 중요하다.

1) cogito의 제일 철학

우리는 데카르트에게서 고대철학과 중세 아리스토텔레스주의자들이 관심을 가지고 있었던 형이상학의 대상과 존재자의 문제에 관해 체계적인 반성을 발견하지 못한다. 따라서 형이상학 또는 존재론은 데카르트의 주된 관심사였던 것처럼 보이지 않는다. 오히려 우리는 그 안에 반존재론적인 경향이 있다고 말할 수 있다. 그의 새로운 철학의 기초는 스콜라적인 것과 존재자인 한에 있어서 존재자의 학문에 반대되는 것을 찾는 것이 분명하기 때문이다. 그러나 데카르트는 존재자의 정신성의 원천이고 장소인 '코기토(cogito)'의 작용에 관해서 깊은 관심을 가진다. 그 결과 형이상학은 마치 자아론(egologie)에 의해서 은연중에 대체되는 되는 것처럼 보인다. 이러한 이유에 의해서 우리는 데카르트에는 참된 형이상학이 없다고 말할 수 있다. 형이상학은 그가 원하는 것이 아니었고, 어떤 의미에서는 그가 피하는 것이었다. 그러나 데카르트는 오로지 존재하는 것에 대한 보편적인 학문 즉 형이상학을 완성시켜주는 엄밀한 방법을 제안하기 위해서 전통적인 형이상학에 반대하고 있다고 해야 하겠다. 이러한 데카르트에 있어서 형이상학의 잠정적인 현존은 몇 가지 징후로 나타난다. 첫 번째 데카르트는 1641년의 자신의 걸작을 『제일철학에 대한 성찰(Meditations de philsophie pre- miere)』이라고 명명한다. 우리는 이'성찰'은 존재자란 무엇인가? 그의 원리란 무엇인가? 라는 형이상학의 고전적인 질문에 대한 답에 정성을 기울이고 있다고 말한다면 그르지 않을 것이다. 데카르트는 자신의 작품을 형이상학의 하나라고 인정한다. 그러나 그는 그 작품을 형이상학이 아니라 제일철학이라고 말하고자한다. 이것은 단지 신과 영혼의 문제만 아니라 우리가 철학하면서 인식할 수 있는 모든 첫 번째 것들을 문제 삼고 있기 때문이다. 그러므로 제일철학의 문제성은 신과 영혼의 문제들에 한정된 것처럼 나타나는 형이상학의 문제보다 더 넓다. 특별한 대상들에게 관심을 가지는 형이상학은 특별형이상학이고 이것은 존재자인 한에 있어서 존재자에 관한 학문과 같이 보편적인 학문이 아니다. 그런데 이러한 보편적인 학문이 바로 데카르트가 '제일 철학'이라고 부르기를 원하는 것과 일치한다. 데카르트는 설명하기를 그것은 첫 번째이다. 왜냐하면 그것은 우리가 '질서에 의해서 철학적으로 인식할 수 있는 모든 첫 번째 것들'을 취급하기 때문이다. 그러므로 첫 번째 것은 순수하게 인식의 순서의 문제이다. 이렇게 인

식에 우선성을 두는 것은 우리가 생각하는 만큼 그렇게 독창적인 것은
아니다. 하지만 데카르트에게서 새로운 것이 있다면 첫 번째 것들이 어
떤 질서 또는 어떤 방법에 따라서 알려질 수 있다는 생각이다. 이러한 질
서 또는 방법은 방법서설(1637)에서 설명되고 있다.

우선 『방법서설』 속에 들어있는 방법론을 살펴본다. '방법서설'의 원
제목이 말해 주듯이 이 책은 이성을 올바로 사용하는 방법, 진리를 발견
하는 방법에 대한 논한다. 이 방법은 모든 학문에 통용되는 보편적인 방
법이다. 데카르트는 보편적인 방법을 다음 네 가지 규칙으로 제시한다.

첫째규칙은 내가 확실하게 참되다고 아는 것 이외에는 그 어떤 것도
참된 것으로 받아들이지 말라는 것이다. 여기서 중요한 것은 "나한테 의
심할 수 없을 정도로 명석하고(clara) 판명한(distincta)것만을 받아들
이고 그 외의 어떤 것도 받아들이지 않겠다"는 것이다. 둘째규칙은 어려
운 문제는 간단한 문제로 세분하라는 것이고, 셋째규칙은 단순한 것 또
는 쉬운 것부터 먼저 다루고 다음으로 복잡한 것에 이르도록 하라는 것
이다. 마지막으로 넷째규칙은 생길 수 있는 모든 경우를 총망라 하라는
것이다. 그런 다음에야 일반적인 개관을 할 수 있다는 것이다. 그러나 이
것은 실제로 불가능하다. 우리는 모든 경우를 다 경험해 낼 수 없기 때문
이다. 그런데 데카르트는 모든 것을 전부 경험해 낸 후 일반적인 명제를
얻어낸다고 하였다.

문제는 첫 번째 규칙에서 드러난 '명석 판명한 관념(idea clara et
distincta)'이다. 의심할 수 없을 정도로 확실하고 명백한 것이 있는가
하는 것이 문제이다. 데카르트는 이것을 찾아서 이 토대위에 학문을 수
립하고자 한다. 따라서 그는 학문을 위한 발판으로 삼기 위해서 확실하
고 명백한 토대를 찾고자 한다. 다시 말해 동요되지 아니하는 확고한 태

도, 거기에 대해 의심한다는 것이 불가능할 정도로 확고한 토대
(fundamentum inconcussum)를 문제 삼는다. 그래서 데카르트는
확실성(certitudo)을 얻어내겠다는 작업을 시작한다.

　가) 제 1단계 : 자아

　데카르트는 철학을 세우기위해서 동요되지 않는 토대(fundamen-
tum inconcussum)를 찾고자 한다. 이것을 위해 감각의 세계, 현실의
세계, 수학의 세계를 뒤진다. 그는 먼저 감각의 세계를 뒤진다. 왜냐하면
우리가 아는 것은 대부분 감각이 가르쳐 준 것이기 때문이다. 이것은 물
론 감각이 진리의 마지막 토대역할을 할 수 있는지를 보기 위해서 이다.
데카르트는 물속에 꽂혀 있는 막대기는 꺾여 보인다는 것을 알고, 또
〉—〈, 〈——〉는 같은 길이이나 뒤의 것이 길어 보인다는 것을 알게 된
다. 이것은 감각이 우리를 속이는 것이다. 그러므로 감각의 세계는 동요
되지 않는 토대의 역할을 하지 못한다. 왜냐하면 한번이라도 우리를 속
이는 것은 또 다시 우리를 속일 수 있기 때문이다. 따라서 우리를 속이는
것은 끝까지 안 받아들이는 것이 현명하다.

　이어서 그는 현실의 세계를 뒤진다. 1619년 11월 1일에 어떤 체험을
했다. "나는 외투를 입고 난로 곁에서 불을 쬐고 있다. 이 손과 이 다리는
내 손이요 내 다리이다. 이는 틀림없다. 현실의 세계이다. 그렇다면 현실
의 세계가 동요되지 않는 토대의 역할을 해 줄 수 있는가?" 이것도 불가
능하다. 왜냐하면 나는 꿈속에서도 그렇게 생각을 할 수 있기 때문이다.
다시 말해 우리는 꿈인지 현실인지 마지막까지 구별할 수 없기에 현실도
동요되지 않는 토대로 받아들일 수 없다.

　수학의 세계는 순수 이론의 세계로서 현실에 구애받지 않는다. 예컨대
점은 머릿속에만 있지 크기는 없다. 크기가 없으면 사물이 아니다. 이것

은 순수 논리학적 진리이다. 순수이론의 문제는 실천이나 현실과는 아무 상관이 없다. 순수이론은 실천이나 현실을 전부 배제한다. 따라서 2+2=4라는 진리는 꿈속에서도 현실 속에서도 진리이다. 그런데 데카르트는 악령이 있어서 우리로 하여금 그때그때마다 2+2=4임을 조작하고 있는지도 모른다고 했다. 실제로는 2+2=5임에도 불구하고 4로 생각하도록 하는 악령으로부터 못 벗어날 수 있다고 생각한다. 따라서 그는 수학의 세계도 동요되지 않는 토대가 될 수 없다고 한다.

지금까지 그가 뒤진 감각의 세계, 현실이 세계, 수학의 세계에는 동요되지 않는 토대가 될 것이 하나도 없다는 것을 알았다. 그리하여 그는 세상에는 '확실하고 명백한 것'이 하나도 없다고 답답해했다. 이러한 답답한 상태에서 데카르트는 속지 않으려고 애를 쓴다. 이 때 그는 만일 하나의 진리라도 얻어낸다면 그것을 감사하기 위해 이탈리아의 로레또(Loreto)로 순례를 가겠다고 약속했다. 그때 갑자기 '나는 지금 의심하고 있다. 그리고 생각하고 있다. 그렇다면 지금 의심하고 생각하고 있는 나는 분명히 존재해 있음에 틀림이 없다'는 것을 깨닫게 된다. 즉 '나는 생각한다. 고로 존재한다(cogito ergo sum)'는 것을 깨닫게 된다. 이 말은 생각하는 것의 귀결로서 내가 있는 것이 아니라, 나는 생각하면서 있는 것이라는 뜻이다. 이것은 논증해 내는 것이 아니고 직관이다. 그런데 '내가 지금 생각하고 있다. 그리고 나는 있다'는 이 사실 만큼은 의심할 수 있다. 드디어 데카르트는 명석 판명한 관념 즉 토대를 얻어냈다. 그리하여 데카르트는 약속했던 대로 감사의 뜻으로 로레또로 순례를 갔다.

새로운 것, 지금까지와는 다른 것이 데카르트에 의해 시작되었다. 그 다른 것은 내용이 아니고 기본태도이다. 우선 데카르트의 '나는 생각한다, 고로 존재한다'는 아우구스티누스가 말했던 것을 그대로 하고 있다.

아우구스티누스는 신국론 『De civitate Dei』 11권 26장에서 '만일 내가 그르친다면, 나는 있다(Si fallor, sum)'라고 주장한다. 아우구스티누스는 개종 후 회의주의자들이었던 아카데미학파와 대결하면서 '만일 내가 그르치고 있다면, 그렇다면 나는 있다'라는 말을 통해서 모든 것이 의심스럽다는 논리는 자가당착에 걸린다고 주장한다. 그래서 그는 그리스도교 신자가 된 후 제일먼저 아카데미학파에 대적하는 글을 썼다. 데카르트가 시도한 회의주의와의 실갱이는 1300여 년 전에 이미 아우구스티누스가 했다. 그러나 아우구스티누스는 내가 있다는 것을 토대로 하지 않았다. 아우구스티누스는 신이 계시다는 자명한 사실을 토대로 학문하게 된다. 즉 신이 계시다는 것을 출발점으로 했다. 반면에 데카르트는 신을 전제하지 않는다. 그는 '내가 있다'는 사실을 토대로 모든 것을 그 위에 세우겠다는 태도를 견지함으로서 그에게는 '나는 있다(ego sum)'라는 이 사실만이 뚜렷하다. 이것이 데카르트와 아우구스티누스가 다른 점이다. 결국 제1단계에서 '자아'가 작업되었다. 그러나 데카르트는 어떻게 하면 유아론에서 벗어날 수 있는가에 대해 생각을 거듭하다가 제 2단계에 이르게 된다.

　나) 제 2단계 : 신은 존재한다

　이 작업의 출발점은 '나'이다. 나는 생각하면서 있다. 생각하는 것이 인간에게 있어서 가장 두드러진 점이다. 그런데 데카르트에게 있어서 생각한다는 것은 내 앞에 놓여져 있는 무엇(나무, 돌맹이 등)을 생각하는 것을 뜻하지 않는다. 데카르트에게 있어 생각한다는 것은 내 생각을 생각한다는 것을 뜻한다. 즉 타고난 관념을 생각하는 것이다. 이것은 플라톤적인 입장이다(상기설). 플라톤에 의하면 우리는 이전에 이데아의 세계에 머물고 있었다. 그때 우리는 모든 이데아를 직관하고 있기 때문에 모든 것이 확실했는데, 육체의 옷을 입음으로써 희미해 버렸다. 그래서 이미 아는 것은 회상해 내는 것이 중요하다. 플라톤의 이러한 태도는 데카르트에서 그대로 들어와 있다.

데카르트에 의하면 인간은 생각(Idea)들을 타고났다. 데카르트 에 있어 생각한다는 것은 내 속에 들어와 있는 생각들 즉, 타고난 관념(idea innata)을 생각해 보는 것을 의미한다. 그는 타고난 관념 중 가장 큰 것 즉 "그것보다 더 큰 것을 생각해 볼 수조차 없는 것(id quo majus cogitari nequit)"을 신이라고 한다. 이러한 것은 대단히 안셀무스적이나. 그러나 작업하는 출발점이 다르다. 즉 '나'를 출발점으로 한다는 점이 다르다. 신도 내가 작업해 주지 않으면 꼼짝 못하는 분위기가 안셀무스와 다르다. 그래도 데카르트는 안셀무스의 말마디를 사용하여 '그것보다 더 큰 것을 생각할 수 없는 그것'은 필연적으로 존재한다고 말한다. 이것에게는 존재라고 하는 것이 그의 본질에 속해 있다. 그것은 가장 완벽한 관념이다. 이렇게 가장 완전한 관념은 불완전한 나로부터 올 수 없고 실제로 있는 신에게 부터 올 수밖에 없다. 그래서 신은 존재한다.

다)제 3 단계 : 세계는 존재한다.

세계는 존재한다. 바꾸어 말하면 사물들은 존재한다. 데카르트의 논증에 의하면 신의 존재가 명백히 된 이상 우리는 신의 문제를 가지고 출발하는 것이 가장 타당하다고 생각한다. 다시 말해서 신의 문제를 토대로 해서 문제를 다루는 것이 가장 확실하다는 것이다. 신은 모든 것의 토대, 근원, 원천이다. 그리고 신은 성실하다. 그러니 이런 신을 업고 작업하는 것이 가장 확실하다. 악령은 일정하게 생각하도록 우리를 조종하고 있는지도 모른다. 따라서 악령이 속이는 존재라면 신을 업으면 악령이 배제된다. 속이지 않는 신은 모든 것의 토대가 된다. 지금 있는 이 사물의 토대가 된다. 이 사물들도 신으로부터 왔고 우리 이성도 신으로부터 왔다. 따라서 우리가 어떤 것을 명백하고 확실한 것으로 인식한다면 그것은 그대로 명백하고 확실하다. 그런데 우리는 이 세계가 있다는 사실을 명백하게 인식한다. 따라서 세계는 존재한다. 그럼에도 불구하고 오류를 범하는 것은 어떤 대상에 대해 성급하게 판단을 내리기 때문이다.

지금까지 살펴본 데카르트의 세 단계 작업은 『제일 철학에 대한 성찰(Meditationes de prima philosophia)』에서 체계적으로 이루어진다. 이러한 작업의 결과는 앞으로 형이상학에서 무엇을 다루어야 할 것인가를 제시해 주고 있다. 그것은 바로 '나', '신', '세계'이다. 이때 '성찰(Meditatio)'이라는 말마디는 그리스도교의 영성으로부터 온 것이다. 여기서 성찰(Meditatio)란 성서의 텍스트의 읽기(lectio)와 신적인 것의 관상(contemplatio)사이에 흐르는 반성의 동안을 뜻한다. 따라서 성찰은 반성의 시간을 지칭하며, 이로 인하여 정신은 그자신과 함께 홀로 남아있게 된다.

첫 번째 성찰에서 데카르트는 제일철학의 새로운 기초를 구축하기 위해서 확실성을 추구한다. 그런데 이 확실성에 이르기 위해서 그는 체계적인 의심을 하기 시작한다. 그는 모든 확신과 확실성의 원천인 원리들 어떻게 확인하는가? 라고 묻는다. 그는 이런 원리들을 확실히 하기 위해서 우리에게 급진적인 의심을 권고한다. 따라서 데카르트는 모든 나의 과거 의견이 근거하고 있는 원리들을 비판한다. 그 결과 데카르트는 과거인식이 근거하고 있는 모든 원리들이 불확실하다는 것을 부각시키면서 어떤 형태의 인식도 급진적인 의심을 견디어 낼 수 있는 것으로 나타나지 않는다고 본다. 그렇다면 어떻게 확실성을 발견할 수 있는가? 두 번째 성찰에서 데카르트의 첫 번째 확실성은 지속을 함의하고 있는 존재동사의 반과거의 형태로 나타난다. "만약 내가 어떤 것을 생각한다면, 나는 존재한다(반과거). 만약 내가 의심한다면, 내가 현재 존재하는 것 달리 말하면 계속해서 존재한다는 것이 아닌가? 그러나 우리는 이러 점에 있어서 오류로 인도할 수 있는 악령이 다시금 개입할 수 있다고 할 수 있는가?" 데카르트는 '아니다'라고 대답한다. 사유의 확신과 사유가 함축하고 있는 존재의 확신은 기만하는 신의 공격을 무찌를 수 있는 것이다.

'나는 존재한다(Ego sum, ego existo)', 이것이 바로 사유의 첫 번째 확실성이다. 첫 번째 확실성은 'sum'의 존재의 확실성, 즉 존재(exis-tentia)의 확실성이다. 이러한 명증성으로부터 데카르트가 제기하는 첫 번째 문제는 이 'sum'의 본질(essentia)에 대한 것이다. 나는 내가 존재하고 생각한다는 것을 안다. 그러나 내가 존재한다는 것이 무엇인가. 내가 존재한다고 말할 때 무엇이 존재하는가? '내가 누구인가?' 데카르트에게 첫 번째로 있는 것 또는 '첫 째 원리'라고 부르는 것은 사유의 존재이다. 이 첫 번째 원리의 본질은 생각하는 것(res cogitans)이다. 이것이 바로 데카르트적인 코기토(cogito)의 형이상학이다. 이러한 형이상학의 핵심은 첫 번째 원리와 실재하는 존재양식의 본질이다. 사유와 인식에 의해서 존재로의 접근이 가능해진 것이다.

I. 첫 번째 원리 : 코기토(cogito)의 존재
II. 원리의 본질 : 사유하는 것(res cogitans)
III. 존재인 한에 있어서 존재 : 존재-사유(cogitatum)

데카르트는 이러한 코기토의 형이상학을 정의한 후에 세 번째 성찰에서 신의 문제를 취급한다. 데카르트는 '내가 어떤 것을 확실히 하기 위해서 무엇이 요구되는가?'라고 자문한다. 이에 대해 즉시 대답하기를 '이러한 첫 번째 인식 안에서 내가 알고 있는 것에 대한 명석하고 판명한 지각이외에 다른 것을 얻어 만나지 않는다'라고 한다. 그것 자체에 현전에 있는 자아의 사유는 명석하고 판명하다. 데카르트는 그것자체에 대한 사유의 이러한 확증으로부터 그가 '우리가 명석하고 판명하게 인식하고 있는 모든 것들은 모두 참이다'라는 '일반적인 규칙(regula generalis)'이라고 부르는 것을 이끌어낸다. 이러한 '일반적인 규칙'은 성찰에서 진리의 규칙(regula generalis)이 된다. 나에게 완전하게 확증스러운 것 즉 주체적 확실성은 사물에 대한 객관적인 진리에 일치한다.

데카르트는 신의 존재를 확립하기위해서 자신의 정신 안에서 발견하는 신의 관념으로부터 출발한다. 이 신의 관념은 무한한 실재로서 드러난다. 만약 내가 내안에 무한한 관념을 가지고 있다면 이것은 나에게 무한한 관념을 제공하는 신 자체에 의해서만 존재할 수 있다. 내가 사유하는 존재자로서 존재한다면 나는 이런 무한한 관념의 원인이 될 수 없다. 왜냐하면 나는 유한한 존재이기 때문이다. 그러므로 무한한 관념은 유한한 존재인 나에 의해서 산출될 수 없다. 무로부터 나올 수 없는 이러한 관념은 단지 신 자신으로 부터만 우리에게 이른다. 따라서 신은 내안에 그의 관념의 원인으로서 존재한다. 결국 데카르트의 신 존재증명은 유한한 존재가 무한한 관념의 저자가 될 수 없다는 것을 보여주는 것이다. 또한 '일반적 규칙'의 근거를 발견 할 수 있다. 존재하고 무한한 신은 완전할 수밖에 없다. 그러므로 자연적인 빛(lumen naturale)에 의해서 알 수 있는 것처럼 신은 속이는 자가 될 수 없다. 이 신은 나의 명석하고 판명한 지각작용의 진리에 보증인이다.

데카르트는 여기서 '코기토'의 형이상학의 내재성을 단념하는 것처럼 보인다. 데카르트는 자연적인 빛에 대해서 말하면서 존재전체의 원리로서 신적인 원인에 의해서 다른 형이상학을 요청하고 있다. 그는 존재자를 존재-사유(cogitaum)로서가 아니라 존재-원인(causatum) 으로서 해석되는 존재자인 한에 있어서 존재자에 대한 논의를 하고 있다. 우리는 데카르트의 논의를 다음과 같이 정리할 수 있다. 먼저 사유작용(cogitatio)의 형이상학과 원인(causa)의 형이상학으로 크게 대별할 수 있고 전자는 존재자를 존재-사유(ens ut cogitatum)로서 다루고, 후자는 존재자를 존재-원인(ens ut causatum) 로서 다룬다. 또 전자의 존재원리는 '나는 생각한다(ego cogito)'이고 후자의 존재원리는 원인(causa)으로 사유되는 신이다.

따라서 우리가 논의의 초기에서 우리는 데카르트사상에서 형이상학이 있는가 라고 자문했다. 하지만 우리는 구별되는 두 개의 존재론적인 논의를 발견할 수 있다. 그런데 데카르트에서 '코기토'의 형이상학과 신성의 형이상학 가운데 어느 것이 최종적이고 근본적인 형이상학이냐고 자문할 수 있을 것이다. 우리는 '코기토'에 의해서 확실하게 신에게 이르고 신은 일반적인 규칙의 진리를 확실하게 해주기 때문이다. 그렇다면 두 가지 중 어느 것이 첫 번째 가는 원리인가? 무엇이 무엇을 근거 지우는가? 여기에는 나와 신이라는 이원론적인 원리가 존재하고 두 개의 형이상학이 공존한다. 데카르트는 의심 없이 '코기토'의 형이상학을 신의 형이상학에 예속시키고자 하였다. 신은 주체가 전개하는 이성의 질서를 통해서만 도달되고, 코기토는 자신의 표상의 객관성을 확실히 하기 위해서 신을 요구하기 때문이다. 따라서 우리는 데카르트에서 함께 발생한다기보다 예속관계가 있는 두 개의 형이상학을 동등하게 발견한다. 존재-원인(ens ut causatum)의 존재론은 존재-사유(ens ut cogitatum)의 존재론을 기초 지우고 뒷받침하고 있기 때문이다. 그런데 고대의 형이상학적 전통에 따라서 신을 첫 번째 원리로 만드는 것과 코기토의 절대적인 우선권에 의해서 우리가 주체성이라고 부르는 것에 우선권을 주는 것은 데카르트 이후에 다양한 긴장관계를 형성하고 두 개 중에 하나가 선택적으로 발전되어간다. 결과적으로 말하면 신적인 원인성의 형이상학은 아주 고전적인 형이상학에로 되돌아감을 의미하고 반면에 코기토의 형이상학은 현대존재론의 근원이 된다.

데카르트는 『제일 철학에 대한 성찰』에서 기본이 되는 것을 모두 정리한 후 이 작품을 파리 대학의 신학교수에게 바친다. 그런 후 그는 세계를 붙잡고 작업한다. 자연 즉 사물들을 탐구해 나간다. 데카르트의 기본 태도는 내가 자연에로 다가가서 나의 이성을 도구로 하여 자연을 규정해 나간다는 것이다. 그런데 그는 '나'를 사고하는 존재(res cogi -tans)로 보고 '자연'을 크기를 가진 존재(res extensa)로 본다. 그래서 데카르트에 있어 자연학을 한다는 것은 사고하는 존재인 내가 크기를 가진 사물에게 다가가서 사물을 규정하는 것이다. 여기서 데카르트는 사고존재인 나와 크기를 가진 사물을 각기 실체(substantia)라고 규정한다. 아리스토텔레스의 실체란 자기 속에 서 있는 존재자(ens in se), 스스로 서있는 것, 변화에도 불구하고 스스로 버티고 서 있는 것이다. 한편 데카르트에게 실체란 사실적 존재(res)이다. 데카르트에게 실체란 스스로 서 있기 위해서 다른 어떤 것도 필요로 하지 않는다. (substantia est res, quae ita existit, ut nulls alia rei indigeat ad existendum). 데카르트는 여기서 '나'라는 것은 사물로부터 구애받지 않고 독립되어 있다는 것을 노리고 있다. 또한 사물 그것은 나로부터 전적으로 독립되어 있다. 독립적인 이 사물은 기계이다. 나아가 생물체 역시 기계이다. 생물체의 죽음은 기계가 돌아가다가 그치는 것이다. 심지어 인간도 기계로 본다. 이 말은 인간을 사물로 취급 즉 관성의 법칙, 반작용의 법칙, 가속도의 법칙이 작용한다는 것이다.

이제 데카르트를 통해 새로운 것이 드러나기 시작하였다. 데카르트에 의해 드러난 것은 '나' 즉 자아이다. 이 자아는 모든 것을 다룰 수 있는 주체이다. 이때 다룬다는 말은 생각한다는 뜻으로 쓰인다. 주체인 내가 이성을 가지고 사고한다. 이제 이성만이 중요하다. 그래서 내 이성이 확실하고 명백하다고 하는 것만 받아들인다. 이성이 최고법정, 판관이 된다. 즉 이성이 좋다고 해야 받아들이고 안 된다고 하면 받아들이지 않는다. 일체의 것은 이성 앞에서 자기를 변호해야 한다. 이렇게 해서 데카르트는 이성의 독자성을 끝까지 내세운 사람이다. 이로 인해서 합리주의 혹은 이성주의를 낳는다. 데카르트는 이성을 절대화하는데 까지 끌고 간다. 그는 이성이 절대적이라고는 직접 말하지 않았으나 그의 태도가 이성을 절대 경지에까지 몰고 간다. 이것은 신앙의 분야도 이성이 다루어 버릴 수 있다는 생각을 사람들한테 심어준다. 그 결과 이성이 우리들의 신이 된다는 방향으로 몰고 갔다. 이것은 대단한 전통을 낳고 사람들을 열광시켰다. 이로써 데카르트는 사상적으로 큰 영향을 미쳤고 사상사를 한없이 혼란 속으로 빠져들게 되었다.

데카르트에서 가장 혼란스러운 점은 이원론(dualismus)이다. 데카르트에게는 사고하는 존재(res cogitans)와 크기를 가지는 존재(res extensa)가 전적으로 독립되어져 있다. 그런데 인간 속에서 몸과 마음, 육체와 정신이 어떻게 결합해 있는지 설명할 수 없었다. 이런 혼란은 데카르트가 실체가 둘이라고 한데서 발생했다고 보고 이를 해결하기 위해 스피노자는 실체를 하나로 보고, 일체의 것은 하나라고 한다. 그러자 더 큰 혼란을 초래하게 되었다. 이에 대해서 라이프니쯔는 실체는 하나가 아니고 한없이 많다고 하였다.

2) '하나'와 완전한 합리성의 형이상학

스피노자에게 있어서 존재하는 것은 실체 하나뿐이다. 이 실체는 무한히 많은 속성(attributa)들을 가지고 있다. 그 속성 중 인간에게 알려질 수 있는 속성은 사고(res cogitans)와 사물(res extensa) 두개 뿐이다. 이런 속성들은 그것마다 양태들(modi)을 가지고 있다. 이것들이 사물들이다. 이 사물들이 세계를 이룬다.

실체는 영원불멸하다. 생성, 소멸, 변화하지 않는다. 스피노자는 데카르트의 실체의 정의에 대해서 실체가 만일 그러하다면 실체는 하나뿐이라고 한다. 그리고 그것을 신이라고 부른다. 이것은 존재하고, 무한하고 하나뿐이다. 마지막까지 규정해낼 수 없다. 그리고 알아들을 수 없다. 사실상 스피노자는 데카르트의 이원론을 해결하기 위해서 실체는 하나뿐이라고 하고 데카르트가 말하는 실체는 속성들이다고 한다.   왜냐하면 속성들은 아직 독립해 있지 않기 때문이다. 이에 비해서 속성들의 양태는 한없이 생겼다 없어졌다 한다. 그러나 전체로서 실체, 그것은 영원불변하다. 호수의 물이 바람이 불어 움직여도 전체는 안 변하는 것과 같다. 또 스피노자는 이 실체를 처음으로 자기원인(causa sui)라고 말하기 시작한다.

전체로서의 실체 즉 신은 바로 자연(natura)이다. 그리하여 스피노자는 결국 범신론으로 인도된다. 모두가 신이다. 개체는 사라지고 전체만 중요하다. 실체가 그때그때마다 이런 양태 또는 저런 양태로 드러날 뿐이다. 스피노자는 한편으로 플로티노스의 생각을 이어받으나 데카르트의 실체에 대한 독특한 정의 때문에 개체, 시간, 자유가 중요한 것이 되지 못한다. 스피노자에 있어 모든 것은 필연적으로 이루어지고 만다. 그리고 개체도 중요치 않게 된다. 후에 헤겔은 스피노자를 업고 개체는 중요치 않다고 한다. 또한 마르크스도 헤겔을 업고 개체는 중요하지 않고 전체만이 중요하다고 본다. 따라서 개체가 전혀 고려되지 않는 전체주의를 낳는다. 따라서 범신론 그것은 한편으로 인간이 생각해 낼 수 있는 가장 좋은 생각이나 다른 한편 가장 나쁜 생각이다. 왜냐하면 '나'라고 하는 것이 없어지기 때문이다. 그런데 그리스도교는 이러한 것과 달리 개체, 시간, 자유를 중시한다.

지금까지 검토해온 스피노자이후 등장한 라이프니쯔는 여러 가지 철학노선속에 흩어져 있는 진리를 발견하고 그것들을 하나로 묶어 보려는 시도를 한다. 그러기에 그를 보편적인 사상가라고 한다. 라이프니쯔는 당시 사람들처럼 수학에 관심을 가졌다. 왜냐하면 그 당시 사람들은 수학 그것이 모든 학문 중 가장 확실하고 엄밀한 학문으로 보았기 때문이다. 그래서 중요한 것은 양과 수이고, 이 사이에 통용되는 것은 기계론이다. 그는 구체적으로 수학 즉 양의 세계, 수의 세계, 형태, 크기에 매달려 있었다. 그것이 세계를 설명해 낼 수 있다고 생각했기 때문이다. 그러나 그것이 모든 것을 다루어 낼 수 없다는 것을 발견하고 형이상학을 시작한다. 수학에서 철학으로 넘어간다. 그래서 그의 철학은 '단자(單子)'라는 단어를 붙들고 전개해 나간다.

실체 그것은 단자이다. 데카르트는 실체를 두개로 보고, 세상은 정신존재와 물질존재로 되어있다고 보았다. 그러나 인간 속에서 그것들이 어떻게 결합되어 있는지를 알 수 없었다. 그래서 '철학원리'에서 규정한 실체란 말의 독특한 정의 때문에 두고두고 혼란을 초래하게 된다. 스피노자는 이를 해결하기 위해 실체는 하나라고 함으로써 데카르트의 이원론은 해결하였지만 양태의 독자성을 살릴 수 없게 되어 또 혼란을 초래하

고 만다. 이어서 라이프니쯔는 스피노자의 약점을 보완하기 위해서 실체
는 무수히 많다고 보았다. 양태는 하나하나가 실체고 단자라는 것이다.
이것들은 스스로 서있고 스스로 존재하기 위해 다른 어떤 것도 필요로
하지 않는다. 하나하나가 독자성, 자율성을 지닌다.

　라이프니쯔는 실체는 무수히 많다고 하였다. 이것은 아리스토텔레스
적인 사고다. 그럼 단자란 어떤 것인가? 단자는 단순하고 순수하다. 그
리고 더 이상 나눌 수 없다. 그렇다고 해서 그것이 수학에서 말하는 점
같은 것은 아니다. 그것은 하나의 힘의 원천이고 운동의 원동력이다. 움
직임이 가능한 그런 것이다. 결국 단순한 연장이 아니라는 것이다. 이것
은 데카르트가 말하는 크기를 가지는 존재라는 측면이 없어지고 사유존
재다. 일반적으로 말해 사물존재로 그치는 것이 아니라 정신적 존재이
다. 그러면서도 단자들은 서로 전혀 다르다. 완전히 독립되어 있기에 같
은 단자는 하나도 없다. 그런데도 불구하고 단자에는 한계가 있다. 이것
역시 이미 아리스토텔레스가 말한 것이다.

3) 형이상학의 비판

　데카르트에서부터 비롯한 대륙의 합리론에 대한 반발로서 영국을 중
심으로 경험론이 일어나게 되었다. 즉 합리론의 인식에 있어서 인간의
이성이 주도권을 쥐고 있다는데 대해 경험론은 그렇지 않다고 말하게 된
다. 경험론에서는 사물과 현실이 모두이고 그것은 경험을 통해서 우리에
게 다가온다고 말한다. 다시 말해 우리는 '경험'을 통해 현실 혹은 사물
(res)을 본다. 경험 없이 인식이 이루어지지 않는다는 것이 경험론의 노
선이다. 경험론은 데카르트가 말하는 '타고난 관념(idea innata)'을 인
정하지 않는다. 존 로크에 의하면 인간의 이성은 '지워진 칠판(tabula

rasa)'의 상태로 태어난다. 만약 '타고난 관념'을 인정하게 되면 경험에 의존함 없이 이성 안에서 이 관념을 가지고 구성해 내는 것이 인식이 된다. 그러므로 경험론자들은 '타고난 관념'이란 없다고 말하게 된다. 결국 경험론자들은 데카르트를 반박한다고 볼 수 있다. 이제 여기서 우리는 영국을 중심으로 한 경험론이 어떻게 전개되고 이 경험론에서 형이상학의 위치는 어떠한가를 살필 것이다.

로크는 초기에서 실재론이란 인식론을 가지고 있었다. 이것은 사물이 눈앞에 놓여 있고 그것을 내가 알아들었다. 그리고 내가 알아들은 대로 실제로도 그렇다는 태도이다. 이러한 초기사상은 데카르트의 철학을 읽게 되면서 부터 비판적이게 되었다. 이런 후에 로크는 인식에 있어서 경험론적인 태도를 취하고, 이것을 그의 주저인 『인간오성론』에 잘 그리고 있다. 『인간 오성론』의 서문에 이 책이 생겨나게 된 경위가 기록되어 있다. 1671년 39세 때 5-6명의 친구들이 자기 방에 모여 토론회를 가졌다. 그날도 어떤 테마에 대해 다루고 있었는데 갑자기 막다른 골목에 달해 버렸다. 그래서 아무도 더 이상 말을 하지 않은 채 한 발짝도 나갈 수 없었다. 모두 멍하니 있는데 로크가 '우리가 길을 잘못 들었다'고 말했다. "우리가 어떤 테마를 다루려면 그 테마를 다루기 전에 우리한테 그 테마를 다룰 능력이 있는지 없는지 먼저 확인하고 다루어야 한다"고 했다. 그러자 모두들 그 말에 동의했고 로크로 하여금 거기에 대해 좀 더 연구해 와서 발표하도록 결정했다. 그래서 그 다음 모임에서 자기의 생각을 발표했는데 이것이 『인간 오성론』의 출발점이 되었다.

당시 그들이 무슨 문제를 다루다가 막다른 골목을 도달했는지는 모른다. 추측컨대 신학적 문제이거나 혹은 도덕문제일 수도 있다. 이런 문제를 다루는 과정에서 대상을 검토하기 전에 주체를 먼저 검토하고 주체가 다룰 수 있는 단계를 뚜렷이 해야 했다. 그 결과 경험 가능한 분야만 다룰 수 있다고 하는 것에 이른다. 경험 불가능한 분야는 신의 영역에 속하는 것으로서 여기에 대해서는 건전한 상식을 가지고 살아가야 한다. 따라서 로크는 우리한테 어떤 분야를 다룰 능력이 있는지 없는지를 다루면서 인간은 인간한테 경험이 가능한 분야만 인식할 수 있고 경험이 불가능한 분야는 인식할 수 없는 것에 이른다. 경험이 불가능한 분야는 우리는 그것을 믿든지 아니면 배척할 수밖에 없다.

　로크에게 있어 인식한다는 것을 경험주체인 내가 경험대상에게로 다가간다. 경험대상이 경험주체인 나에게로 다가온다. 그래서 나는 대상으로부터 밀고 들어온 상(species impressa) 곧 심상을 얻어 낸다. 로크는 이를 관념(idea)라 한다. 결국 로크에 의하면 우리는 대상으로부터 상 즉 관념을 얻어낸다. 이 관념을 얻어내는 과정은 바로 경험을 통해서 이루어진다. 왜냐하면 로크에게 있어 사람은 관념을 타고나지 않았기 때문이다. 그런데 초기의 로크에 있어서는 이 관념이 대상과 같았으나 후기 사상에서 관념을 대상과 같이 않게 된다. 적어도 반드시 같지는 않다고 보았다. 다시 말해 후기에 와서 로크는 데카르트의 영향을 받아 비판적인 태도를 취하게 된다. 왜냐하면 나한테 다가오는 것은 그 사물이 아니라 그 사물의 관념뿐이기 때문이다.

　로크에게 있어서 관념은 사물에 대한 관념이다. 아리스토텔레스식으로 말하면 관념은 사물의 본질이다. 물론 아리스토텔레스 자신은 실체란 표현을 썼다. 즉 변화에도 불구하고 그 사물이 그 사물이 되게 하는 것이다. 그러나 이제 로크에게서 관념은 실체가 아니다. 로크는 실체를 말하지 않고, 속성을 논한다. 로크는 이 속성을 제1속성과 제2속성으로 나누고, 크기 모양 등 실체와 비슷한 것들을 제1속성이라 했다. 그리고 흔히 말하는 속성들에 대해서는 제2속성이라 했다. 다시 말하면 로크에 있어서 실체 즉 본질 같은 것은 없다. 속성만이 있을 뿐이다. 그리고 로크는 관념에 대해 더 이상 작업하지 않고 그대로 두고 만다. 후에 흄이 이를 작업하게 된다.

이러한 면에서 로크는 순진한 사람이다. 예컨대 분필은 희다, 딱딱하다, 냄새가 없다., 둥글다, 길다. 그런데 희다, 딱딱하다, 둥글다, 길다 등 이러한 것들은 항상 같이 붙어 다닌다. 아리스토텔레스는 여기에 대해 분필 이라는 실체를 말한다. 즉 주인이 있다고 말한다. 그러나 로크는 실체를 말하지 않는다. 실체를 말해버리면 경험론의 기본노선에서 어긋나기 때문이다. 로크는 결국 속성들만 말하고 주인으로서의 실체는 말하지 않는다. 그래서 그 속성들이 왜 함께 붙어 다니는지에 대해서 대답하지 못한다. 모르겠다고 하고 덮어두고 만다. 단지 그에 의하면 정신은 희다. 딱딱하다 등과 같이 밖에서 얻어낸 단순관념을 가지고 내 안에서 작업해내어 '분필'이라고 하는 복합관념을 만들어 낸다. 단순관념을 가지고 내안에서 복합관념을 만들어 낸다. 결국 로크는 실체(ens in se)란 말을 사용하지 않고 주체 없이 몰려다니는 속성들(en in alio)만을 말한다.

로크를 이어받아 인식론에 기여한 사람은 아일랜드의 조오지 버클리이다. 그는 『인간 지식에 관한 원리』를 출판했는데 바로 이 책을 통해 인식론에 공헌한다. 이 책은 세 개의 테제로 되어 있다.

첫째 테제는 '우리가 직접 지각하는 대상은 실재한다'고, 둘째 테제는 '우리가 직접 지각하는 것들은 관념들이다'이다. 그리고 이 관념들은 다만 우리 정신 속에만 존재한다. 셋째 테제는 우리가 지각하는 것은 정신 속에만 있는 관념인데, 그럼에도 불구하고 우리 이성 밖에는 사물들이 존재한다. 이것은 첫 번째 테제와 두 번째 테제를 합쳐놓은 것으로서 그 자신의 인식론적인 입장이다. 우리가 직접 지각하는 대상은 실재한다고 하는 버클리의 첫째 테제는 로크의 초기사상과 같다. 그러나 버클리는 로크처럼 왔다 갔다 하지 않는다. 버클리는 내 눈앞에 놓여있는 것은 실제로 있다고 확실히 말한다. 이런 태도는 토마스 아퀴나스와 아리스토텔레스에까지 거슬러 올라갈 수 있다. 로크는 제 1속성과 제2속성을 구별하고 본질 그런 것은 모른다고 물러섬으로써 중세의 유명론의 경향을 취한다. 그러나 버클리는 실재론을 만든 아리스토텔레스와 똑같은 태도를 취한다. 우리가 직접 지각하는 것(관념)은 우리 정신 속에만 존재한다고 하는 버클리의 둘째 테제는 로크의 후기 사상을 이어 받은 것이라 할 수 있다. 즉 지각하는 것은 이성이 한다. 그리고 우리가 지각하는 것은 정신 속에만 존재한다. 이것이 관념(idea)이다. 다시 말해 우리가 지각 하는 것은 정신 속에만 존재하는 관념이다. 따라서 버클리에 의하면 모든 사물은 이성 밖에서는 존재하지 않는다. 그러므로 우리가 인식하는 것은 모두 우리 이성 속에만 있다. 사물들은 우리 이성을 떠나서는 존재하지 않는다. 다시 말해 버클리에 의하면 '존재란 인식되어진 것(esse est percipi)'이다. 인식되어지지 않은 것은 존재가 아니다. 바로 이말 때문에 사상사에서 버클리는 유명해지게 된다. 왜냐하면 이 말마디 때문에 흄이 있게 되었고 또 흄 때문에 칸트가 있게 되었기 때문이다. 다시 말해서 '존재란 인식되어진 것'이라는 이 말이 없었다면 흄이 없고 흄이 없었다면 칸트가 나올 수 없었다. 존재란 우리 이성 속에만 있다는 이 사상은 경험론속에 들어 있는 관념론적 표현이다. 무엇이든지 있다고 하는 것은 생각되어지고 있다는 것을 뜻한다. 생각되어지기를 그친다는 것은 존재하기를 그치는 것이다.

　버클리의 셋째 테제는 두 번째 테제를 출발점으로 첫째 테제를 말한 것이다. 즉 우리가 지각하는 것은 정신 속에만 있는 관념인데, 그럼에도 불구하고 우리 이성 밖에는 사물들이 존재한다. 예컨대 아프리카의 밀림 속에 피어있는 꽃은 세상의 누구도 생각 하지 않는다. 그러나 신이 생각하기에 그것은 존재한다. 따라서 첫째 테제가 실재론이라면 둘째 테제는 관념론이고 그리고 셋째 테제는 유신론이다. 그리고 이 셋째 테제 때문에 첫째 테제. 둘째 테제 모두가 살려진다. 그러나 이후 사상사는 신학을 전제하지 않는 시대가 되기 때문에 사상사를 만들게 되는 것은 그의 둘째 테제이다. '존재란 인식되어진 것'은 흄을 가능하게 하고 흄은 칸트가 가능하게 한다. 흄의 사상은 전기 사상과 후기 사상으로 구분된다. 전기 사상은 한마디로 '존재란 인식되어진 것(esse est percipi)'의 영향을 받고 있다. 달리 말해 로크의 후기 사상을 뒤져 나가면서 버클리의 둘째 테제에 머물러 있는 것이 흄의 전기 사상이다. 따라서 흄의 전기사상은 따로 말할 필요가 없다.

흄에 의하면 나 혹은 의식은 의식 내용을 갖고 있게 마련이다. 의식 속에 들어와 있는 의식 내용을 경험론에서는 관념이라 이름 붙여왔다. 그런데 흄은 이 의식내용을 더욱 세분화한다. 즉 그것을 둘로 구분하여 인상(impression)과 관념(idea)으로 나눈다. 흄은 우리가 모르긴 모르지만 밖에서부터 안으로 우리가 저항할 수 없이 밀고 들어온 것이 있다고 보고 이것을 인상이라고 한다. 그것을 아직 관념이 아니다. 인식 주체인 내가 혹은 의식이 이 인상을 토대로 하여 관념을 만들어 낸다. 다시 말해 관념은 의식 속에서 작업된 결과이다. 그러므로 의식 내용은 일차적으로 인상이다. 이 인상은 생생하고 뚜렷하며 원초적이다. 즉 작업을 가하지 않은 것이다. 그래서 그것은 믿지 않을 수 없는 것이다. 그런데 이 인상을 토대로 의식이 작업을 해서 관념을 얻어 낸다. 따라서 관념은 작업을

가한 것이기에 의심스럽다. 그것은 잘못될 수 있음으로 확실한 것이 못
된다. 따라서 우리에게 가장 중요한 것은 인상이다. 그런데 인상과 관념
을 넘어서서 우리 바깥에 대상이 이 있다 없다고 말할 수 없다. 인상과
관념을 넘어서서 우리 밖에 있는 것은 허구이다. 그럼에도 불구하고 사
람들은 우리 밖에 실제로 대상들이 있다고 생각한다. 그것은 실제로 있
는 것이 아니라 흄에 의하면 다발의 무리로 몰려오는 인상의 다발이다.

　흄에 의하면 인상과 관념을 넘어서서 우리 바깥에 대상이 있다 없다고
말할 수 없다. 그럼에도 불구하고 사람들은 우리 앞에 상대가 되는 사물
혹은 사실이 있다고 생각한다. 그러나 그것은 오해이다. 사람들이 흔히
대상이라고 하는 것은 인상의 다발에 불과하다. 사람들은 대상을 보고
그것을 실체라고 생각하며 그리고 그 실체를 가지고 작업한다. 흄에 의
하면 실체 그런 것은 없다. 인상의 다발일 뿐이다. 인상의 다발 뒤에 실
체 그런 것이 있는지 없는지 우리는 전혀 말할 수 없다. 그것은 허구일
뿐이다. 그래서 흄은 실체라는 말을 쓰지 않는다. 이제 로크 이후 실체
라는 말이 사라진다. 인상과 관념 뒤에 실체라는 것이 있다는 것을 거부
한다. 이것이 바로 경험주의의 정체이다.

　또한 흄에 의하면 사람들이 흔히 이야기하는 인과율, 즉 어떤 사물이
원인이 되고, 다른 사물의 결과가 된다는 인과율은 연상작용에 의한 것
이다. 어떤 인상의 다발이 지나가고 난 다음에 다른 이상의 다발이 다가
왔다. 두 인상의 다발의 필연적 관계를 우리는 전혀 말할 수 없다. 그럼
에도 불구하고 사람들은 전자 때문에 후자가 생겨났다고 잘 못 말한다.
그러므로 사람들이 인과율을 말하는 것은 연상작용에 의해서일 뿐이다.
결국 인식에 있어 흄에게 문제가 되는 것은 인상이다. 인상의 다발이다.
이 인상의 다발을 가지고 사람들은 관념을 만들고, 인과율 같은 것을 만

들어 낸다. 그것은 습관의 산물일 뿐이다. 더 나아가서 어떤 것이 다른 것의 원인이 되고 또 결과가 된다는 것도 착각이다. 왜냐하면 사물 그것은 없는 것이기에 원인과 결과라는 것 또한 있을 수 없기 때문이다. 이렇게 흄은 실체를 부정하고 또 인과율을 부정한다. 말하자면 아리스토텔레스의 형이상학 전체가 흄에게서 부정된다. 흄은 사람들이 인상에서 관념으로 넘어가면서 실체란 단어를 만들어 냈고 또 인과율을 만든 것이라고 보는 것이다.

　흄은 학문 즉 지식은 보편성과 필연성을 띤 명제여야 한다. 그런데 이러한 확실한 지식은 수학과 논리학에만 있다. 이것은 순수 이론적 지식으로 우리 현실과는 아무 상관도 없는 것이고, 그것은 순수 우리 이성 속에서만 가능하다. 흄에 의하면 현실에 대한 지식은 개연성 (probabilitas)만을 지닌다. 필연성(반드시)과 보편성(모두)은 결코 말할 수 없다. '아마 그럴 것이다'라고만 말할 수 있다. 현실의 세계란 달리 말해 실천의 세계, 자연의 세계이다. 이러한 자연의 세계에 대해서 우리는 경험해 본 것만큼 만 말할 수 있다. 경험을 넘어서서는 한마디도 말 못한다. 흄은 극단적으로 내일 해가 뜰지 안 뜰지 모르는 것이고 내일 되어봐야 안다고 했다. 흄은 이렇게 철저한 그리고 극단적인 경험론으로 나아갔다. 그러므로 결국 흄에게 있어 지식은 둘 뿐이다. 수학의 세계와 경험해 본 것 안에서일 뿐이다. 그런데 형이상학은 이 둘 어디에서도 논의의 대상이 아니다. 그것은 제삼의 것이다. 그래서 흄은 『인간오성에 관한 연구』의 끝장에서 '도서관에 가서 형이상학에 관한 책을 모두 뽑아 불 속에 넣자'라고 말한다. 즉 형이상학은 학문으로서 불가능하다는 말이다. 바로 이 『인간오성에 관한 연구』를 형이상학자인 칸트가 읽게 된다. 그리하여 칸트를 칸트 되게 만든다.

III. 형이상학 자체에 관한 근본적인 물음으로서의 형이상학

1. 비판적 형이상학

일반적으로 칸트는 독일의 가장 뛰어난 철학자로 통한다. 그는 한평생 동안 대륙의 합리론과 섬나라의 경험론을 종합하려는 작업을 했다. 그 결과로 그의 독특한 노선이 발생하게 되는데 그것을 우리는 선험철학 또는 비판철학이라고 한다. 다시 말해서 합리론과 경험론을 종합해 보려는 시도에서 생겨난 철학이 칸트의 선험철학 또는 비판철학인 것이고, 이러한 선험철학은 칸트이후 독일관념론을 낳게 한다.

칸트는 1770년 쾨닉스베르그 대학에 교수가 된 후 그해에 칸트는 흄의 책 『인간 오성에 관한 연구』를 만났다. 그리고 이 책 때문에 11년을 앓아서 연구하게 된다. 그리하여 1781년 57세 때 비로소 『순수이성비판』을 냈다. 그런데 '순수이성비판'을 냈지만 너무 어려워서 사람들이 아무 반응을 보이지 않았기에 그 입문서로 1783년 『형이상학서설』을 냈다. 1787년에 '순수이성비판' 제 2판을 냈는데, 제 1판과 조금 달라졌다. 이 책이 바로 칸트를 칸트로 만든 책이 된다. 당시 형이상학 교수였던 칸트는 '순수이성비판'에서 '학문이란 무엇인가'하는 문제를 그 출발점

으로 하여 형이상학이 학문으로 가능한가 라고 본격적으로 질문한다. 형
이상학을 학문으로 적립하고자 한다. 왜냐하면 흄이 '인간오성에 관한 연
구'에서 형이상학은 학문이 아니므로 도서관에서 형이상학에 관한 책을
모두 뽑아 불속에 던져야 한다고 주장하고 있기 때문이다. 그런데 순수
이성비판에서 칸트는 결국 형이상학이 학문으로서 불가능하다고 말하게
된다. 따라서 그는 다시 그의 제2주저라 할 수 있는 『실천이성비판
(1788)』을 내게 된다. 그리고 거기서 그는 학문으로서 형이상학이 가
능하다고 한다. 즉 '요청'으로서 가능하다는 것이다. 이런 의미에서 칸트
의 철학은 요청의 철학이라고도 불린다. 그 후 『판단력 비판』, 『단순
한 이성의 한계 내에서의 종교』 등의 책들이 출판되었다. 칸트는 워낙
건강이 약했기에 평생 건강관리에 힘썼다 한다. 그의 묘비에는 "두 가지
사실이 내가 그것에 대해서 생각할 때마다 나를 경외심으로 가득 채운다.
그것은 내 위에 별이 반짝이는 하늘과 내 속에 도덕법이다"라고 기록되어
있다. 이 말은 '실천이성 비판'의 마지막 부분에 나오는 말인데, 칸트를
가장 잘 드러내준다는 뜻에서 이 말을 그의 묘비에 적은 것으로 본다.

칸트가 학업을 계속하던 기간과 본격적인 철학자로서의 자리를 굳히
게 시작한 초기의 독일의 재배적인 철학체계로서는 라이프니츠와 볼프의
철학을 들 수 있다. 이것은 한마디로 표현한다면 '독단적(dog
-matisch)'방법에 의한 '합리주의'라고 할 수 있다. 이 합리주의는 나의
이성이 세계에 관하여 말해주는 것이 곧 진리라는 이성철학이다. 선천적
인 이성적 원리를 바탕으로 올바른 세계상을 도출할 수 있으며 특히 경
험의 힘을 전혀 빌리지 않고도 이것이 가능하다는 것이다. 합리론에 있
어서는 경험이 인식을 가능케 하는 기초이거나 한계일 수 없으며 이러한
입장에서 본다면 일정의 경험을 초월하는 즉 초감정적 영역을 다루는 학

문으로서의 형이상학의 가능성을 의심할 하등의 근거도 발견할 수 없었다. 그리고 실제로 이들 합리론자는 형이상학적 체계를 구성하기에 이르렀다. 여기서 그들은 모름지기 '독단적'방법을 취할 수밖에 없었다. 그들은 이성이 과연 진실로 경험과 무관한, 또는 경험을 초월하는 이른바 절대적 확실성의 인식을 제공할 수 있는가 어떤가를 먼저 비판적으로 검토하지는 않았던 것이다. 그러나 볼프철학에 심취한 자기의 스승 크눗센의 영향을 받은 칸트는 1760년대까지는 바로 그와 같은 라이프니츠와 볼프류의 합리론에 물들어 있었다.

　형이상학은 자연 곧 경험의 모든 대상 세계를 초월하는 것, 즉 '초감성적인것에 관한 학'이다. 그러하기 때문에 형이상학이 세우려는 이성은 '감성적인 것에 관한 인식으로부터 초감성적인 것에 관한 인식에로 이성을 통해 전진하려고 한다' 이 전진을 위한 준비로서 이성은 과연 자기 자신이 그런 전진을 할 수 있는 능력이 있는가를 측량하고, '자신이 어디에서부터 무슨 수단을 가지고 경험적 대상으로부터 그렇지 않은 대상에로 넘어가기를 감행할 수 있는가'를 확인한다. 이것은 바로 '인간 지식의 원천'과 '지식을 유익하게 사용할 수 있는 가능범위' 즉 '이성의 한계'를 규정하는 일이며, 그 작업을 떠맡은 것이 '순수이성비판'이다. 따라서 순수이성비판은 형이상학 곧 개념에 의해 순수이성 인식의 한 체계를 위한 준비 작업이다. 이런 순수이성비판 작업은 원래 인간이성이 감성적인 자연세계를 넘어서기를 기도하는, 형이상학적 정초를 위한 확실한 방법으로 택해진 것이다.

1) 자연형이상학

칸트는 아무 문제 의식 없이 형이상학을 강의하고 있었다. 그러다가 1770년 정교수가 된 다음에 읽은 흄의 '인간 오성에 관한 연구'의 마지막 말 때문에 문제를 의식하게 되었다. "인간 오성에 관한 연구'의 결론 부문에서 흄은 '순수이성의 세계에 대한 수학과 논리학 및 순수 현실에 대해 기록한 것 즉 경험 사실을 기록한 자연과학은 그대로 두라. 그러나 이것도 아니고 저것도 아닌 것은 모두 뽑아 불 속에 집어 던지라'고 말했다. 이 말은 형이상학은 학문으로서 불가능하다는 뜻이다. 그런데 당시 형이상학은 학문의 왕으로서 서가에 중심적인 책으로 꼽혀 있었고, 칸트는 크리스챤 볼프 및 라이프니쯔의 노선에 따라 형이상학을 가르치고 있었다. 그런데 칸트는 흄의 책을 읽고 '나는 형이상학의 꿈에서 깨어났다'고 했다. 즉 아무 문제없듯이 형이상학을 가르칠 수 없다고 생각하게 되었다. 그 결과 칸트는 형이상학을 학문으로서 정립하고자 한다. 따라서 칸트는 '도대체 어떻게 형이상학이 학문으로서 가능한가'를 문제 삼기 시작했다. 그러기 위해 먼저 '학문, 그것은 도대체 무엇인가'하는 학문일반을 문제 삼게 되었고, 그것은 형이상학이 어떻게 학문으로서 가능한가를 문제 삼을 수 있기 때문이다. 이러한 태도는 오늘날 과학철학의 기원이라 할 수 있다.

칸트는 먼저 학문, 그것은 어떻게 가능한가를 작업하였다. 그런데 학문은 지식으로 이루어졌고, 지식은 명제로 표현된다. 이 명제는 문법적으로는 문장이고 ,논리적으로 따질 때 그것은 판단이다. 그래서 칸트는 판단을 가지고 작업한다. 판단들을 분석하기 시작한다. 왜냐하면 학문은 판단들을 토대로 하고 있기 때문이다. 칸트는 판단들을 분석 판단과 종합판단으로 구별했다. 분석 판단은 그 문장을 분석해보면 그 판단의 진리가 그대로 따라 나온다. 예컨대 '삼각형은 세 각을 가지고 있다'고 하는 명제에서 술어는 주어를 들여다보면 그 속에 들어 있다. 주어를 분석해보면 술어가 나타난다. 그러기에 분석판단은 주어만 나타나면 술어는 경험하나마나 저절로 따라온다. 그래서 모든 삼각형은 반드시 세 개의 각을 갖고 있다고 말할 수 있다. 이러한 분석 판단은 보편성(모든)과 필연성(반드시)을 띤다. 이는 대단한 장점이다. 그러나 하나도 더 배운 것이 없다. 즉 하나도 더 알려진 것이 없다. 다시 말해서 지식이 더 보태어지지 않는 다는 의미에서 동의어 반복(tautologia)이다. 분석판단은 보편성과 필연성을 갖는 대단한 장점을 지닌 반면에 단점은 지식이 하나도 늘어나지 않았다.

종합판단은 예컨대 '사물에 열을 가하면 팽창한다'고 하는 명제에서처럼 술어가 주어에서 그 자체로 따라 나오는 것이 아니라 보태어진 것이다. 이것은 사물에 열을 가해 본 다음에 알아낼 수 있다. 그런데 이것은 보편성, 필연성을 가지지 못한다. 단지 '지금까지 경험해 본 바에 의하면 …하다'라고 말해야 한다. 즉 종합판단에서는 '모든', '반드시'란 말을 포기해야 한다. 대개 그럴 것이다. 아마 그럴 것이다(may be, prbably)라고 말해야 한다. 그런데 이러한 종합판단은 보편성과 필연성을 가지지 못하는 단점을 지니고 있으나 지식이 늘어난다는 장점을 가지고 있다. 그래서 종합판단을 일컬어 '지식이 늘어나는 판단'이라고도 부른다.

칸트에 의하면 학문은 판단으로 되어 있고 판단은 분석 판단과 종합판단으로 구별된다. 그런데 학문이 가능하다는 것을 말할 수 있기 위해 칸트에게 필요한 것은 이 두 판단들의 장점만을 가진 판단이다. 종합판단이면서 보편성과 필연성을 지니는 것 선험적 종합판단이 필요하다. 왜냐하면 학문이 되기 위해서는 보편성과 필연성을 지녀야 하고(합리론)또한 지식이 늘어나야 하기(경험론)때문이다. 이제 칸트에게 있어 출발점이 되었던 '학문이 어떻게 가능한가'라는 질문은 '어떻게 선험적 종합판단이 가능한가'로 바뀌어 진다. 선험적 종합판단의 명제가 가능하다면 학문이 가능하게 된다는 것이다. 이는 결국 합리론과 경험론을 합쳐보겠다는 것이다. 칸트에게 있어 '도대체 형이상학이 학문으로서 가능한가'라는 문제는 학문이 도대체 어떻게 가능한가에 달렸고, '학문이 도대체 어떻게 가능한가'는 '선험적 종합판단이 어떻게 가능한가'에 달렸다. 그러므로 칸트는 선험적 종합판단을 찾아내야 했다. 이를 찾아내기 위해 칸트는 11년 동안 작업을 했고, 특히 범주를 찾는데 많은 시간을 보냈다. 그 결과 나온 것이 『순수이성 비판』이다.

칸트가 찾아내고자 시도한 것은 '모든', '반드시'란 말을 넣어서, 경험 이전에 미리 말해 낼 수 있는 종합판단이다. 전통적인 인식론에 따라 인식대상이 인식주체를 규정한다고 한다면 흄이 옳다. 그러나 칸트는 선험적 종합판단을 위해서 인식주체가 인식대상을 규정해 낸다고 생각하게 된다. 이를 칸트는 코페르니쿠스에서 힌트를 얻었다. 인식주체가 인식대상을 규정하게 된다면 '반드시', '모든'을 넣어 말할 수 있게 된다는 것이다. 즉 보편성과 필연성을 띤 판단을 말할 수가 있다는 것이다. 칸트는 천문학에서 코페르니쿠스가 해낸 작업을 인식론에서 해냄으로써 인식론에 있어 코페르니쿠스적 전향을 가져왔다. 그래서 순수이성비판을 설명한다는 것은 칸트의 인식론에 있어 코페르니쿠스적 전향을 설명하는 것이다.

인식주체가 인식대상을 규정한다. 그러므로 이제 중요한 것은 인식주체이다. 있는 것들이 문제가 아니라, 인식주체인 내가 문제이다. 칸트는 대상의 대상성이 주체한테 매여 있기에 주체를 문제 삼는다. 결국 칸트가 주체에서 보려는 것은 대상의 대상성이 되는 가능성을 다루어 보고자 하는 것이다. 대상을 위해 주체를 문제 삼는 것이다. 칸트에 의하면 ♪♪ ♩♬…등의 음들이 따로따로 있다. 그러나 이것은 베토벤 교향곡 5번이 결코 아니다. 인식주체가 그것들을 종합하게 될 때 베토벤 교향곡 5번이 된다. 또 시계가 땡-땡- 칠 때, 하나하나의 '땡' 소리를 인식주체가 종합할 때 비로소 '12시 종이 쳤다'가 된다. 즉 12시 종을 12시 종이 되게 하는 것은 인식주체이다. 또 다른 예로 분필에 대해 우리는 희다, 딱딱하다, 둥글다, 길다, 냄새가 없다고 한다. 흄은 이것들을 인상의 다발이라 했다. 칸트에 의하면 인식주체가 이러한 인상의 다발을 종합해서 '분필'임을 알게 된다. 인식주체 즉 오성이 통각재료들을 종합해서 개념을 만든다고 말한다. 그래서 칸트에게 있어 인식은 인식주체에 달려 있다. 인식주체가 인식대상을 규정한다. 그런데 칸트에 의하면 인간은 범주를 타고 난다. 인간은 개념을 타고나지 않았으나 개념이 될 수 있게 하는 범주들을 타고난다. 그래서 그 범주들 가지고 개념을 만든다. 예컨대 우리는 분필이 될 수 있는 재료들을 가지고 태어난다. 따라서 눈앞에 놓인 분필은 내가 범주들을 가지고 구상해 낸 분필에 불과하다. 이와 같이 칸트는 인식주체가 인식대상을 규정해 버린다는 입장이다.

그런데 칸트는 한번 눈을 감고 머릿속에서 100탈러를 구상하고, 그리고 눈을 떴다. 눈앞에 100탈러가 대령해 있지 않았다. 따라서 대상 편에서 마주 오는 것과 내게서 나가는 것이 맞아 떨어져야 한다. 그 결과 칸트는 맞아 떨어지면 그것은 유효한 것이고 맞아떨어지지 않으면 그것은 무효하다는 단서를 붙이게 되었다. 만일 인간이 머릿속에서 작업해낸 것들이 실제로 그대로 눈앞에 대령한다고 할 것 같으면 결국 인간(인식주체)이 창조주가 되고 만다. 인간이 신이 된다. 칸트는 비록 교회에 나가지는 않았으나 그는 인간을 신으로 만들어버리고 치울 그런 사람은 아니었다. 그래서 칸트는 인식주체가 재료(범주)들을 가지고 머릿속에서 개념을 엮어내며, 그 개념을 가지고 내 밖에 있는 대상을 규정한다는 태도(합리론의 태도)를 끝까지 버리지 않지만 대상이 마주올 때 혹은 경험이 마주올 때 그것은 유효하지만 대상이 마주오지 않을 때 혹은 경험이 마주오지 않을 때 그것은 무효하다는 단서를 달아 놓았다. 이점에 있어 칸트는 결국 경험론에 양보를 하였다.

어떻든 칸트에 의해 인식론에 있어서 코페르니쿠스적 전향이 이루어졌다. 인식주체가 인식대상을 규정해 낸다. 인식주체는 타고난 범주들을 엮어서 경험 이전에 개념들을 얻어 낸다. 즉 선험적 통각에 의해 개념을 얻는다. 결국 칸트가 인식론에 있어 코페르니쿠스적 전향을 하게 된 의도는 경험을 기다리지 않겠다는 것이었다. 그래서 코페르니쿠스적 전향에 의해 이루어진 칸트의 철학을 일컬어 선험철학이라 한다.

순수이성비판의 주요 내용이 되고 있는 칸트의 인식론은 선험적 감성론, 선험적 오성론, 선험적 이성론으로 나누어 있다. 칸트는 인식을 문제 삼으면서 감각, 오성, 이성을 다룬다.

가) 선험적 감성론

인식에 있어 감성의 역할을 문제 삼는다. 칸트의 기본노선에 의하면 인식을 감성과 오성의 공동 작업이다. 감성은 외부로부터 오는 자극을 받아들인다. 즉 감성은 감각소여들을 수동적으로 받아들인다. 칸트에 의하면 우리에게 잡다한 감각소여들이 다가온다. 그러나 그 잡다한 감각소여들만으로는 감지가 일어나지 않는다. 즉 희다. 둥글다, 딱딱하다, 길다 …등 이런 감각소여들만으로 '분필'이란 것 즉 개념이 이루어지지 않는다. 이 감각소여들에 대해서 오성이 작업을 가하여 분필이라고 하는 개념이 생기게 된다. 그런데 일반적으로 사물은 시간과 공간속에 있다. 사물이 인식주체에 다가올 때는 반드시 시간과 공간을 거쳐야 한다.

칸트는 우리가 감각으로 감각소여를 수동적으로 받아들이는 것은 바로 경험하는 것이고 그것을 직관이라 했다. 즉 감각소여가 마주 오면 인식주체는 그것을 직관한다. 따라서 칸트에 있어 경험한다는 것은 감각소여를 직관했다는 것을 의미한다. 따라서 감성은 대상으로 부터 감각소여 즉 표상을 받아들이는 직관능력이다. 그리고 칸트는 시간과 공간을 감성의 직관의 형식이라 한다. 잡다한 감각소여들은 시간과 공간이란 직관의 형식을 통해서 내게 들이 닥친다. 그러므로 감성은 시간과 공간의 직관형식을 통하여 대상으로부터 표상을 받아들이는 능력이다. 그러나 받아들이는 잡다한 감각소여들은 아직 '무엇이다'가 되지 않았다. 아직 혼돈상태이다. 우리는 감각소여들을 합쳐서 하나로 통일하여 종합함으로써 비로소 '무엇이다'라고 알게 된다. 아리스토텔레스는 이를 통각(sensus conmmunis)라 했고, 이를 감각의 단계로 보았다. 그러나 칸트는 이것이 감각의 단계에서 이루어지는 것이 아니고 오성의 단계에서 이루어진다고 했다. 즉 오성의 단계에서 비로소 개념 즉 인식이 이루어진다는 것이다.

나)선험적 오성론

칸트에 의하면 인식을 감성과 오성의 공동 작업으로 이루어진다. '순수이성비판' 끝에서 칸트는 '내용(감각)이 없는 사고(오성)는 공허하고 개념이 없는 직관(감각)은 맹목이다'고 말한다. 오성이란 감성이 받아들인 감각소여를 사고하는 능력이다. 오성을 수동적으로 받아들인 감각소여들을 가지고 작업해서 개념화하는 능력이다. 칸트에 의하면 인간은 범주들을 타고난다. 오성은 이것들을 재료로 하여 개념들을 만들어 낸다. 칸트는 오성이 범주들을 가지고 개념을 만들어 낼 수 있는 힘을 생산적 구상력이라 했고, 경험하지 않고 범주들로부터 개념들을 이끌어 내는 것을 선험적 연역이라 하였으며, 선험적 연역에 의해 개념을 구성하는 것을 선험적 통각이라 했다. 그런데 칸트에 의하면 오성이 생산적 구상력을 가지고 선험적 연역으로 선험적 통각을 얻어 구성해낸 개념들은 실제로 바깥에서 대상이 마주 오면 유효하고, 마주오지 않으면 무효이다. 바로 이점이 칸트로 하여금 독일 관념론자가 아니게 한다.

다) 선험적 이성론

오성이 타고난 범주들을 가지고 개념을 구성해 낸다. 그런데 이성은 오성이 만든 개념들을 가지고 다시 한번 더 종합하여 이념들(idea)을 만들어 낸다. 첫째 단계로 우리 밖에 있는 것들을 모두 통합하여 세계란 이념을, 둘째 단계로 우리 내면의 세계에서 이성, 자유, 의지 등을 통합하여 영혼이란 이념을, 셋째 단계로 우리 밖의 외부세계나 우리 안의 내부세계를 모두 통틀어 즉 일체의 것을 통틀어서 신이란 이념을 만들어 낸다. 그런데 세계는 결코 전체로서 내게 마주오지 않는다. 그러기에 칸트에 있어 세계라는 이념은 무효이다. 또한 내가 나를 결코 마지막까지 다 살필 수 없다. 즉 내가 나에게서 결코 전체로서 마주오지 않는다. 그렇다면 '나'(영혼)란 이념도 무효이다. 또한 이 모든 것으로서 신 역시 내게 마주오지 않는다. 따라서 '신'이란 이념도 무효이다.

데카르트 이후 세계, 영혼, 신은 제일철학의 대상이었다. 칸트 역시 이것을 다루면서 형이상학을 한다고 했다. 그런데 세계, 영혼, 신은 내게 결코 전체로서 마주오지 않으므로 무효이기에 결국 형이상학은 학문으로서 불가능하다고 '순수이성비판'을 결론지었다. 칸트의 처음 의도는 형이

상학이 학문으로서 가능하다고 말하기 위해 작업을 시도했다. 그 결과
나온 것이 순수이성비판인데, 다 작업해 놓고 나니 결국 형이상학은 학
문으로서 불가능하다고 말하게 된 것이다. 이유는 자신이 눈을 감고 구
상해 놓았으나 바깥에서 실제로 경험론적으로 마주오지 않으면 즉 직관
이 주어지지 않으면 무효하다고 단서를 붙였기 때문이다. 이러한 단서를
붙이게 된 이유는 그가 100탈러를 머릿속에서 구상하고 눈을 떴을 때 그
것이 실제로 대령해 있지 않았기 때문이다.

　이제 존재자 일반을 가능하게 하는 제일의 근거가 인간 이성의 선험적
원리들이라 한다면, 이 원리들은 감각적으로 주어지는 대상인식에만 사
용될 수 있다. 왜냐하면 인식은 실재하는 것을 개념적으로 파악하는 것
이지, 무엇을 실재하게 하거나 창조하는 것이 아니며, 인간에게 실재하
는 무엇인가가 주어지는 유일한 통로는 감각이므로 감각적인 것에 대해
서만 인식이 가능하고, 지성의 분해를 통해 그 기능이 밝혀진 선험적 원
리들은 바로 이 인식을 위한 기초 요소들이기 때문이다. 그러므로 우리
는 이렇게 말할 수 있다. 칸트에게 있어서 가능한 존재론은 현상적 존재
자에 관한 존재론뿐이다. 그리고 초감상적인 것에 관한 학이고자 하는
전통형이상학은 인간 이성의 인식 개념들로 부터는 성립될 수 없는 것이
되어 버린다. 그래서 칸트에게서 가능한 형이상학은 자연형이상학이고
이 자연 형이상학은 바로 현상의 존재론일 뿐이다.

　결국 칸트는 흄에게 완전히 졌다. 그러나 칸트는 "형이상학이란 인간
본성에 뿌리내리고 있는 그러한 학문이다. 그러기에 이 세상의 모든 학
문이 없어져 버린다 할지라도 형이상학은 마지막까지 남아있을 학문이
다"라고 '순수이성비판'에서 말하고 있다. 따라서 그는 실천이성을 가지
고 형이상학이 학문으로서 가능한가를 다시 작업하기에 이른다.

2) 요청의 형이상학

칸트에 의하면 인간에게는 당위(Sollen)라는 것이 주어져 있다. 당위는 시간과 장소를 가리지 않고 모든 사람에게 보편적으로 주어져 있다. 당위는 서술해 내는 분야가 아니다. 그것은 행해야 하는, 해내야 하는 분야이다. 그리고 당위 곧 도덕법은 명령의 성격을 띤다. 지상명령, 절대적 명령, 무조건적 명령의 형태로 주어져 있다. 다시 말해 우리에게 주어져 있는 당위 곧 도덕법에는 '만일'이란 것이 없다. 무조건적으로 주어져 있다. 도덕법은 그것이 도덕법이기 때문에 지켜져야 한다. 도덕법은 그 자체가 목적이다. 다른 목적을 개입시켜서는 안 된다. '…때문에'가 끼어들어서는 안 된다. 심지어 도덕법이 '신의 뜻이기 때문에' 지켜져야 한다는 것도 안 되고, '인간이 행복해지기 위해서' 지켜져야 한다는 것도 안 된다. 따라서 도덕법에는 '때문에' 또는 '만일'이 없다. 칸트에게 있어 도덕법은 그렇게 엄격하게 주어져 있다. 당위는 당위이기 때문에 지켜져야 할 뿐이다. 이것이 칸트의 엄격주의(rigorismus)이다. 그런데 칸트의 도덕법은 내용이 없다. 형식만 있다. 그래서 형식적 도덕법이라 하는데, 여기서 칸트가 제시한 몇 가지의 형식을 소개해 본다. ① "네 의지의 준칙이 보편적 입법자의 원리로 타당할 수 있도록 그렇게 행위하라." 내가 행동할 때 나한테 하나의 준칙이 있다. 자기 나름의 의지의 준칙이 있다. 그래서 내가 행위할 때 마치 내가 입법자가 된 듯이, 만일 입법의 근원이 신에게 있다고 한다면 신이 된 듯이 그렇게 행위하라는 것이다. ② "너의 인격과 다른 사람의 인격을 다만 수단으로서가 아니라 목표 자체로서 대우하라." 이 말은 서양의 가장 고상한 유산이 된다. 결국 인격은 수단이 아니라 그 자체가 목적이다는 것이다. ③ "모든 이성적 존재자의 의지는 항상 입법적이라고 보아야 한다."

칸트가 제시하고 있는 이러한 원리들은 결국 경험과 아무 상관이 없다. 따라서 경험적으로 아무런 비판을 할 수가 없다. 이는 칸트의 형식주의의 강점이면서 동시에 가장 큰 약점이다. 그런데 인간한테 주어져 있는 당위가 무의미하지 않기 위해서는 우리가 그것을 해낼 수 있어야 한다. 다시 말해 '해야 한다(ought to=Sollen)'는 것은 그것을 '할 수 있다(Konnen)'는 것을 전제한다. '할 수 있다'가 전제되지 않으면 우리에게 주어진 당위성은 무의미하다. 그런데 '할 수 있다'는 것의 다른 말은 결국 자유이다. 그러므로 당위는 자유를 전제해야 한다. 자유가 전제되어 있지 않으면 당위는 무의미하다. 우리가 자유롭지 않다면 당위는 무의미하다. 그래서 칸트는 자유를 찾게 되는데, 그는 먼저 세계 (우주, 자연)에서 자유를 찾아 나섰다. 그러나 어디서도 자유는 보이지 않았다. 뉴턴의 자연관에 의하면 일체의 것은 자연법칙으로 꽉 차 있다. 원인과 결과의 고리로 엮어져 있어 빈틈이 없다. 그리고 필연적이다. 그런데 자유이기 위해서는 적어도 필연적이 아니어야 한다. 할 수도 있고 아니할 수도 있어야 한다. 그러므로 칸트가 알고 있는 자연 속에서는 자유를 찾을 길이 없다. 모든 것이 인과 관계의 연쇄로 묶여져 있기 때문이다. 그래서 칸트는 고대의 플라톤처럼, 모르긴 모르지만 어디엔가 자유가 있다고 말한다. 칸트는 말하기를 "나는 이 세계 속에 산다 그러나 모르긴 모르지만 다른 세계 속에서도 산다고 생각하면 어떨까? 그리고 이 세계 속에서는 자유가 없지만 다른 세계 속에서는 자유롭다고 생각하면 어떨까?"라고 한다. 이점에 있어 칸트는 플라톤스럽다. 결국 칸트는 경험 속에서 자유를 얻어낼 수 없고, 증명할 수 없기 때문에 자유는 요청되어야 한다고 말한다. 칸트에게 있어 자유는 요청에 의해 있다. 이것이 첫 번째 요청이다. 또한 칸트에 의하면 도덕법이 무의미해지지 않기 위해 마지막까지 지켜져야 한다. 그런데 인간의 세계에서 그것을 해내기는 불가능하다. 그렇다면 도덕법은 우스꽝스런 것이 되고 만다. 그러므로 도덕법이 마지막까지 지켜지기 위해 인간은 죽지 말아야 한다. 그래서 영혼불멸이 요청된다. 이것이 두 번째의 요청이다. 또한 칸트에 의하면 인간이 행복해지기 위해서 도덕법을 지켜서는 안 된다. 하지만 인간이 도덕법을 지키고 난 다음에 행복해진다는 것은 당연하다. 이처럼 칸트는 도덕법과 행복을 떼어 놓을 수 없었고, 떼어 놓아서 안 된다고 생각했다. 도덕법을 지키고 난 다음 행복이 주어져야 한다면 인간에게 행복을 보장해 주는 자가 있어야 한다. 칸트는 이를 원초적 입법자로서 신이라고 한다. 결국 칸트에게 있어 신도 요청에 의해서 있다.

칸트는 '순수이성비판'에서 세계, 영혼, 신들은 이념들로서 나한테 결코 전체로서 마주오지 않기 때문에 무효하다고 보고 형이상학은 학문으로서 불가능하다고 결론지었다. 이제 '실천이성비판'에서 칸트는 세계(곧 자유), 영혼, 신은 요청으로서 있어야 하기 때문에 형이상학은 학문으로서 가능하다고 결론을 내리게 된다. 그래서 칸트의 형이상학은 "요청의 형이상학"이라 일컬어진다.

칸트는 형이상학이 학문으로서 가능하다는 것을 규명하기 위해서 학문이란 무엇인가 라고 물었다. 이러한 태도는 오늘날의 과학철학의 기원이 되었다고 말할 수 있다. 또한 칸트는 '선험적 종합판단'을 얻기 위해 인식론에 있어 코페르니쿠스적 전향을 하게 되었다. 이는 사상사적으로 독일 관념론을 낳게 하였으며, 헤겔에 이르기까지 결정적인 영향을 미친다. 피히테는 칸트가 인식론에서 세워놓은 단서(유효, 무효의 검토)를 지워버리고 '인식주체가 인식대상을 규정한다'는 것만을 내세움으로써 관

념론을 출발시킨다. 그리고 이러한 관념론은 헤겔에 이르러서 마침내 사
고는 존재다(Denken＝Sein)라고 말해지게 된다.

2. 형이상학과 역사성

헤겔(G.W.F. Hegel)의 철학은 정신의 철학이다. 그는 정신이 역사
속에서 어떻게 운동해 나가는지를 다루고 있다. 다시 말해서 정신이 역
사 속에서 자기가 아닌 것이 되었다가 또 다시 자기 자신에게로 되돌아
가는 과정을 그리고 있다. 그러기에 헤겔은 다분히 플로티노스적이고 또
한 헤라클레이토스 적이다. 그 결과 헤겔에 이르러 마침내 사고와 존재
는 동일하다는 것이 성립된다. 다른 말로 표현하면 "모든 이성적인 것은
현실적인 것이다. 그리고 모든 현실적인 것은 이성적인 것'이 된다." 이
말은 헤겔에 있어서 가장 유명한 말이며 바로 여기에 지금까지 서양이
생각했던 모든 것이 들어와 있다. 그래서 헤겔은 서양전체라고 할 수 있
다.

헤겔은 1818-1831사이에 베를린에서 사상적으로 전성시대를 맞이한
다. 당시에 헤겔은 철학의 대명사가 되었다. 그러므로 많은 젊은이들이
베를린에 모여들었는데 이 가운데 포이에르바흐가 끼어 있었다. 마르크
스는 '모든 사람은 철학하기 위해서 반드시 이 불바다를 통과해야 한다.'
고 말한 만큼 한때 그에게 열광했다. 따라서 포이에르바흐는 마르크스의
사상형성에 있어서 징검다리 역할을 하게 된다. 그래서 마르크스는 포이
에르바흐와 헤겔의 사상을 철저히 따른 사람이며 동시에 철저하게 비판
함으로써 자신의 사상의 체계를 세웠다. 다른 한편 초기에는 헤겔의 철
학의 영향 하에 있었던 키에르케골은 헤겔철학에 대항하여 구체적인 실

존을 문제 삼아 실존주의를 탄생시킨다. 우리는 이러한 헤겔이후의 다양
한 움직임을 통해서 형이상학의 현대적 위치가 어디에 와 있는지를 가늠
해 볼 수 있을 것이다.

1) 헤겔에 있어서 정신의 형이상학

가) 정신, 학문체계, 역사

헤겔은 자기시대를 하나의 새로운 시대가 탄생하는 과도기로 이해하
고 이제 본격적인 의미에서 철학을 체계화할 수 있다고 생각한다. 그는
말하기를 '지금까지 인류가 여러 모양으로 찾아 헤메왔다. 그런데 이제
비로소 새 시대의 때가 왔다'라고 한다. 따라서 헤겔은 절대적인 지식 즉
학문의 체계가 가능한 시대가 왔다고 보고 그 전의 시대는 이러한 자기
작업을 위한 준비단계라고 논설한다. 그는 준비의 첫째단계를 데카르트
의 단계라고 해석한다. '나'라는 것이 철학의 기본원리로서 철학의 굳건
한 토대(Fundamentum inconcussum)가 된다는 데카르트의 견해에
헤겔은 전폭적으로 동의한다. 그래서 그는 철학이 이제 데카르트로 인해
그 육지를 만나게 되었다고 하였던 것이다. 둘째 단계는 칸트에 의해 이
루어졌는데, 칸트는 데카르트가 말한 주체가 인식대상을 규정한다고 함
으로써 이제껏 대상이 주체를 규정해 왔던 생각을 완전히 뒤집어 버렸다.
이를 두고 '인식에 있어서의 코페르니쿠스적 전향'이라고 한다. 이성이
자기한테 주어져 있는 범주들을 가지고 개념을 구성한다는 것이다. 이점
에 있어서 헤겔은 칸트의 이성의 이해에 대하여 경탄해 마지않는다.

세 번째 단계는 바로 그 자신의 단계라고 보고 앞의 준비단계를 토대
로 자기철학을 수립하고자 한다. 즉 절대적인 지식과 학문의 체계를 시
도한다. 그는 이러한 작업의 큰 방해자는 바로 세계를 이원적으로 보는

경향이라고 판단한다. 따라서 체계를 위해서는 세계를 하나로 보아야 한다는 것이다. 주체성과 객체성이 하나로 통일이 되어야 한다는 것이다. 그래서 헤겔의 전 철학에서 꼭해내려고 하는 작업은 "참된 것(Das wahre)을 실체로서가 아니라 동시에 주체로서 파악하고 표현하는데 달렸다"는 입장을 그 핵심으로 하고 있다. 그러므로 헤겔은 칸트와는 다르게 이성을 이해한다. 칸트는 이미 자기 안에 주어진 범주들로 개념을 형성한다고 하는 반면 헤겔은 개념이 아니라 사물을 형성해 낸다고 알아듣는다. 헤겔이 이렇게 알아들은 것은 피히테 때문이다. 피히테가 칸트의 강의를 듣고 나서 비판하기를, '칸트는 쓸데없이 물자체(실체: Ding an sich)를 남겨두었다'고 한다. 다시 말해서 피히테는 칸트가 인식주체가 대상을 규정한다는 것에는 격찬을 아끼지 않았으나 칸트가 물자체를 남겨두었음을 비판한 것이다.

칸트는 범주가 구성한 개념은 그 개념에 합당한 대상이 마주올 때에만 유효한 것이 되고, 그렇지 못할 때에는 무효한 것이라고 하여 결국에는 합리론적으로 엮어내는 관념을 경험론에 굴복시켜 버렸다. 따라서 칸트 역시 흄처럼 물자체를 우리로서는 다룰 수 없다고 하였던 것이다. 인식주체가 대상을 규정하지만 그것은 현상의 영역에서만 가능하다고 한 것이다. 이에 대해 피히테는 칸트가 현상과 물자체를 갈라놓은 것을 비판하고 있다. 피히테에 의하면 물자체와 현상은 같아야만 하고 또 같다는 것이다. 결국 피히테에 의하면 인식주체가 물자체를 포함한 모든 인식대상을 규정할 수 있다는 것이다. 피히테의 이 견해로부터 독일관념론이 시작되고 헤겔에 와서 인식주체는 인식대상이 된다. '모든 이성적인 것은 현실적인 것'이 되어 버린다. 다시 말해서 사고와 존재는 동일한 것이고 인간의 이성이 모든 사물을 이러 저러하게 규정한다는 것이다. 헤겔은 이러한 이성을 정신(Geist)라고 부른다. 따라서 이제 인간의 사고는 사물을 구성해 내는 절대정신이 된다. 이점에서 우리는 이제 철학자가 신이 되고 신은 철학자가 된다고 말할 수 있다. 이러한 헤겔의 결론은 새로운 것이 아니라 희랍과 중세의 유산이다. 고대에서 정신 즉 누우스는 자신의 대상과 동일한 것이고 신이다. 중세에서는 신(주체)은 그 대상이 되나 이 대상은 바로 그 주체가 된다.(요한 1:1-14)

헤겔은 처음의 의도대로 절대적인 학문의 체계를 세우기 위해서 이성 즉 정신을 작업해 내고 그것을 구체적으로 적용시켜나간다. 그는 정신을 통하여 헤겔은 철학의 체계를 3단계로 나누어 그 첫 번째 단계를 정신의 단계라고 한다. 이 단계는 『철학요강』 제 1부 '소논리학'에서 다루고 있는 정신의 왕국에서 다루어지고 있다. '소논리학'에서 그는 순수이성의 세계에 대해 다룬다. 이것은 바로 진리자체의 세계를 다루는 것이고 신의 영원한 본질을 다루되 창조이전의 신을 다루고 있다. 따라서 이 단계는 아직 자연은 없는, 자기 이외에는 다른 것이 없는 신으로서의 정신의 단계이다. 결국 이 부분은 헤겔의 신학이라 할 수 있다. 두 번째 단계는 자연철학의 단계로 첫 번째 단계에서의 정신이 자기 아닌 것이 된 상태이다. 이렇게 정신이 자기 아닌 것이 된 상태를 헤겔은 자연이라고 한다. 이러한 자연을 다루는 단계가 두 번째 단계이다. 여기서 자연은 자신의 본래의 모습을 잃어버린 상태로서 정신의 자기소외이다. 세 번째 단계는 정신철학의 단계로 정신이 본래의 자기 자신에게로 되돌아간 상태를 다루고 있다. 자연의 입장에서 보면 자신의 참된 모습을 되찾은 상태라고 할 수 있다. 여기서 헤겔은 정신이 주관적 정신, 객관적 정신, 절대적 정신의 순으로 3단계로 발전한다고 본다. 주관적 정신은 인류학, 정신현상학, 심리학, 객관적 정신은 법, 도덕, 인륜으로 다루어지고, 절대적 정신은 예술, 종교, 철학의 순으로 다루어진다. 그 가운데 특별히 철학을 그 정점에 둠으로써 신학이라고 주장하고 있다. 다시 말해 헤겔에 있어서 신학은 곧 철학인 것이다. 신학의 독자성이 따로 필요 없으며, 철학만 하면 그것이 곧 신학이라는 말이다.

다음으로 헤겔은 역사를 정신이 '운동'해 나가는 과정으로 해석한다. 여기서 운동이란 정신의 '자기 전개', 혹은 정신의 '자기실현'을 의미하고, 가능성의 단계에 있던 것이 현실성을 갖는 단계로 나아감을 의미한다. 헤겔에 의하면 이 운동의 법칙은 변증법적이라고 한다. 즉 이미 주어진 테제가 안티테제에 의해 도전 받고 둘 사이의 갑론을박을 통해 테제와 안티테제가 종합되어 진테제가 되어 가는 과정으로 운동한다는 것이다. 그러나 이 진테제 속에는 테제와 안티테제가 함께 들어가 있어서 둘의 주장이 소멸되지는 않는다. 이와 같은 방법으로 정신이 자기를 전개시켜 나가는 과정이 역사이다. 우선 이 정신은 세계를 이끌어 가는 것으로서, 이 말은 스토아학파에서 말하는 로고스에서 따온 것이다. 즉 헤겔은 우주만물을 이끌어 가는 보편법칙으로서의 로고스를 자신이 말하는 정신에 결부시켰던 것이다. 이는 또한 그리스도교 신학에서 말하는 말씀 자체인 예수 그리스도에게 부여된 호칭이기도 하다. 이 정신은 세계정신으로서 역사 안에서 자기를 구체화시켜 나간다. 우선 이 세계정신은 민족정신으로 구체화되어 나타나며, 이 민족정신은 3단계로 발전되어 나가는데 그때마다 민족정신을 가름하는 척도는 자유라고 한다. 첫째 단계는 동양의 세계로 이 단계에서는 단지 한 사람만이 인간은 자유롭다는 사실을 알고 있을 뿐이라고 한다. 그 사람은 황제이다. 인간이 인간이기에 자유롭다는 사실은 아무도 모른다. 다만 황제만이 알고 있으므로 그는 모든 것을 자기 마음대로 다스릴 수 있다. 둘째 단계는 희랍, 로마의 세계로 이 단계에서는 몇몇 사람들 만이 인간이 자유롭다는 사실을 알고 있다. 셋째 단계는 게르만족의 세계로 가장 완전한 단계다. 게르만 민족은 대이동으로 서양의 대부분을 정복했으나, 게르만족은 그들 고유의 문명이 없었기 때문에 쉽게 희랍, 로마의 문화를 받아들인다. 특히 그리스도교를 받아들여 모든 사람들이 그리스도교화 되었다. 그리스도교에 의하면 모든 사람이 신 앞에 평등하기 때문에 그것을 받아들인 게르만족이 가장 뛰어난 민족이라는 것이다. 사도 바울의 말씀가운데 '하나님의 자녀는 누구나 자유롭다'라는 말은 원래 세속일 들로 부터 자유롭다는 말이다. 그런데 헤겔은 이 말을 '인간은 자유롭다. 인간이 인간이기에 자유롭다'는 뜻으로 알아듣는다. 결과적으로 이 단계가 가장 발달된 단계이며 이것은 그리스도교가 가르쳐 준 자유의 개념 때문이라는 견해이다..

  또한 세계정신은 개인을 이용하여 자신을 구체화시켜 나간다. 세계적 인물, 영웅 등을 이용한다는 것이다. 이러한 인물들은 자기들의 목적을 이루기 위해 다른 어떤 것에도 구애됨 없이 그 일을 이루어 낼 수 있다. 그런데 그 일을 자기가 이루어 냈다고 생각하지만, 사실은 세계정신이 그렇게 시키고 있는 것이다.(이성의 간계) 세계정신은 그들 영웅들로 하여금 자기가 하고 싶은 일을 이루기 위해서는 무죄한 수천, 수만의 꽃들을 짓밟아도 어쩔 수 없는 일이라고 생각하게끔 만든다는 것이다. 다음으로 세계정신은 국가와 종교를 통해서 자기를 구체화시킨다. 헤겔이 여기서 말하는 국가는 구체적으로 당시 그의 조국인 프로이센을 의미하고, 종교는 그리스도교를 의미한다. 따라서 절대정신이 구체화되어 나타난 국가와 종교에 철저히 복종하는 것만이 인간이 자유로워지는 길이라고 한다. 헤겔의 제자들은 헤겔의 이 견해부터 비판하기 시작한다. 국가를 비판하면 투옥될 위험이 있기 때문에 먼저 종교비판부터 시작한다.

어쩌든 이 비판은 마르크스에게서 그 정점을 이룬다.

　지금까지의 논의한 헤겔의 철학 속에는 서양의 사상전체 특별히 형이상학적 논의가 집약되어 있다고 할 수 있다. 헤겔이 말한 '정신'은 플라톤의 이데아, 플로티노스의 '하나'와 통하는 말이다. 즉 일체의 것이 거기로부터 나와 거기로 되돌아간다는 사상이 정신에게 부여된 것이라 할 수 있다. 또한 헤겔의 정신은 일체의 것이 신께로부터 나와 신께로 나아간다는 그리스도교의 사상과도 통하는 말이다. 좀 더 자세히 살펴보면 헤겔의 정신철학에는 그 말마디에서 드러나듯이 누스(nous)가 들어있다. 이 말은 아낙사고라스가 처음 사용한 말이며, 또한 아리스토텔레스의 『영혼에 관하여(De anima)』에서 다루어지고 있다. 아리스토텔레스에 의하면 누스는 백지상태라 하였으며 이것은 근대의 철학자 로크에게 그대로 이어진다. 이와 같이 헤겔의 정신철학에는 근대에까지 이르는 서양의 사상 전체가 다 들어 있다고 할 수 있는 것이다.

　나) 오성의 형이상학과 정신의 형이상학

　논리적인 범주와 자연, 정신세계를 모두 아우르는 사변철학은 과거의 모든 형이상학에 대한 철저한 비판을 통해서 서술되는데 그 중에서도 특히 데카르트 이후에 득세한 실체론적 세계관이 비판의 주된 대상으로 등장한다. 사물들은 사실상 서로독립해서 존재하고 외적으로만 상호작용한다는 실체론적 세계관은 존재에 대한 참된 관점으로서 정당화될 수 없다는 것이다. 결국 사변철학은 지금까지 전통적인 형이상학에 대해서 가해진 가장 체계적인 비판들 중의 하나로 간주되지만 이러한 비판은 비판으로 그치지 않고 논리적인 범주들과 인간의 정신세계, 자연 등에 대한 포괄적인 주장들로 연결된다.

　사변철학은 형이상학적 전통 중에서 무엇을 계승하고 무엇이 부정되고 있는가의 문제이지 결코 형이상학 자체에 대한 승인이나 거부가 아니라는 사실이다. 따라서 헤겔의 사변적 형이상학은 과거의 전통적인 형이상학에 대한 비판과 계몽에 의해서 근본적인 방식으로 반성하는 과정에서 태동한다. 그래서 헤겔의 형이상학은 합리성을 초월한 세계에 대한 이론이 아니라 오히려 합리적인 세계이해의 가능성에 대한 이론으로 규정될 수 있다. 그의 형이상학은 존재론을 합리성에 관한 이론과 접목이다. 여기서 합리성이란 주체의 인식의 결과를 넘어서서 존재하는 사태들 자체의 특징으로 간주되는 것이다.

　헤겔의 사변적 논리학은 전통적인 형이상학과는 달리 개념, 즉 범주들의 사용방식에 대한 비판을 통해서 사물들에 대한 반성의 일반적 형식들의 체계화를 시도한다. "논리학은 그래서 형이상학과 일치한다. 사물들에 관한 학문을 사유 속에서 파악하고, 이는 사물들의 본질성을 표현한다고 보는 것이 타당하다." 여기서 논리라는 것은 주관과 객관의 대립이 해소된 상태의 순수한 생각들, 즉 사유규정들의 체계를 가리키며 오늘날 우리가 이해하는 형식논리에서의 논리 개념과 일치하지 않는다. 주관과 객관의 대립이 해소됐다는 것은 다름 아니라 바로 논리적 사유(규정들)의 자기 구별에 의해서 의미론적 연관이 구축되어 가는 것을 뜻한다.

　라이프니쯔, 볼프, 스피노자 등 합리론자들의 형이상학을 오성의 형이상학이라고 칭한다. 이들은 이성의 대상을 오성의 관점에서 바라보는 오류에 의해서 성격 지워진다. 절대자, 신, 영혼, 정신, 세계등과 같은 개념들은 형이상학적 총체성들로 규정되는데 이는 이성의 대상이지 오성의 대상은 아니라는 것이다. 일종의 독단적인 속류 형이상학으로서 헤겔이 염두에 둔 이론들은 대개 볼프 등의 합리론, 중세의 기독교 교리를 변호하기 위한 의도에서 강변된 형이상학적 입장을 주로 가리킨다. 형이상학적 이념 자체가 부정된다기보다, 신, 세계, 이념들과 같은 총체성들을 실체적 사물들과 속성들의 관계에 적합한 역학적 인과관계나, 귀속성에 의해서 서술한다는 것과 같은 방식으로 이해하려는 점에서 지난 시대의 형이상학은 단순한 오성적인 사유로 규정된다. 그렇다면 독단적 형이상학의 궁극적인 한계는 어디에서 발견되는가? 형이상학 비판은 여기서 인식의 형식과 함께, 언어형식에 대한 비판으로 이어진다. 총체적인 이념들은 자기 스스로 규정되는 데 반해서, 독단론자들은 일상적인 판단형식이 형이상학적 내용들을 적절하게 서술할 수 있는가에 대해서 의심하지 않는다. 또 영혼이나, 세계, 신들은 표상될 수 있는 대상으로 분류될 수 없음에도 불구하고, 마치 표상의 대상으로서, 혹은 술어적 판단의 대상으로서 이미 사전에 주어진 주체들인 것처럼 간주하는 경향이 있다는 비판이다.

  따라서 헤겔적 형이상학의 가장 중요한 특징 중의 하나는 실체론적 존재론에 대한 비판이다. 실체의 형이상학은 라이프니쯔, 칸트 등 의 경우에서처럼, 모든 규정성의 근저에 놓인 기체(Substrat)를 설정하는 입장을 말한다. 이는 항상 한 문장에서 주어로서 서술되며, 따라서 실체의 형이상학은 기실 판단의 가장 보편적인 형식으로서 술어적 판단형식과 관련한다. 언어의 일반적인 구조, 형식과 존재일반에 대한 형이상학적 관점이 서로 상응하는 것이다. 헤겔의 뛰어난 통찰은 이들 간의 연관성을 파악하고 언어의 일반적 구조로부터 비롯되는 형이상학적 오류를 – 이 경우 실체개념 – 심층적으로 분석한데 있다. 실체개념에서 관계론적 주체개념으로서의 이행은 자기준거적 구조들의 역동적 활성화에 의해서 보다 잘 설명된다. 불변의 실체는 존재하지 않는다. 그러므로 모든 현상들의 바탕에 깔려 있는 실체나 기체의 존재를 강조하는 전통적인 형이상학이나 근세의 실체론적인 입장은 헤겔에 의해서 극복된다.

존재는 불변의 실체가 아니라, 자기부정과 자기구별을 통해서만 자기 정체성을 형성하는 주체로서 이해된다. 실체를 주체로서 파악할 경우 주체의 개념은 필연적으로 자기부정성, 즉 모순과 내재적인 갈등을 야기하는 상충적 규정들을 그리고 이때의 주체가 유한한 존재일 경우 이들 간의 '잠정적인 통일성'을 함축한다. 헤겔은 이때의 잠정적인 통일성이 유지되는 주체의 자기동일성을 부정적 통일성으로 규정하고 이를 개념과 실재가 완전히 통일된 이념의 절대적 통일성의 표현과 구별한다. 실체의 형이상학이 극복되고, 실체의 속성들을 대신해서 내재화된 관계개념들의 연결망에 의해서 객체는 설명된다. 관계개념은 서로 무차별적으로 존재하는 실체들 간의 외적인 관계가 아니다. 자기관계, 자기부정을 통해서만 유지되는 동일성을 역동적인 동일성, 역동적인 정체성의 개념을 의미한다.

따라서 정신은 스스로의 내부의 모순과 부정성, 대립 등을 잉태함으로써 유한성과 대립하는 실체로서가 아니라, 주체로서 인식되고 서술된다는 핵심적인 명제가 보다 분명해진다. 이 주장의 형이상학적 의미는 실체규정의 단순한 부정이 아니라, 실체가 스스로의 타자와 관계 맺음으로써 자기동일성을 유지하는 주체의 성격을 부각시키는데 있다. 이 정신은 바로 절대자이며, 정신은 타자 속에서 자기 스스로의 정체성을 경험한다. 이러한 헤겔의 정신의 형이상학은 일견 정신의 자기동일성이라는 원칙을 정점으로 전개되는 일종의 일원론적인 형이상학으로 규정되는 경향이 있다. 그러나 변증법적 정신개념은 '간주관성의 차원'을 포괄하는 인간의 정신적 문화 활동의 총체성에 대한 이름으로 해석되어야 한다.

2) 포이어바흐의 인간 : 신학은 인간학이다.

헤겔은 1818-1831사이에 베를린에서 사상적으로 전성시대를 맞이한다. 당시에 헤겔은 철학의 대명사가 되었다. 그러므로 많은 젊은이들이 베를린에 모여들었는데 이 가운데 포이어바흐가 끼어 있었다. '포이어바흐'란 Feuer(불)+bach(개울). 즉 '불의 개울'이라는 뜻이다. 마르크스는 '모든 사람은 철학하기 위해서 반드시 이 불바다를 통과해야 한다.'고 말한 만큼 한때 그에게 열광했다. 따라서 포이어바흐는 마르크스의 사상형성에 있어서 징검다리 역할을 하게 된다. 포이어바흐는 '하나이고 보편적이며 무한한 이성에 대하여(De ratione una, universali, infinita)'라는 그의 학문논문의 제목에서 보여주고 있듯이 헤겔의 노선에서 출발한다. 그러나 1839년 포이어바흐는 '헤겔 철학의 비판'을 썼는데 이 책을 통해 헤겔과 완전히 결별하게 된다. 즉 헤겔의 정신철학을 떠나서 '인간학'을 하게 된다. 인간을 이성적이 아니라 감성적, 감각적으로 이해한다. '정신'이 아니라 '감각'을 택함으로써 포이어바흐에게서 신의 문제는 인간의 문제로, 신학의 문제는 인간학의 문제로 되어버리고 만다. 결국 이 책과 더불어 본격적 의미에서의 무신론이 시작된다고 할 수 있다. 포이어바흐는 사람들에 의해 많이 논의되면서 무신론의 대명사가 되었다. 왜냐하면 그가 본격적으로 종교비판을 시작했고 그의 사상은 이러한 종교비판으로 일관되기 때문이다. 그러나 그의 사상은 부정적 측면에서는 종교비판이지만 긍정적 측면에서 볼 때는 인간학의 시작이라 할 수 있다.

포이어바흐의 기본사상은 '인간과 종교'이다. 우리는 이것을 그의 주저인 『그리스도교의 본질』제 1, 2장을 통해서 살펴보고자 한다. 포이어바흐는 자기 자신에 대해서 '나의 첫 번 째 생각은 신이었고, 이성은 나의 두 번째 생각이었으며 그리고 인간은 나의 마지막 생각이 되었다'고 말했다. 첫 번째 생각은 하이델바르그대학 시절에, 두 번째 생각은 베를린에서부터 학위논문을 적을 때까지, 세 번째 생각은 헤겔에 대한 비판 이후, 본격적으로는 『그리스도교의 본질』이후에서 각각 드러난다. 결국 헤겔은 '철학(Philosophia)은 신학(Theologia)이다'라고 말하면서 철학을 신학의 경지에까지 끌어올렸다면, 포이어바흐는 헤겔의 테제를 뒤집어 '신학은 철학에 불과하다'고 말한다. 따라서 포이어바흐이후 철학은 주로 인간을 문제 삼고 인간을 다루어 나가게 된다.

　이러한 포이어바흐를 무너뜨리자면 우리는 헤겔에서부터 비판을 시작해야 한다. 헤겔에 대한 비판 없이 포이어바흐는 결코 무너지지 않기 때문이다. 헤겔은 『철학강요』에서 그의 전 철학을 하나의 완결된 체계로 제시했고 포이어바흐는 헤겔의 철학을 토대로 그의 사상을 전개시키기 때문이다. 다시한번 헤겔의 철학을 요약해 보면, 1단계로서 '철학강요'의 첫째 부분인 '논리학'에서는 정신의 왕국, 곧 순수이성의 세계를 다룬다. 헤겔에게 있어서 논리학이란 창조이전의 신을 다루는 신학이다. 2단계로서 둘째 부분인 '자연철학'에서는 자연을 다룬다. 즉 정신이 자기가 아닌 것이 된 상태를 다룬다. 헤겔에 있어서 자연이란 정신이 자기를 비운 것. 혹은 소외시킨 것이다. 그리하여 헤겔의 자연철학은 우리에게 관찰되는 모두를 다루는 학문이다. 3단계로서 '철학 강요'의 셋째 부분인 '정신철학'에서는 다시 정신이 문제 삼아진다. 이때의 정신은 자기 자신에게로 되돌아간 정신이다. 자연의 입장에서 볼 때 자연의 참된 모습, 본래의 자기 즉, 절대정신이다. 그러면서 헤겔은 이 절대정신 속에서 예술, 종교, 철학을 다루어 나간다. 이는 곧 헤겔 철학 체계에서 철학이 제일 정점에 놓여 있음을 의미한다.

그리하여 헤겔은 "철학은 종교를 문제 삼으면서도 결국 자기 자신을 문제 삼고 있으며, 자기 자신을 문제 삼으면서도 종교를 문제 삼고 있다"는 테제를 내놓는다. 이 테제를 일반적인 말로 바꾸면, "우리는 아침에 일어나 조간신문을 읽는다. 그리고 이 사실은 아침에 신께 일과경을 바치는 것과 같다"는 것이 된다. 결국 헤겔에 의하면 우리는 세속적인 일을 하면서 살아간다 할지라도 그것은 모두 거룩한 일, 신께 봉사하는 일이다. 따라서 신께 따로 바칠 것이 없다는 것이다. 따라서 헤겔의 이러한 테제는 철학과 신학을 동등한 것으로 하는 것, 혹은 철학을 신학으로 격상시킴을 의미한다. 그 결과 '신학은 따로 필요하지 않게 된다.' 이러한 점은 헤겔에게서는 아직 드러나지 않았으나 그의 제자들에 의해 명백하게 드러나게 된다.

특별히 포이어바흐는 헤겔의 테제 '철학은 신학이다'라는 말을 뒤집어서 '신학은 철학에 불과하다'고 환원시켜 버리고 '신의 비밀 그것은 인간이다. 신학의 비밀 그것은 인간학이다.'는 테제를 내놓는다. 포이어바흐의 사상을 말한다는 것은 결국 이 테제를 설명하는 것이 된다. 이러한 그의 태도에 의해서 본격적 의미에서의 무신론이 시작되게 된다. 포이어바흐는 "내가 말하고자 하는 기본 목적은 신의 친구들을 인간의 친구로, 믿는 사람들을 생각하는 사람으로, 예배하는 사람들을 일하는 사람으로, 다른 세계의 지원자들을 이 세상의 학생으로 반동물이면서 반천사들인 크리스챤들을 인간으로 또 완전한 인간으로 바꾸어 놓는데 있다"라고 말하면서 그리스도교인 들을 빈정거렸다. 이 말은 결국 '신의 비밀은 인간이고 신학의 비밀은 인간학이다'라는 테제를 설명하고 있는 말이다.

가) 인간의 본질

'그리스도교의 본질' 제 1장에서 포이어바흐는 인간을 문제 삼고 있다. 왜냐하면 인간을 잘 살펴보면 거기서 신이 드러나기 때문이다. 포이어바흐에 의하면 인간이 동물과 다른 것은 '자의식'을 갖고 있다. 의식이란 내 앞에 무엇이 놓여있다는 사실을 알아차리는 것이고, 자의식이란 내 앞에 무엇이 놓여 있다는 사실을 알아차리는 나를 내가 알아차리는 것이다. 즉 내가 나를 의식하는 것이다. 동물은 의식을 갖고 있지만 자의식을 갖고 있지는 못하지만 인간은 자의식을 갖고 있다. 다시 말해 인간은 내 앞에 무엇이 놓여있다는 사실을 내가 알아차리고 있다는 사실을 알아차린다. 이것을 우리는 보통 반성이라고 한다. 이와 같이 포이어바흐에 의하면 인간은 다른 동물과는 달리 자의식을 갖고 있다. 이것은 인간은 인간을 알아차린다는 말로서 인간은 인간을 문제 삼을 수 있음을 의미한다. 따라서 인간은 인간의 본질을 문제 삼을 수 있다. 즉 인간의 유개념을 문제 삼을 수 있다. 다르게 말하면 인간이 자의식을 갖고 있다는 이 사실은 인간은 자기가 자기 자신을 대상화할 수 있다는 것을 의미한다. 인간은 주체로서 본래 대상일 수 없지만 자기가 자기 자신을 대상으로 삼을 수 있다는 것이다.

　포이어바흐는 이러한 맥락에서 인간의 본질을 문제삼아간다. 포이어바흐에 의하면 고대로부터 지금까지 인간에 대해 이야기할 때 우리는 주로 지, 정, 의를 가지고 작업해 왔다. 그래서 그는 지, 정, 의 즉 이성과 감정과 의지를 하나씩 끌어내어 이것들은 무한하다고 말한다. 포이어바흐에 의하면 내가 무엇을 생각하고 있을 때, 그것은 내가 생각을 소유한다기 보다 오히려 생각이 나를 사로잡고 있다. 그러기에 생각이 나보다 더 큰 것이다. 또한 내가 무엇을 하고 싶어 못 견딜 때 내가 의지를 소유하고 있기보다 의지 그것이 무한해서 나를 잡고 있으며, 또한 내가 사랑

할 때 내가 사랑하는 것 같지만 사랑이 나를 사로잡고 있다. 특히 포이어
바흐는 사랑이 무한하다는 것을 성서와 아우구스티누스를 인용해서 설명
한다. 이렇게 해서 포이어바흐는 인간을 특징짓는 이성, 의지, 감정(사
랑) 하나하나가 무한하다고 말함으로써 그 논리적 귀결로서 '인간은 무
한하다'고 말하게 된다. 그런데 여기서 포이어바흐가 말하는 인간이란 개
체로서의 인간이 아니고 유로서의 인간을 의미한다.

나) 종교의 본질

포이어바흐는 '그리스도교의 본질' 제 2장에서 종교의 본질을 규명한
다. 포이어바흐에 의하면 종교는 무한한 것을 다루고 있다. 그런데 인간
의 본질이 앞에서 본 바와 같이 무한하다. 그렇다면 결국 종교는 인간을
문제 삼는 것이다. 그러기 때문에 우리가 갖고 있는 신에 대한 의식은 결
국 우리가 우리자신에 대해 갖고 있는 의식이다. 즉 신의식이란 인간의
자의식 또는 자아의식이다. 또한 신에 대한 지식은 인간이 자기 자신에
대해서 갖고 있는 지식이다. 따라서 신론은 인간론에 불과하다. 그리하
여 포이어바흐에게 있어서 신의 비밀 그것은 인간이고 신학의 비밀 그것
은 인간학이 되었다. 그런데 포이어바흐는 인간이 어떻게 무한하냐는 사
람들의 비평에 대해, 개체로서의 인간 하나하나는 무한하지 않지만 인간
의 유개념 (지, 정, 의)에 있어서, 즉 유로서 인간은 무한하다고 답변한
다. 그리하여 포이어바흐는 '결국 종교란 개체로서의 인간이 유로서의 인
간을 숭배하는 것이다'라고 말한다. 아리스토텔레스 식으로 이야기하면
유로서의 인간은 실제로서는 인간 자기 속에 들어있다. 따라서 인간이
숭배하고 있는 '신'이란, 유로서의 너와 나의 본질이다. 그러므로 인간은
자기가 자기 자신의 본성을 자기 밖으로 투사해서(project) 자기와는 독
립되어 있는 어떤 것을 만들어 놓고 그것을 신이라 부르며 그리고 그 앞

에 무릎을 꿇고 경배한다는 것이다. 그리하여 포이어바흐는 '신의 비밀 그것은 인간이다. 신학의 비밀 그것은 인간학이다'라고 말하게 된다.

요약한다면 포이어바흐의 테마는 '인간과 종교'이다. 그는 '그리스도교의 본질'제 1장에서 인간의 본질을, 제 2장에서 종교의 본질을 규명한다. 포이어바흐에 의하면 인간은 자기가 자기 자신을 다룰 수 있다. 즉 인간의 본질을 다룰 수 있다. 이 인간의 본질은 무한하다. 다른 한편 종교는 무한한 것을 다룬다. 따라서 종교는 인간의 본질을 문제 삼는다. 다시 말해서 종교란 개체로서의 인간이 유로서의 인간을 문제 삼는 것에 불과하다. 그러므로 신의 비밀은 인간이고, 신학의 비밀은 인간학이다. 그런데 이러한 주요요점을 평가한다면 포이어바흐는 본격적 의미에서의 종교비판 즉 무신론을 내세웠다. 그러나 그의 사상은 반드시 헤겔을 깔고서만 성립된다. 즉 정신이 자기가 자기 아닌 것이 되었다가 자기 자신에게로 되돌아가는 것을 그린 헤겔의 정신철학을 딛고서만 비로소 포이어바흐가 성립된다. 다시 말해서 정신 그것은 무한하다는 말, 이것을 업어야만 포이어바흐가 가능하다. 그러므로 포이어바흐에 대한 비판은 헤겔에 대한 비판에서부터 시작되어야만 한다. 그러나 포이어바흐의 철학은 긍정적 측면에서 우리에게 큰 공헌을 하기도 했다. 즉 그의 종교비판은 우리가 생각 속에서 엮어내는 신, 우리가 구성해내는 신, 곧 우리가 생각해내는 신, 그것은 신이 아니라는 것을 일깨워 주었다. 참된 신이란 주어져 있는 신, 만나는 신인 것이다. 그런데 만나는 것은 내가 마음대로 할 수 있는 것이 아니다. 또한 포이어바흐는 사상사에 있어 인간학에로의 전향을 가져왔다. 적어도 그는 '이제 중요한 것은 인간이다'라는 분위기를 만들어냈다. 포이어바흐는 데카르트이후 형이상학이 다루어 온 세개의 테마 즉 나, 신, 세계(자연)가운데서 '신'의 문제를 인간의 문제로 환원시켰으며, 이로 인해 이후의 철학은 주로 인간을 문제 삼고 인간을 풀어나가게 되었다..

3) 마르크스의 휴머니즘과 유물론

마르크스는 포이어바흐와 헤겔의 사상을 철저히 따른 사람이며 동시에 철저하게 비판함으로써 자신의 사상의 체계를 세웠다. 그가 포이어바흐를 비판한 11개의 테제 중 마지막 테제가 마르크스의 사상을 가장 잘 나타내주고 있다. 그 마지막 테제란 '철학자들은 이제까지 다만 세계를 여러 가지 모양으로 '해석'해 왔을 뿐이다. 중요한 것은 그것이 아니라 세계를 변혁(Revolution)하는 것이다(Die Philosophen haben nur die Welt verschieden interpretiert. Es kommt darauf an sie zu verändern)'라는 것이다. 이제껏 사람들은 책상 앞에서 세계를 머리로써 생각만 하고, 해석만 해왔던 것이다. 그러나 이제 중요한 것은 세상을, 사람이 사는 환경을 변혁하는 것이 중요하다는 것이다. 그의 이 말은 온 세상을 뒤흔드는 말이 되어, 너나 할 것 없이 누구나 이제 중요한 것은 세계를, 우리가 사는 지옥 같은 세상을 변혁하고 새로운 세상을 만들어야 한다고 주장하였다.

마르크스의 생애는 3단계의 시기로 구분해 볼 수 있는데, 제 1기는 베를린시대로서 헤겔의 사상을 받아들이는 시기이다. 여기서 헤겔의 사상이라 함은 헤겔의 소장파의 사상을 일컫는다. 따라서 소장파의 핵심인물의 하나인 포이어바흐의 사상을 받아들이는 시기이다. 제 2기는 파리시대로서, 당시 보다 나은 세상을 꿈꾸는 사람들의 집결지라 할 수 있는 파리에서 여러 가지 사회사상을 받아들이는 시기이다. 제 3기는 런던시대로서 영국에서 발달한 자본주의 이론을 받아들이는 시기이다. 그는 이 3

시기를 거치면서 각각에게서 필요한 것만 받아들이고 버릴 것은 버리는 작업을 통하여 그의 사상을 체계적으로 구축하였다.

1841년 마르크스는 예나대학에서 '데모크리트스와 에피큐로스 철학의 비교'라는 것으로 박사학위를 취득하고,. 1842년 라인신문의 편집장으로 활동하게 되나 오래있지 못하고 파리에 건너간다. 1843년 파리에서 독불년보을 발간하였다. 첫 권이자 마지막 권인 이 잡지에 마르크스는 '헤겔법철학 비판'을 게재하였다. 또한 이곳에서 엥겔스와 평생 교우관계를 맺게 되었고, 동시에 공동연구가 이루어지게 되었다. 바르멘의 어떤 직물공장주의 아들인 엥겔스는 마르크스의 가장 친근한 동지로서 역시 처음에는 헤겔에 심취했던 자이다. 마르크스가 10년간의 망명생활과 후년에 이르기까지 연구를 지속할 수 있었던 것은 이 엥겔스의 물질적 도움에 힘입은 것이었다. 1844년 '경제학-철학초고'를 탈고하였다. 이곳에서 인간의 자기소외 및 실현을 그리고 있다. 당시에 파리는 여러 사회주의 노선이 있었다. 혁명주의 노선은 기존의 것을 완전히 파괴하고 새로운 것이 시작되어야 함을 주장하는 것이고, 개혁주의는 기존의 것을 유지하되 그 중 잘못된 부분을 고쳐나가야 함을 주장하는 것이며, 무정부주의는 어떤 명령이 나에게 떨어지는 것을 거부하여 정부의 존재를 거부하는 것이다. 프랑스는 이와 같은 세 가지 사회주의 노선이 난무하고 있었으며 마르크스는 이것들을 철저하게 배우고 비판하였다. 즉 사회주의는 공상에 지나지 않으며 과학적이지 못하다는 것이다. 사회주의자들이 진리와 정의에 토대를 두고 있지만 모두 허황된 것일 뿐이고 중요한 것은 돈이라는 것이다. 경제를 토대로 해야만 과학적인 사회주의가 될 수 있다고 하였다.

1845년 파리에서 브뤼셀로 이주 거기서 엥겔스와 공저로 '독일이념'을 출간하였다. 특히 그 제 1부의 '포이어바흐테제'에서 포이어바흐의 종교 비판을 거의 그대로 받아들이면서 동시에 비판하고 있다. 이밖에도 브뤼셀에서 불란서의 공상적 사회주의자 프루동(Pierre Proudh-on)을 반박하기 위해서 그의 '빈곤의 철학'이라는 책명을 냉소적으로 뒤집어서 '철학의 빈곤'이라는 제목의 글을 발표하였다. 1845년 7-8월 엥겔스와 함께 경제학에 대한 실천적 공부를 위해 영국에 갔고, 1847년에는 공산주의자 연맹에 가입하게 된다. 1848년 연맹에서는 자기들의 선언문을 마르크스와 엥겔스에게 부탁하였다. 이리하여 나온 것이 그 유명한 '공산당 선언(Manifest der kommunistischen Partei)'이고 이것은 공산당 행동강령이 된다. 이제부터 이 문헌이 가는 곳마다 사람들이 투옥되고 박해 당하게 된다. 그리하여 사람들은 '하나의 유령(선언문)이 온 유럽을 떠돌아다니며 사람들을 공포에 떨게 한다'고 말하게 된다. 이 선언문에서 마르크스는 "자본주의 체제는 그 자체의 모순 때문에 반드시 붕괴되고 말 것이다. 따라서 프로레타리아는 단결하여 부르조아를 타도해야 한다. 만국의 프로레타리아들이여 단결하라"고 끝맺고 있다.

1848년 4월에 쾰른에 도착하여 그곳에서 예전의 라인신문을 복구하여 '신라인신문'으로 재간하여 유럽사회의 혁명노선을 제시하고자 하였다. 이 같은 혁명사상으로 인해 1849년에는 독일에서 추방령을 받아 잠시 수감되었다가 그 해 8월에 런던으로 망명하였다. 1859년에 '정치경제학 비판'이라는 책을 냈는데 여기서 그는 '의식이 현실을 규정하는 것이 아니라 현실이 의식을 규정한다'고 하여 헤겔의 사상을 전면적으로 뒤집어 버렸다. 그 후 마르크스가 영국 대영 박물관에 있으면서 경제 연구에 몰두하여 16년 만에 출간한 책이 '자본론(Das Kapital)'이다. 1867년에 제 1권이 나오고 2, 3권도 준비는 되어 있었으나 기력이 쇠약해져서

1894년에 엥겔스가 펴냈다. 이 책에서 그는 어떻게 자본주의가 생겨나고 발전하며 몰락하는지를 그리고 있다. 또한 생산품 생산과정, 사용과정, 교환과정을 기술하고 있다. 그는 1883년 3월 14일 그의 안락의자에 앉은 채 숨을 거두었다.

가) 인간이해

마르크스의 근본적인 생각은 인간은 현상태에서 소외되어 있다고 보고 이 소외로부터 해방되어야 한다는 것이다. 즉 인간이 자기완성을 실현시켜나가는데 장애를 받고 있다는 것이다. 그래서 이러한 장애를 극복하고 완성을 향하여 나가야 한다는 것이다. 이러한 해방의 의미는 인간의 자연화 동시에 자연의 인간화이다. 이것은 마르크스의 유토피아의 내용이다.

동물은 자기가 살아가는데 필요한 것들을 타고나거나 자연 속에서 발견한다. 그와는 달리 인간은 자기가 살아가는데 필요한 것들 아무것도 타고나지 않는다. 벌거벗은 알몸으로 태어나기 때문에 그대로 두면 살아남지 못한다. 따라서 인간은 자기가 살아가는데 필요한 것들을 자기 손으로 얻어내야만 한다. 이렇게 손쓰는 행위를 노동(Arbeit)이라 한다. 마르크스에 의하면 '노동은 인간이 자기 자신을 자연 속에 투입하여 필요한 것을 이끌어내는 것(producere)'이다. 이러한 노동의 결과 이끌어내어진 것(productum)이 생기는데 이것이 곧 생산품(product)이다. 따라서 인간은 생산품을 만들어내야만 살아갈 수 있는 노동하는 존재이다. 즉 노동자이다. 마르크스에게 있어서 인간은 노동자와 동일시된다. 이 노동은 다른 한편 '인간이 자기 자신을 현실시켜 나가는 과정'인 것이다. 나아가 자기 자신을 '창조하고 완성시켜 나가는 과정'이다. 인간은 노동을 통해서 자신을 자연 속에 집어넣는다. 이렇게 인간이 자기 자신을 자연 속에 투입하는 과정을 마르크스는 '인간의 자연화(Naturalisierung des Menschen)'라 하였고, 자연으로부터 자기에게 필요한 것을 이끌어 내는 과정을 '자연의 인간화(Humanisierung der Natur)'라 하였다. 자연의 인간화를 통해 자연이 착취되거나 파괴되는 것이 아니라 오히려 자연이 자신의 본모습을 회복하는 것이요, 인간의 자연화 역시 인간을 인간답게 만들어주는 것이다. 이 두 가지 과정을 통해 결국 인간과 자연이 하나가 된다. 둘 사이에는 아무런 갈등도 없고, 완전한 조화를 이루게 된다. 이것이 마르크스의 유토피아의 내용이다.

나) 인간의 자기 소외

인간에게 있어서 노동이란 자기가 자기를 실현하는 과정이며 완성시켜가는 과정, 창조해 나가는 과정이기 때문에 노동은 그 자체가 행복한 것이다. 그런데 실제로는 그렇지 못하다. 사람들은 일할 때 불행을 느낀다. 노동하면 할수록 더 불행하다고 생각하며 노동하지 않을 때 행복하다고 생각한다. 왜 이렇게 되었는가? 그 까닭은 노동을 통해 이끌어내진 생산품이 자기한테 속하지 않고 남에게 −구체적으로 자본가에게− 속하게 되었기 때문이다. 인간이 노동을 통해서 자신을 자연 속에 다 집어넣는다. 그 결과 자연을 인간화시킨다. 이때 이 자연은 다른 나이다. 즉 나에게 속한 것이다. 나의 것이 아니라 나의 일부이다. 따라서 이것을 남이 건들릴 수 없는 것이다. 누가 이것을 빼앗아간다는 것은 인간 자신을 착취하는 것이다. 이것은 다시 내가 내 자신으로부터 소외되는 것이다. 이러한 소외로부터의 탈피가 마르크스의 프로그램이다. 마르크스에게서 생산품은 자기의 분신이다. 내가 내 자신을 자연 속에 투입해서 이끌어낸 것이므로 다른 나이며 나의 분신으로서 철저하게 나에게 속해 있고, 속해 있어야 한다. 그런데 무언가 잘못되어서 남에게 속해 있는 것은, 내가 남에게 착취당하고 있기 때문이다. 또한 생산품은 사용가치를 지닌다. 자기의 필요를 위해 자연 속에서 이끌어낸 것이기 때문이다. 그런데 이것이 교환가치를 지니게 된다. 교환가치를 지니게 된 것부터가 잘못인데 아담 스미스(Adam Smith)에 의하면 교환은 분업 때문에 생기는 것이다. 분업으로 인해 생산품이 많아짐으로써 교환하기에 이르렀다는 것이다. 그리하여 생산품은 그것이 지니게 된 2차적 가치인 교환가치로 인하여 상품으로 변한다. 본래 생산품은 우리의 필요, 욕망을 채워주기 위한 것인데 이것이 교환가치를 지니게 되고 상품으로 되어 버렸으며, 여기서부터 잘못되기 시작하는 것이다. 그리하여 이제 상품은 화폐로 변하게 된다. 교환의 번거로움과 불편함을 없애기 위해 화폐가 생겨난 것이다. 이 화폐는 그냥 가만있는 것이 아니라 자본으로 변하게 된다. 이 자본으로 기계와 원료와 노동력을 사게 된다. 그리하여 더 많은 생산품을 만들어 판매함으로써 더 많은 잉여가치를 획득하게 된다. 따라서 자본은 노동자를 압박하는 것이 되어 버린다. 자본은 자기가 커지는 것만 안다. 자기가 커지기 위해 될 수 있으면 많은 이윤을 얻어내려 하고 그 때문에 사람들이 다치는 것을 알지 못한다. 따라서 자본은 될 수 있으면 많은 잉여가치를 노리고, 잉여가치 그것이 자본의 목표이다. 잉여가치가 커질수록 자본이 커지기 때문이다. 그러나 이 자본은 거슬러 올라가보면 '노동'이다. 따라서 자본은 축적된 노동이며, 노동자의 노동이고, 더 정확하게 말해서 노동자의 노동시간이며 노동자의 분신이다. 이 나의 분신이 남의 것이 되어 노동자를 위협하는 것이 되어 버린다. 또 더 많은 잉여가치를 위해 기계를 사용하게 됨으로써 산업예비군(실업자)이 생기게 되고, 노동자의 지위가 떨어지게 되며 결국 노동자를 더욱 못살게 만든다.

이 과정에 의해 자본가가 생긴다. 그리고 결국 이 자본가는 나의 노동의 축적을 가지고 있는 것이다. 내게 속해 있어야 할 것이 내게 속해 있지 않고 자본가에게 속해 있는 것이다. 생산품이 상품으로 변한데서 부터 잘못되기 시작한 것이며 상품이 인간을 억압하고 인간을 소외시키고 있는 것이다. 자본가는 잉여가치 즉 재생산에 필요한 만큼만 지불하고 나머지의 가치를 축적하여 점점 커져 나간다. 그런데 기계 기술의 발달로 인해서 생산수단이 진보하게 되고 생산에 소요되는 노동력이 감소하게 되어 노동자는 살기 위해서 최악의 조건에서 노동을 해야 된다. 여기서 노동자의 착취주체가 또 나타나는데 그것은 산업예비군이다. 같은 노동자가 노동자를 압박하는 힘이 되어 버린다. 이처럼 자본가와 산업예비군의 압박으로 노동자는 결과적으로 더욱 불리하게 최저 생활 조건하에서 일하고 계약을 맺을 수밖에 없게 된다. 뿐만 아니라 잉여가치로 인해서 자본 즉 자본가는 힘이 세어져서 시장을 독점하여 소비자를 압박한다. 최악의 경우에는 노동자는 불리한 일의 조건뿐만 아니라 불리한 소비자로 있게 만든다. 이처럼 자본이 인간을 무시하고 모든 것을 다 해버리는 것은 사유재산 때문이다고 생각하는 것이 마르크스의 생각이다. 그래서 그는 모든 병폐의 원인인 사유재산을 없애려고 한다.

　다) 인간의 자기 회복

　마르크스에 의하면 생산품이 단순히 생산품으로 남아있지 않고 상품이 되어버림으로써 인간이 소외되어 버렸다. 이것은 생산품이 사용가치에서 교환가치를 지니게 되고 화폐 즉 자본이 되어버렸기 때문이다. 그리하여 노동자인 인간은 자기의 분신인 자본 앞에서 무릎을 꿇고 절 하게 되어버린 것이다. 그러나 마르크스에 있어서 자기 자신을 물질적인 화폐로 소외시켜서 그 앞에서 꿇어 절하는 것은 잘못된 것이다. 인간이 화폐를 섬길 필요가 없기 때문이다. 인간이 자본을 섬기는 이유는 무엇

인가? 추한 사람도 돈만 있으면 아름다운 사람이 될 수 있고 늙은 사람
도 돈만 있으면 젊어질 수 있기 때문인가? 하지만 돈의 섬김은 충실한
사람이 배반자가 되고 충신이 역적이 되어버리지 않는가? 결국 필요한
것은 자본을 없애는 것이다. 자기가 커지는 것만 알고 있는 욕심과 이기
심을 없애버려야 한다. 곧 자본을 소유하고 있는 자본가를 없애야 하고
'내 것', '네 것'을 구분하는 욕심을 없애야 한다. 이 욕심을 '내 것'을 주장
하는 데서 나오기 때문에 이제 '내 것'이라고 하는 것, 즉 사유재산을
없애야 한다. '내 것'이라고 하는 것이 없어지고 나면 '커지는 것'이 없어
지고 그러면 인간은 자본에서 해방된다. 사유재산을 없앤다는 것은 일차
적으로 사적인 물건을 없애는 것이고 '내 것'중에서 가장 심한 것인 가정
즉 가족을 없애는 것이다. 그리하여 마르크스는 국가도 부정한다. 국가
는 지배계급에게만 봉사하고 억압받는 사람들을 더 억압하기 때문이다.
종교 역시 부정하는 것은 베를린시대에 배운 무신론 때문이다. 국가와
종교를 부정하는 것은 헤겔의 국가관과 종교관을 비판하는데서 나온 것
이다. 이러한 인간의 자기회복의 결과는 사유재산의 철폐 또는 공유재산
화이다. 이 공유재산화를 통해 인간이 해방되고 인간은 비로소 자기 자
신일 수 있게 된다. 그리하여 인간과 자연은 완전한 조화를 이루게 되고
아무런 갈등도 생기지 않을 것이며 완전한 휴머니즘이 실현될 것이다.
개체(개인)와 유(사회 혹은 자연)가 완전한 조화를 이루게 되고 자유와
필연이 완전한 조화를 이루게 될 것이다. 인간 모두가 열망하는 자유, 정
의, 평화의 세계가 구현된다. 우리는 이러한 과정 속에 깔린 마르크스의
휴머니즘을 결코 무시할 수 없다.

　라) 유물론
　지금까지 살펴본 마르크스의 전기사상과는 크게 대조를 이루는 후기

사상의 첫 번째 테제는 변증법적 유물론이다. 이것에서는 '물질', '경제', 더 넓게는 '현실'의 주도권을 강조하고 이다. 현실이 인간의 의식을 규정한다는 것이다. 바꾸어 말하면 물질이 정신을 규정한다는 것이다. 따라서 '변증법적 유물론'에서는 물질이 어떤 과정을 겪으면서 정신을 규정하는지를 다루고 있는 것이다. 두 번째 테제는 '유물론적 역사관'으로 마르크스는 변증법적 유물론을 토대로 하여 물질이 정신을 규정하고 있는 현실의 변화를 다루고 있다. 물질의 변화(생산의 변화)에 따라 정신활동도 변하며, 결국 역사는 물질의 여건에 따라서 이러 저러한 사회가 형성되고 마침내는 공산사회에 이르게 된다는 것을 다루고 있다.

유물론에서 마르크스는 현실을 하부구조로, 인간의식을 상부구조라 명명하고 하부구조가 상부구조를 규정한다고 한다. 인간이 이성을 사용하여 이루어놓은 것을 일컬어 상부구조라 하는데, 예컨대 제도, 학문, 예술, 종교 등으로서 인간이 이루어놓은 모든 문화를 말한다. 하부구조의 정체는 '생산' 즉 '생산양식'이다. 인간은 자기에게 필요한 것을 타고나지 않았기 때문에 인간은 자기에게 필요한 것을 자기 손으로 만들어내야 한다. 자기 자신을 자연 속에 투입하여 필요한 것을 얻어내며 이 하부구조의 주인공은 인간이다. 생산양식은 생산력과 생산관계로 구분되고, 생산력에는 원료, 도구, 노동력 등이 포함되며 생산관계에는 노사관계, 사고팔고 하는 관계 및 화폐를 더 많이 혹은 더 적게 갖게 되는 재산관계 등이 포함된다. 그리고 이러한 관계에서 계급이 생긴다. 이 생산양식이 정치적, 사회적, 정신적 생활을 결정하고 법, 규범, 사상, 종교, 예술 등을 생겨나게 한다. 곧 하부구조가 상부구조를 결정한다는 것이다. 하부구조의 가장 큰 변동요인은 도구인데 이 도구가 기계화되어 생산력을 발달시키고 그렇게 함으로써 생산관계가 달라짐에 따라 정치, 사회, 정신적 여건이 달라진다. 이것이 마르크스의 변증법적 유물론이다. 생산력의 변동으로 생산관계가 변하고 생산력은 도구에 의해 변동된다는 것이다.

마르크스는 변증법적 유물론을 토대로 하여 생산양식의 변화에 따라 사회가 변화되는 과정을 전개해 나간다. 그 변화의 단계는 원시사회→노예사회→봉건사회→자본주의 사회→사회주의(공산주의 사회)로 나아가며 이 변화의 단계에서는 생산력의 도구요인이 가장 큰 영향력을 행사한다고 한다. 결국 이러한 것이 마르크스의 역사이해 즉 역사관이다.

4) 형이상학과 실존

실존철학은 본격적 의미에서 현대의 철학사조라고 할 수 있다. 다시 말해서 현대철학은 본격적 의미에서 실존철학과 더불어 시작했다고 해도 과언이 아니다. 지금까지 사람들은 철학한다고 하면서 이것은 무엇인가, 혹은 저것은 무엇인가를 문제 삼았다. 즉 무엇(Quid)을 문제삼아왔다. 지금까지는 '이다' 즉 본질을 문제삼아온 것이다. 이제 사람들은 실존철학과 더불어 비로소 '있다' 즉 존재를 문제 삼기 시작한 것이다. 오늘날 철학의 두 가지 사조를 말한다면 한편으론 마르크시즘이고 다른 한편은 이 실존철학이라 할 수 있다. 마르크시즘은 집단주의(collectivism)로서 집단이 문제이다. 이 집단주의에서는 개체가 전혀 고려되지 않고 철저히 무시된다. 이와는 달리 실존철학은 개체가 문제이다. 집단과는 무관하다. 마르크시즘은 사회를 문제 삼지만 실존철학은 지금, 여기에 있는 개별적이고 구체적인 개인을 문제 삼는다. 이 실존철학은 1930년대에 일어난 사조로서 40-50년대에 전 세계를 휩쓸었던 철학사조이다.

지금까지 사람들은 존재가 아니라 본질(essentia)을 문제 삼아 왔다. 이 본질이란 말은 아랍철학자들이 구성해낸 개념이다. 이들은 아리스토텔레스의 형이상학으로 천사적 존재를 설명하기 어렵게 되자 '있는 것'을 존재와 본질로 설명한다. 따라서 알-파라비, 아비센나, 아베로에스 등과 같은 아랍철학자를 제 2의 형이상학의 창설자라 할 수 있다. 이때부터 본질이란 말이 생겼다. 그러나 그 내용은 플라톤에서부터 시작되었고, 플라톤의 이데아이후 계속해서 본질철학을 해왔다고 보아야 한다. 헤겔은 정신으로 그러한 본질을 처리했다. 이렇게 전통적으로 해온 본질의 철학에 반대되는 것이 실존철학이다. 실존(existentia)이란 말은 철학사에서 전통적으로 존재라는 말마디이다. 그런데 전통적으로 사용해온 실존이라는 말마디는 실존철학에서 말하는 '실존'과는 그 의미가 다르다. 그 내용을 오늘날 의미로 변형시킨 사람이 키에르케고르이다. 본래 실존이란 말마디는 있는 것 모두를 잡아내는 말마디였으나 키에르케고르는 이것을 인간한테로 좁혔다. 따라서 이제 실존은 인간이란 말마디가 된다. 이때 인간은 보편성을 띤 인간 일반을 말하는 것이 아니라 개별적인 인간 그리고 구체적인 인간을 가리킨다. 결국 '실존'이란 지금, 여기 있는 개별적이고 구체적인 '나'로서의 인간을 가리키는 말이다. 다시 말해 현존재인 '나'를 가리킨다.

원래 현존재(Dasein)이란 말은 있는 것 모두를 말하나, 실존철학에서는 내가 '있다'라는 사실을 강조한다. 보편적이 아니라 개별적이고, 추상적이 아니라 구체적인 '개별인간'을 의미한다. 예컨대 죽음은 구체적인 '나'의 죽음이다. 일반적 죽음이란 없다. 죽음이 도깨비처럼 돌아다니는 것이 아니다. 죽음일반이란 존재치 않으며 바로 나의 죽음이다. 마찬가지로 구원일반이 존재하는 것이 아니라 나의 구원, 너의 구원이 있는 것이다. 파멸 역시 나의 파멸, 너의 파멸이 있을 뿐이다. 이러한 것이 구체적이고 개별적인 것이 실존이라는 말마디가 품고 있는 의미이다. 중요한 것은 구체적이고 개별적인 '나'이다.

하이데거는 그의 저서 '존재와 시간'에서 실존에 대해 다음과 같이 설명한다. 첫째, 그것이 있다는 사실, 없지 않고 있다는 사실이다. 여기서 사실들이란 하늘이 푸르다는 사실, 곡식이 익어간다는 사실 등 다양하다. 그러나 실존이라는 말에서 그것은 개별적인 인간을 의미한다. 따라서 낙엽이 떨어진다는 사실은 그것(인간)이 있다는 사실과는 다르다. 이와 같이 그것이 없지 않고 있다는 사실을 '현사실성'이라 한다. 지금 여기, 구체적으로 있다는 사실을 의미한다.

둘째, 그것(개별적 인간)이 있다는 것은 돌멩이가 있다는 것과는 다르다. 인간은 돌멩이처럼 완결된 존재가 아니다. 인간의 실존은 자기의 존재를 자기의 과업으로 떠메고 살아간다. 산다는 것은 인간의 과업이다. 완결된 것이 아니라 되어가야 하는 존재이다. 되어야 할 것이 아직 안되어 있기에 그것을 이루는 것은 나의 책임이다. 따라서 돌멩이에게는 고민이 없다. 결국 인간이라는 실존은 과업으로서의 실존이며, 수행해 나가야 하고 이루어 나가야 하는 것이다. 사물은 그것으로서 이미 완결되어 있지만 인간은 완결된 존재가 아니기 때문에 되어나가는 것은 전적으로 그의 과업이다. 셋째, 이렇게 되어나가야 하는 존재이기 때문에 실존은 가능존재이다.

가) 키에르케고르의 실존

19세기 전반기의 온 유럽은 헤겔철학에 도취에서 있었다. 그리하여 신학자들 역시 그에 편승하여 신앙마저도 이성으로, 합리적으로 해명해 버리는 그러한 분위기였다. 그 결과 신앙의 핵심인 진지성, 걸려 넘어짐(Argernis), 역설(Paradox)이 제거되었다. 신앙은 자연적인 일, 일상적인 일로 되어버렸다. 따라서 키에르케고르는 헤겔의 철학에 대해서 반대한다. 헤겔의 철학 속에서 구체적 인간, 개별적 인간, 다시 말해서 실존이 빠져있다고 비판한다. 키에르케고르에게 문제되는 것은 하늘이 무너지고 땅이 꺼져도 그것을 붙들고 살 수 있는 주관적인 진리가 문제이다.

키에르케고르의 실존사상은 헤겔과의 사상적 대결에서 이루어졌다. 그 역시 초기에는 헤겔의 철학 즉 관념론에 열광했었다. 그는 말하기를 "는 헤겔이 그 밖의 철학자들의 모든 덕성을 지니고 있다고 서슴지 않고 인정한다. 아니 그저 인정할 뿐 아니라 나는 그것에 대해서 경탄을 느낀다"했다. 그러나 키에르케고르는 '공포와 전율', '불안의 개념', 히 '철학적 단편후서'에서 헤겔과 정면으로 대결하게 된다. 그리고 여기서 관념론적 철학을 떠나서 실존의 철학을 전개시킨다. 그가 헤겔을 비판하는 점은 다음 두 가지 점에서다. (1)헤겔의 철학체계는 방대하고 어마어마하다. 그러나 그의 철학의 핵심을 이루고 있는 부분은 신과 인간이 결국 그 본질에 있어서 같다는 입장이다. 그러나 신과 인간은 절대적으로 동일시될 수 없다. 따라서 헤겔의 견해는 신에 대한 모독이다. 그리고(2)헤겔의 관념론은 자연과 정신 또 세계사까지도 모두 포괄하는 체계이기는 하지만, 그 속에서도 현실의 구체적인 인간이 빠져있다. 그 속에는 '내'가 들어있지 않다. 즉 실존이 빠져있다.

헤겔에 의하면 인간은 세계정신의 꼭두각시에 지나지 않는다. 세계정신은 그 역사의 목적을 달성하기 위해서 어떤 개인이나 어떤 민족에게 사명과 역할을 맡긴다. 따라서 이 개인이나 민족은 결국 세계정신에 의해서 조정된다. 그러나 키에르케고르에 의하면 인간 실존은 세계정신과 같은 일반적인 것 즉 보편적인 것에 매몰될 수 없다. 객관적인 것에 매몰

될 수 없다. 실존은 저마다 의미와 가치를 지닌 자립성, 독자성을 가진
존재다. 따라서 키에르케고르의 진리는 주체적 또는 실재적 진리라고
말할 수 있겠다. 키에르케고르에 있어서는 객관적인 진리가 중요한 것이
아니라 내가 내 존재를 통째로 걸어놓을 수 있는 그러한 진리가 문제다.
그리고 '실상 온 세계가 무너져 버리더라도 내가 꽉 붙들고 놓지 않을'그
러한 진리가 중요하다. 이러한 진리에 비교하여 객관적 진리란 맥 빠진
것에 지나지 않는다. 세계를 객관적으로 우리 머릿속에서 재구성해낸다
는 것은 그리 중요한 것이 못된다. 결국 소용없는 것이다. 그 속에 내가
들어 있지 않기 때문이다. 예컨대 '2+2=4', '지구가 태양을 돈다', '시저
가 BC 44년에 암살되다' 등 이러한 것들은 객관적 진리 임에는 틀림없
으나 내가 그것을 붙들고 그것에 의지해서 살 수는 없다. 그 속에서 안심
입명할 수는 없다. 그래서 내가 없는 철학, 진리는 결국 소용없는 것이
다. 이것이 키에르케고르가 헤겔에 대해서 가졌던 근본 불만이었다. 그
리하여 키에르케고르는 "그는 (헤겔) 화려하고 거대한 궁전을 지어놓고
(정신철학의 세계) 자기는 그 속에 살지 않고 조그마한 오두막(현실)에
살고 있는 사람이다"라고 하였다. 키에르케고르에게 중요한 것은 아무리
조그만 오두막이라도 내가 들어가 사는 그런 집이다.

　키에르케고르에 의하면 나를 다른 것과 구별하여 '나'라고 하는 깊은
자각에 도달하는 것, 이것이 철학이다. 철학은 그 이상도, 또 그 이하도
아니다. 철학은 인간 자기를 파악하려는 노력이요, 그 노력을 이론화하
는데 있다. 때문에 '너 자신을 알라'는 말마디는 키에르케고르의 사상
의 모토이다. 그리고 키에르케고르가 '너 자신을 알라'라고 말하였던 것
은 헤겔의 정신철학을 두고 한 말이다. 즉, 무한하고 절대적인 것이 되어
버린 정신에게 그 한계를 깨우쳐 주고자 한 말이다. 인간은 무한하고 절

대적이 아니라 죽을 존재임을 깨우쳐 주고자 한 것이다. 결국 인간은 자기 자신의 처신을 모르는데서, 자기 자신의 '한정되어 있음', '제한되어 있음'을 모른데서 방자해지고 오만해진다. 그런데 키에르케고르가 말하는 자각이란 결국 종교적 자각이다. 유한자가 무한자 앞에서, 시간에 제약을 받는 자가 영원자 앞에서 갖는 자각이다. 키에르케고르에 의하면 이러한 자각에 도달하는 데는 몇 가지 단계를 거쳐야 한다.

제 1 단계 : 미적실존

미적실존이란 제일 낮은 실존이다. 이러한 실존은 아름다운 것, 기쁨과 즐거움을 주는 것에게로 향하는 실존이다. 이런 실존의 사례는 두 사람을 들 수 있는데 그들은 쾌락의 화신인 돈 후안과 권태의 화신인 네로황제다. 돈 후안은 스페인 전설에 나오는 방탕한 미모의 청년으로서, 1003명의 여자를 유혹하여 순간순간의 즐거움을 추구한다. 또한 네로황제는 제왕의 영광과 권력을 소유하고 있었으나 생의 권태와 우수를 느꼈다. 그는 그것을 피할 수 없었다. 그래서 그 권태를 잊기 위해서 로마시를 불질렀다. 그것은 옛날 트로이성이 함락될 때 충전하는 화염을 보고 싶어서였다. 이러한 미적실존은 결국 인간을 실망하게 한다. 쾌락의 도취가 끝나면 더 없는 공허함과 허무감을 맛본다. 그리고 실망하게 한다. 여기서 나는 나를 넘어서야 한다. 그래서 윤리적 실존으로 넘어가게 된다.

제 2 단계 : 윤리적 실존

미적 실존은 인간을 절망하게 하고 드디어는 결단에 의해서 윤리적 실존을 선택하게 된다. 이것은 자기 자신을 선택하는 것이다. 비본래적인 자기를 버리고 본래적인 자기를 각성하고 그리고 그것에로 돌아가는 것이 윤리적 실존이다. 의무를 다하고, 책임을 지고, 정직한 태도로 살아가는 성실한 인간, 이것이 윤리적 실존이다. 윤리도덕의 지상명령은 '선을 행하라', '악을 피하라', '남을 사랑하라'이다. 그러나 여기에 윤리적 실존의 어려움이 있다. 인간은 자기가 한정되어 있다는 것을 절감하게 된다. 그리고 좌절할 수밖에 없게 된다. 인간은 윤리적이 되려고 애쓰면 애쓸수록, 도덕적이 되려고 힘쓰면 힘쓸수록 자기의 부족함과 모자람을 느낀다. 뿐만 아니라 절대적인 성실, 절대적인 희생, 절대적인 사랑은 우리 속에 미치지 않는 피안의 세계다. 여기서 윤리적 실존은 자기를 포기하게 된다. 아니 자기를 뛰어 넘게 된다. 그리고 종교적 실존에로 도약하게 된다.

제3단계 ; 종교적 실존

이제 윤리적 실존은 절망에 이르게 된다. 키에르케고르에 의하면 이 절망이 바로 종교적 실존에로 비약할 수 있는 발판을 제공한다. 이제 모든 한정된 한 실존은 '신 앞에 서 있는 단독자'다. 다시 말해 신 앞에 서 있는 단독자로서 만이 종교적 실존이 가능하다. 또 키에르케고르에 의하면 신 앞에 선 단독자로서 만이 진정한 의미에 있어서 신앙이 가능하고, 본래적인 자기가 된다. 이런 맥락에서 키에르케고르는 종교가 이론의 체계에 불과하다고 비판한다. 왜냐하면 그것은 버려도 좋은 대단한 것이 못되기 때문이다. 그러나 우리는 가끔 신 앞에 홀로서는 것, 그것을 배워야 한다.

나) 사르트르의 실존

사르트르는 인간실존의 '우연성'과 '무상성'을 누구보다도 날카롭고 예리하게 파헤쳐 놓았다. 그리고 그의 사상은 금세기에 커다란 충격을 안겨 주었다. 그는 '소설을 쓰기 위해서는 철학을 하라, 그리고 철학을 하기 위해서는 소설을 써라'라고 할 만큼 소설을 가지고 철학을 한 사람이다. 사르트르의 사상은 제 2차 세계대전을 계기로 해서 제 1기와 제 2기로 구분된다. 그의 사상은 제 1기에서는 개인주의적 특성이 드러나고 제 2기에서는 사회주의적 특성이 두드러진다. 특히 1960년 '변증법적 이성의 비판'이후로 사르트르는 완전히 공산주의자가 된다. 사르트르는 그 후기사상에서 마르크스를 결코 넘어서지 못한다. 그는 또한 전기사상 곧 실존사상을 결코 포기하지 않는다. 따라서 그는 이 둘을 조화해보려 했었다. 그러나 이 둘은 결코 조화될 수 없었다. 그는 자신의 실존사상을 그 소설작품들 『구토』, 『파리떼』, 『닫힌 문』을 중심으로 자세하게 피력하고 있다.

사르트르는 인간을 문제 삼는다. 일반적인 그리고 추상적인 인간 즉 인간의 '본질'을 중심으로 인간을 해명하는 것이 아니라. 개별적인 그리고 구체적인 인간 즉 '인간실존'을 중심으로 인간을 해명하고 있다. 사르트르는 인간의 우연성, 무상성을 누구보다도 강하게 느꼈다. 그래서 그는 인간의 우연성, 무상성을 중점테마로 하여, 그 우연성, 무상성의 의미와 방향을 찾는 것을 그의 가치로 삼았다. 작품『구토』는 존재현상 또는 실존의 직접적인 파악을 주제로 한 소설이다. 여기서 사르트르는 주인공 로깡땡을 철저한 개인주의자로 묘사한다. 로깡땡은 "나는 혼자 산다. 나는 전적으로 혼자 산다. 나는 사람들에게 말을 걸지 않는다. 나는 다른 사람에게 아무 것도 주지 않고 또 아무것도 받지 않는다"라고 말하고 있다. 그런데 하루는 로깡땡한테 '있다'라고 하는 것이 크게 떠올랐다. 마치 아침에 떠오르는 태양처럼, 그리고 그것이 비켜주지 않는다. 무엇보다도 '내가 있다'라고 하는 사실이 그에게 부각되었다. '내가 있다'라고 하는 사실에서 더 나아가 로깡땡에게는 이 거리가 있고, 이 공원이 있으며, 이 건물이 있다는 사실이 부각되었다. 로깡뗑에게는 이 도시가 있고, 이 가로수가 '있다', 아무것도 없지 않고 '있다'라는 사실이 부각되었다. 그런데 자신을 포함해서 그것들을 쓸데없이 있다. 존재할 이유 없이 그저 있다. 더 나아가 없어도 될 것이 없지 않고 있다. 없으면 더 좋았을 것이 없지 않고 있다. 로깡뗑은 이렇게 존재할 이유 없이 있는 그들 앞에서, 쓸데없이 있는 그들 앞에서 먹은 것이 올라온다는 것이다. 없어도 될 것이 없지 않고 있다는 불합리한, 그리고 부조리한 사실 앞에서 사르트르는 먹은 것이 올라온 것이다. 결국 사르트르에게 있어 '인간이 실존한다'라는 말은, 인간이 단순히 지금, 그리고 여기 있다는 사실을 말한다. 지금 그리고 여기 이렇게 던져져 있는 상태로 존재한다는 사실 이외에 다른 아무것도 아니다. 그런데 사르트르에게 있어, 인간실존이 아무런 그리고 그 어떤 존재이유도 없이 그저 존재한다면, 그는 자유이다. 절대적으로 자유로운 것이다. 존재이유가 있게 되면 '…해야 한다'는 것이 동시에 주어진다. 과업이 존재이유로 주어진다. 그러나 존재이유도 없이 그저 존재한다면 이러한 인간실존은 절대적으로 자유롭다. 그 어떤 것에도 구속되거나 강요당하지 않기 때문이다. 그에게는 모든 것이 허용되어 있고 허용되어 있지 않은 것이 하나도 없기 때문이다. 그래서 사르트르에게 있어 인간은 자유롭지 않을 수 없다. 이 자유를 가지고 인간은 그때그때마다 그가 하고 싶은 대로 산다. 이러한 사상을 사르트르는 희랍신화『아가멤논』을 테마로 삼은 드라마『파리떼』를 통해서 말한다.

아가멤논이 출전하고 난 다음 그의 아내가 아이기스트스를 알게 된다. 남편이 돌아오자 두 사람은 아가멤논을 환영하는 축하연에서 그를 암살해 버린다. 오랜 세월이 지난 후 아가멤논의 아들 오레스트가 변장하여 고향에 돌아온다. 그리고 아이기스트스와 어머니를 암살하고 아버지의 원수를 갚는다. 이 때 제우스가 나타나 오레스트에게 뉘우치기를 권함으로써 둘 사이에 논쟁이 벌어진다. 오레스트는 잘못이 없다고 하며 뉘우치지 않는다. 오레스트는 제우스에게 '너는 인간들의 왕이 아니다'고 하자 제우스가 '그러면 누가 너를 만들었느냐?'고 반박한다. 그러나 오레스트는 '그것은 너다. 그러나 나를 자유로운 자로 만들지 말았어야 했다.'고 대답한다. 그러자 제우스는 '내가 너를 만들 적에 나를 섬기라고 자유를 준 것이다'고 하자 오레스트는 "그럴지도 모르겠다. 그러나 그 자유가 너를 반역한다. 나는 인간이다. 그리고 인간은 각자가 자기의 길을 만들어 내지 않으면 안 된다. 너와 나는 두 척의 배처럼 서로 접촉하지 않고 미끄러져 갈 뿐이다. 너는 신이다. 그리고 나는 자유다. 너와 나는 다 같이 단독이요 우리들의 고민도 한가지다"라고 말한다. 이렇게 사르트르는 인간실존을 아무런 존재 이유 없이 의미도 없이 단순히 있는 것. 그것뿐이라고 하고, 그러기에 한 단계 더 나아가 인간실존은 자유라고 파악했다. 다시 말해 인간실존은 아무런 관계도 없이 홀로 선 고독한 존재이고, 인간은 이러한 운명에서 벗어날 길이 없으나, 그러나 인간은 자유이다. 인간은 절대적으로 자유롭다. 자유로울 뿐 아니라 자유롭지 않을 수 없다. 아니 사르트르에게 있어 인간은 자유에로 처단 받았다. 결국 사르트르는 『파리떼』의 주인공 오레스트의 입을 통해 '인간은 자유다'고 선언하고 있다. 그리고 이 작품 이후 사람들은 '인간은 자유다'고 부르짖기 시작했다.

　그런데 사르트르가 말하는 자유는 것은 그 어떤 현실적인 상태가 아니다. 하나의 가능적인 상태다. 어떤 일정한 내용을 가진 것이 아니라 텅 비어 있는 것이다. 아무것도 아닌 것 즉 하나의 '무'라고 할 수밖에 없는 것이다. 그러기에 이제 이러한 인간실존은 아무것도 아닌 자기 자신을 무언가로 메워 보려고 시도하게 된다. 텅 비어 있는 자기 자신, 그래서 무라고 할 수밖에 없는 자기 자신을 무언가로 가득 채워보려고 온갖 노력을 다하게 된다. 그리하여 그는 이제 모든 것을 가지려 한다. 그 앞에 놓여 있는 일체의 것을 차지하려 한다. 아니 세계를 통째로 자기 자신이 소유하려 한다. 그리고 만일 그가 모든 것을 갖게 되고 일체의 것을 차지하게 된다면, 그리고 세계를 자기 자신이 소유하게 된다면, 그는 아무것도 아닌 자기 자신, 텅 비어 있는 자기 자신 그리하여 '무'라고 할 수밖에 없는 자기 자신을 지양하여 자기 자신이 '모든 것', '일체의 것' 즉 '세계'가 될 수 있고, 그리고 이를 통해서 인간실존은 자신의 우연성과 무상성을 극복해 버릴 수 있다. 이렇게 볼 때, 사르트르가 말하는 '가지다, 차지하다, 소유하다'라고 하는 인간의 행위는 다른 여러 행위 중에 하나인 그러한 행위가 아니다. 그것은 인간실존이 그 자체로는 아무것도 아닌, 그리고 텅 비어 있는 자기 자신을 가득 채워 스스로 '모든 것'이 되려는 그리고 일체의 것이 되어 보려는 인간실존의 기본행위이다. 즉 인간실존이 그 존재를 확보해 보려는 그러한 기본행위이다.

그러나 사르트르에게 있어 인간실존의 이러한 기본행위는 결코 성공할 수 없다. 그 자체로는 아무것도 아닌, 텅 비어 있는, 그리하여 '무'라고 할 수밖에 없는 실존(자유)이 모든 것을 차지하는 일체의 것을 소유하여 스스로 모든 것, 일체의 것이 되려하는 그 기본행위는 비극으로 끝나버릴 수밖에 없다. 왜냐하면 세계 속에는 나 자신이라고 하는 '실존'만이 존재하는 것이 아니라, 다른 사람이라고 하는 실존 역시 나와 똑같이 존재하기 때문이다. 그리고 이 다른 사람이라고 하는 실존 역시 나와 똑같이 아무 것도 아닌 그리고 텅 비어 있는 자기 자신을 모든 것으로, 그리고 일체의 것으로 가득 채우려 하기 때문이다. 그리하여 다른 사람이라고 하는 이 실존은 한 걸음 더 나아가 나 자신마저도 하나의 대상으로 만들어놓고, 그 대상(나 자신)을 자기 소유로 만들어 버리려 하기 때문이다. 이러한 의미에서 사르트르에 의하면 다른 사람, 그것은 지옥이다.

사르트르의 이러한 사상은 드라마 『닫힌 문』에서 단적으로 드러난다. 방이 하나 있다. 창문도 없고 거울도 없고 초인종도 없는 방이다. 문은 밖으로부터 잠긴 방이다. 밖에서 안으로 들여다 볼 수 없고, 안에서 밖을 볼 수도 없다. 철저히 닫혀있는 방이다. 이 방에 가르생과 두 여자가 있다. 한 사람은 침대 위에, 다른 한 사람은 소파 위에, 또 다른 한 사람은 구석에 놓인 의자 위에 앉아 있다. 이들은 아무것도 할 것이 없다. 서로 방해하지 않기 위해 무던히 애쓸 뿐이다. 간혹 누군가가 입을 열지만 곧 다시 다물어 버린다. 방해하지 않기 위해서이다. 아무도 무엇을 시작할 수 없다. 다른 두 사람이 주시하고 있기 때문이다. 견디다 견디다가 가르생이 '왜 밤이 오지 않느냐? 왜 어두워지지 않느냐?'고 외친다. 그러다가 가르생은 '다른 사람, 그것은 지옥이다'하고 부르짖는다.

사르트르에 의하면 '나'는 다른 사람의 시선 앞에서 고정되고 만다. 나는 타인의 눈초리 앞에서 대상화되어 버리고 만다. 사르트르는 『존재와 무』에서 이렇게 말한다. "내가 질투심에서나 호기심에서 또한 품행이 나빠서 문에 귀를 기울이거나 열쇠구멍으로 엿볼 정도에 이르렀다고 가정해 보자.… 갑자기 나는 현관에서 발자국 소리가 나는 것을 듣는다. 한사람이 나를 엿본다. 이것은 무엇을 의미하는가? 이것은 내가 나의 존재 안에서 갑자기 어떤 것에 의해 얻어맞았음을, 나의 구조 안에 어떤 본질적인 변화가 일어났음을 의미한다." 사르트르에 의하면 타인은 나를 깜짝 놀라게 하고, 나의 자아를 엿듣는 자의 존재로 고정시켜 버린다. 나는 그렇게 들켜버린 것을 부끄러워하며, 타인 앞에서 나 자신을 부끄러

위함으로써 나는 나 자신이 그에 의해 고정되고 있음을 체험하며 알아챈다. 들켜버린 상황 속에서 나는 타인이 바라보는 객체일 뿐, 그 외의 아무 것도 아니다. 타인의 눈초리, 그것은 메두사의 눈처럼 나를 하나의 가능성에 고정시키고, 그래서 그에 의해 내게서 다른 가능성들이 거부된다. 타인의 눈초리 앞에서 나는 대상화되어버리고 만다. 사르트르에 의하면 타인은 결국 내 세계 속에서 하나의 장애요인이다. 그리하여 다른 사람의 '눈초리'는 사르트르에게 있어 마지막 말마디이다.

사르트르의 실존사상은 『실존주의는 휴머니즘이다』 라는 소책자에서 가장 잘 요약되어 있다. 사르트르는 실존주의를 준엄한 이론 즉 엄격히 전문가나 철학자를 위한 이론으로 보고 있다. 그럼에도 불구하고 아주 간단히 정의할 수 있다고 한다. 먼저 사르트르의 실존사상에서는 존재가 본질에 선행한다. 지금까지 서양을 지배해온 본질의 철학에서는 본질이 존재에 선행한다. 유신론자들에 의하면 인간의 본질은 신의 이성 속에 먼저 있었다가 존재하기 시작한다. 그러나 사르트르에 의하면 신은 존재하지 않는다. 그는 자신을 무신론적 실존주의자라 했다. 따라서 그에게 있어서는 존재가 본질에 선행한다. 인간에 있어서는 인간이 먼저 존재하고 다음에 그 인간이 정의된다는 것을 의미한다. 무엇보다도 내가 존재한다. 다시 말해 실존한다. 사르트르는 'exister'에 착안하고 있고 또 여기에 끝까지 매달린다.

실존주의가 보는 인간관에 의하면 인간은 미리 정의될 수 없다. 시초에는 인간이란 아직도 아무것도 아니다. 그는 나중에야 비로소 무엇인가가 된다. 따라서 실존주의에서는 '인간성'이란 있을 수가 없다. 인간의 본질 또는 인간성이라는 것이 고정되어 있어서 각자가 그 본질, 인간성을 실현시켜 나가야 하는 것이 아니다. 왜냐하면 그것을 생각하고 지시해 줄 신이 없기 때문이다. 인간은 다만 그가 스스로를 생각하고 있는 그대로 일 뿐 아니라, 또한 그가 그렇기를 원하는 그대로이다. 그리고 인간은 그가 존재하기 시작한 이후에 스스로가 만들어 가는 것 이외에 아무것도 아니다. 사르트르는 여기서 토스토예프스키의 『카라마조프가의 형제들』이란 소설 속에서 철학자인 이반이 한 말을 진지하게 받아들이고 있다. 즉, '만일 신이 존재하지 않는다면 무엇이나 허용될 것이다.' 실상 신이 없다면 모든 것이 허용되고, 그리고 인간은 자신의 내부나 외부에 의지할 곳이 없어지며 고독해진다. 그리고 존재가 본질에 앞선다면 인간은 절대로 일정하고 고정된 본질이나 인간성을 가질 수 없다. 인간은 자유로우며 인간은 자유 그것이다. 신이 존재하지 않고 인간이 고정된 본질을 처음부터 갖고 있지 않다면, 인간은 그 행동을 정당하게 또는 부당하게 하여주는 가치라든지 질서를 갖지도 못한다. 그래서 사르트르는 마침내 '인간은 자유의 선고를 받았다'는 말로써 이야기를 끝낸다.

이러한 사르트르의 '실존사상'은 오직 '실존'에 마지막까지 매달려 있는 사상이다. 그리고 그 자체로 '아무것도 아닌' 그리고 '텅 비어 있는'자기 자신을 바로 자기 자신의 힘으로 그리고 자기 자신의 노력으로 가득 채워 보려는 그러한 '실존'에 끝까지 매달려 있는 사상이다. 그러나 인간실존의 그러한 땀과 노력은 결국 실패할 수밖에 없다. 이러한 막다른 골목을 스스로 직시했던 사르트르는 결국 '인간이란 하나의 쓸모없는 정열이다'라고 말하고 있다. 인간의 문제를 다만 그 '실존'에 끝까지 매달리면서, 그 실존만으로 해결하려는 시도는 결국 인간을 배반할 수밖에 없다. 인간의 문제는 결코 인간만으로는 마지막까지 해결되지 않는다. 왜냐하면 파스칼이 말한 바와 같이, '인간은 인간을 한없이 뛰어 넘고 있기'때문이다.

3. 형이상학과 '주체성의 비판'

삶의 철학은 19세기말에서 시작하여 20세기 초 전성기를 이루었다. 삶의 철학은 글자 그대로 삶을 문제 는다. 이때 삶은 독특한 의미를 지닌다. 이 단어는 생명체를 말하는 듯하지만 내용은 인간의 생명, 다시 말해 인간학이라 할 수 있다. 삶을 문제 삼는 다는 것은 일종의 반발이다. 지금까지 사람들은 정신을 문제 삼았거나 물질을 문제삼아왔다. 그러나 인간은 정신이나 물질만으로도 되어 있지 않기에 인간 그것 그대로 총체적으로 '모두'같이 다룬다는 의미에서다. 이 총체적인 '모두', 이것이 삶이다. 18세기에 계몽주의가 풍미하여 이성만을 강조하자 낭만주의는 감성을 강조한다. 그런데 인간은 이성, 감정 뿐 아니라 의지도 있다.(지, 정, 의) 결국 인간은 모두 다이다. 바로 이것을 다루는 것이 삶의 철학이다. 삶의 철학에서 대표적인 학자들은 딜타이(Wilhelm Dilthey)는 '삶의 철학이란 삶을 순수하게 그 자체로부터 이해하는 것이'라고 하였다. 이 말은 정신 또는 물질, 또는 다른 어떤 것을 가지고 삶을 설명하지 않고 삶을 그 자체로 설명하는 것을 뜻한다. 다시 말해서 삶을 삶이란 관점에서 이해하고자 하는 것이다. 이런 입장에서 가장 급진적인 사람은 바로 니체다(F. Nietzsche). 니체는 "삶은 되어가고 있다. 그것을 그물로 건져 올리면 잘못하는 것이다. 다시 말해서 삶은 흐르고 있다. 삶은 한없이 생성, 육성되어 나가고 있다. 그럼에도 불구하고 사람들은 '삶은 이러하다'라고 건져 올린다. 그러나 삶을 개념으로 잡아내지 말아야 한다. 삶을 일단 개념으로 고정시켜 버리면 그 순간부터 그것은 허구가 된다"고 하였다.

1864년(20세) 니체는 본대학에 가서 고전어를 전공하였는데, 그곳에는 세계적 명성을 가진 당대의 고전학자 리츨(F. W. Ritschl)이 있었고, 니체는 리츨에게서 철저하게 훈련되고 드디어 그의 애제자가 된다. 이듬해 리츨교수가 라이프지그대학으로 옮기자 니체도 그 학교로 따라 갔다. 1869년(25세) 라이프지그 대학 4학년 때 쇼펜하우어의 주저, '의지와 표상으로서의 세계'(2권)를 헌 책방에서 발견, 구입하여 2주간 탐독하고 난 후, '나는 이 책 속에서 나 자신을 발견했다. 쇼펜하우어가 세상에 태어난 것은 바로 내게 이 책을 전해 주기 위해서이다'라고 하였다. 이제 니체는 '세계는 의지'라고 생각한다. 니체는 전적으로 쇼펜하우어의 주저 '의지와 표상으로서의 세계'에 의해서 '삶은 의지'라는 것을 작업하여 나간다. 이때쯤 바젤대학의 고전어 교수 자리가 비자 리츨이 니체를 추천에 의해서 학교 잡지에 발표했던 작품이 학위논문으로 인정되어 교수가 된다. 이후 니체의 생애를 전체적으로 볼 때 니체는 전 생애 중 10년간은 교수로, 10년간은 저술활동을, 10년간은 정신병원에 있었다고 볼 수 있다.

1) 헤라클레이토스철학의 영향

니체는 헤라클레이토스의 철학을 일찍이 받아들여 자신의 것으로 만들었다. 그가 수용한 것은 무엇보다도 변화만이 실재적이라는 것과 그 변화의 바탕에 대립자 사이의 싸움이 있다는 것이다. 니체에 있어서도 실재적인 것은 변화뿐이다. 그러면 이 쉼 없는 변화는 어떻게 일어나는가? 왜 아무것도 한결같이 존재로 머물러 있지 않는가? 니체의 대답은 힘을 향한 의지에 있다. 즉 그 크기에서 서로 다른 힘들 사이의 긴장, 그리고 이들의 밀고 미리는 힘겨루기가 변화를 불가피하게 만든다. 대립은 이렇게 하여 니체에게 있어서도 생산하는 힘으로 이해된다. 그러나 니체는 헤라클레이토스의 가르침을 아무 비판이나 교정 없이 고스란히 받아들인 것은 아니다. 이를테면 대립자 사이의 싸움이 만물을 생산하는 힘을 갖고 있다는 점에서는 동의하지만, 살아 있는 자와 죽어 있는 자의 경우와 같은 질적 대립을 니체는 인정하지 않는다. 즉 그에게는 존재와 비존재 사이의 변증법적 이행이 없다. 있는 것은 힘뿐이요, 이것이 전부라고 본 니체에게 비존재란 처음부터 생각 할 수 없는 것이 된다. 이런 차이가 있기는 하지만 세계의 내용을 힘의 끝없는 운동과 변화로 파악한 점 등에서 니체의 세계이해는 그 내부로부터 본다면 단연 헤라클레이토스 적이다.

2) 쇼펜하우어로 부터의 영향

쇼펜하우어는 세계를 의지와 표상으로 보았다. 그러나 이것은 의지의 것과 표상의 것으로 나뉘어 있음을 뜻하지 않는다. 세계는 의지인 동시에 표상인데 그것이 세계의 본질을 탐구하는 철학자에게는 의지이고 자연현상을 탐구하는 과학자에게는 표상이 된다는 것이다. 이 의지는 세계의 실재로서 단일하며 우리의 지각과 독립해 있으면서, 우리들 자신의 존재나 우리 속의 관념을 산출하는 힘을 갖고 있다. 이러한 의지는 시간과 공간의 영역에서 객관화되면서 다양한 모습으로 나타난다. 이렇게 객관화된 의지는 도처에서 관찰된다. 예를 들자면 우리는 우리 내부에서 욕구, 사랑, 인식 등 다양한 의지를 확인한다.

이러한 의지의 활동은 또한 우리 밖에서 즉 우리를 둘러싼 세계 곳곳에서 확인된다. 흙을 뚫고 깊이 파고드는 나무뿌리, 새의 힘찬 비상, 도도히 흐르는 강물 등 이 모든 것들이 의지의 활동이다. 이렇듯 세계의 본질이자 세계 운행의 단일한 원리인 의지는 표상의 세계에서 다양한 방식으로 객관화된다. 계층적으로 본다면, 자연의 단계에서 객관화된 의지가 힘, 자력, 중력 등이며 생명체의 세계에서 객관화된 의지가 자기 보존욕, 성욕 등이다. 그리고 그것은 인간에 이르러 자의식을 갖는다.

니체는 쇼펜하우어의 의지의 철학으로 깊은 영향을 받는다. 세계의 실상, 세계 전체의 본성을 그 근원으로부터 밝혀내려 한 것과 그 실상을 의지라고 표현한 것이 그것이다. 또한 이 의지에 힘입어 낮는 단계의 자연에서 인간의 의식에 이르기 까지 모든 것을 고루 설명하면서 자연 현상과의 연관에서 의지를 힘으로 본 점에서도 마찬가지다. 그러나 니체는 쇼펜하우어를 비판적으로 수정하여 받아들인다. 먼저 쇼펜하우어의 의지는 그저 의지일 뿐이고 끝없는 욕망에 불과하여 앞을 내다보지 못한다. 그런 의미에서 그의 의지는 맹목적이다. 이에 대하여 니체는 의지는 뚜렷한 목표를 갖고 있다. 이 목표가 바로 더 많은 힘, 영향력의 증대인데, 그는 이것을 힘을 향한 의지로 줄여 부르고 있다. 또한 니체에 의하면 세계는 하나이고, 그것은 힘을 향한 의지를 내용으로 하고 있는 공간이다. 모든 초월적인 세계를 인정하고 있지 않는 그에게는 세계 그 자체는 성립불가능하다.

3) 삶의 본질

니체는 서양사상사에 있어서 하나의 숙명적인 존재이다. 지금까지 유럽인들이 걸어온 길에 대해서 커다란 의문을 던진다. 그 결과 지금까지의 서양의 길이 잘못되었다고 생각하고 처음부터 다시 시작해야 한다고 생각한다. 단적으로는 2500년의 서양의 형이상학의 전통역사를 벗어나고자 하였다. 그래서 그를 니힐리스트라고 부른다. 2500년 즉 소크라테스에서 헤겔에 이르는 역사를 부정하고 그리스적인 것으로 회귀를 외친다. 이것은 한마디로 '신은 죽었다'라는 말로 함축된다.

니체의 사상을 알기 위해서는 그의 주저인 『짜라투스트라는 이렇게 말했다(Also sprach Zarathustra)』를 살펴보면 된다. 이 책을 이해하기 위해서 먼저 '정신의 세 가지 변화에 대하여'라는 단장군부터 살펴보아야 한다. 왜냐하면 이것은 그의 사상 전체를 암시하고 있기 때문이다. 이 단장은 정신이 어떻게 낙타가 되고, 낙타가 어떻게 사자가 되며, 사자가 어떻게 어린아이가 되는지를 그리고 있다. 이 셋은 니체의 전 사상을 상징해 주고 있는 중요한 비유이다.

① 1단계 : 낙타는 무거운 짐을 나르는 짐승이다. 낙타는 짐이 있으면 어디든지 달려간다. 그리고 크고 작은 짐을 떠맡아, 아무 불평 없이 그 일을 해낸다. 그것은 그의 삶이기 때문이다. 그에게 신조가 있다면 '너는 해야 한다(Du sollst)'이다. 이것은 어떤 부류의 인간들을 상징하는 것이다. 특히 무겁고 엄한 율법을 지키려 한다든지, 신에게 복종하려한다든지 하면서 생의의미를 찾아가려는 사람을 뜻한다. 그런데 이렇게 생활하고 살아가는 동물이 하루는 모든 짐(神, 道, 德, 法)을 벗어 던지고 사막으로 도망가서 천년 묵은 용과 싸운다. 천년 묵은 용도 짐이다. 그리고는 용을 이기고 자유를 얻어낸다. 그래서 낙타는 사자가 된다.

② 2단계: 사자는 동물의 왕이기에 모든 것을 자기 마음대로 하려하고 다스리려고 한다. 그래서 우선 모든 짐을 모두 벗어 버린다. 이제 사자에게는 더 이상 '너는 해야 한다'가 원칙이나 신조가 아니다. 사자의 원칙은 '나는 원한다(Ich will)"이다. 낙타는 상급자가 있어 명령을 받으나 사자는 동물의 왕이기에 상급자가 없어 명령받지 않는다. 그래서 사자는 자기를 표현할 때 언제나 '나'로 표현하고 명령을 한다. 바야흐로 사자는

모든 짐을 다 벗어던진다. 그래서 자유롭다. 자유가 '...로 부터의 자유(freedom from)'와 '...에로의 자유 (freedom to)'로 나눈다면, '...으로부터 자유로운 것'이다. 하지만 사자의 이러한 자유는 불완전하기 때문에 사자는 이제 어린아이가 된다. 완전한 자유는 '...로 부터의 자유'가 아니라 '...에로의 자유'이기 때문이다.

③ 3단계: 어린아이가 제일 잘하는 것은 노는 것이다. 놀기 위해서 논다. 다른 이유가 없다. 그저 논다. 노는 것 자체가 목적이다. 따라서 이 단계는 본격적으로 자유로운 단계로 '...에로의 진정한 자유'의 단계이다. 이것은 우리가 진정하게 바랄만한 상태이다.

니체의 사상에서 가장 중요한 말마디는 '삶은 의지이다(Leben＝wille)'라는 것이다. 따라서 '나는 원한다(Ich will)'가 되고, 원하는 것은 결국 자기 자신이다. 니체는 결국 삶을 '힘에로의 의지(Wille zur Macht)'라고 해석한다. 이러한 그의 입장이 가장 잘 드러나는 작품은 『짜라투스트라는 이렇게 말했다』이다. 이 책은 '짜라투스트라가 30세가 되었을 때 자기 고향과 호수를 떠나 높은 산으로 올라갔다. 그리고 10년간 고독 속에서 도를 닦았다. 하루는 떠오르는 태양과 함께 벌떡 자리에서 일어나 태양을 향해 그 태양을 찬양하는 노래를 읊었다. 그리고 하산하기 시작했다. 왜냐하면 인간에게 할 말이 있기에, 즉 인간에게 선물을 주기 위해, 다시 말해 10년 동안 터득한 것을 인간한테 가르쳐 주려고 산을 내려갔다'라고 시작한다. 이렇게 시작한 책의 구성은 1부의 신의 죽음, 2부의 힘에로의 의지, 3부의 동일한 것의 영원한 회귀(시간문제), 4부의 어린아이(놀이문제)로 되어 있다.

제 1 부 : 초인과 신의 문제

짜라투스트라는 하산하던 도중 숲속에서 어떤 늙은 은수자를 만났는

데, 그는 신을 사랑하기 때문에 인간을 떠나 사는 사람이다. 그는 인간에게는 말을 걸지 않고 찬양과 기도 등으로 신에게만 말을 건넨다. 짜라투스트라는 그를 지나치면서 이상하게 생각한다. '이 늙은 성자가 아직도 신이 죽었다는 소식을 듣지 못했다니 . . . 이상하다'라고 생각한다. 이렇게 작품 속에서 니체는 신이 왜 죽었는지 아무런 논증을 하지 않고, 신이 죽었다는 것이 자명한 것으로 이야기하고 있다. 신이 죽었기 때문에 인간한테 다가가야 한다는 것이다. 그래서 짜라투스트라는 은수자처럼 더 이상 산에 머물지 않고 하산하는 것이다.

'신은 죽었다.'라는 니체의 말을 이해하기 위해서, 그의 작품 『즐거운 학문』(No. 125)에서 도움을 청하자.

"너희는 저 미친 사람의 이야기를 들어보지 못했느냐? 그가 대낮에 등불을 밝혀들고 시장 바닥을 헤매며 '나는 신을 찾는다'고 외쳤다는 저 미친 사람의 이야기를 너희는 들어보지 못했는가? 그가 그렇게 외치고 다니자 시장에 모인 많은 사람들이 그를 비웃기 시작한다. '신을 찾는다니? 신이 미아가 되었단 말인가? 여행을 떠났다는 말인가? 아니면 우리가 무서워 어디 숨었다는 말인가?' 하며 비웃는다. 그러자 그 미친 사람이 화가 나, 눈을 부라리며 말했다. '내가 가르쳐 주겠다. 신은 죽었다. 신은 죽어 있다. 인류가 지금까지 소유하고 있던 가장 강력한 그것이 죽었다. 그런데 그것은 우리가, 내가, 인간이 했다. 그 엄청난 일을 말이다! 이제 오른쪽과 왼쪽, 앞과 뒤, 위와 아래가 따로 있느냐? 지금까지 모든 것의 출발점이 되었기에 오른쪽, 왼쪽, 앞뒤가 있었지만 이것이 무너졌는데 아직도 앞과 뒤가 있느냐?' 점점 더 밤이 다가오고 있다. 어둠이 그 입김을 불어오고 있다. 우리는 지금 어디로 가고 있는가? 우리는 지금 곤두박질치고 있지 않은가? 소문에 의하면 그 날 그 미친 사람은 사방에 돌아다니며 교회마다 들어가서 장송곡을 불렀다. 사람들이 왜 그러냐고 말리면 신이 죽었기 때문이라고 하면서... '그렇다면 교회란 신의 무덤 외엔 무엇이 다르냐? 그러니 장송곡을 부르는 것이 당연하지 않느냐?'고 했다는 소문이 들린다."

또 다른 단장에서 니체는 '가장 엄청난 그리고 새로운 사건, 신이 죽었다는 사건이 온 유럽에 그 첫 그림자를 던지기 시작했다'고 한다. 신의 죽음, 그 이유는 우리가 죽였다는 것이다. 하여튼 인류가 소유하고 있던 가장 신성하고 가장 강력한 존재가 쓰러졌다. 신의 죽음 이후 '피안'이라는 것이 사라져 버렸다. 그래서 이제 피안에서 가치를 추구할 것이 아니라 차안에서 새로운 가치를 추구해야 한다. 그 가치를 가르치는 사람이 초인(Übermensch)이다. 초인이 가르치는 것은 하나뿐이다. '제발 피안에 대해서 말하는 사람의 말을 믿지 말라.'는 것이다. 지금까지 사람들은 대지를 무시하고 저 피안에만 눈을 돌려 왔기에 이제는 차안으로 눈을 돌려야 한다. 피안으로 뛰어넘어 가려는 사람들의 말을 믿지 말라는 것이다.

제 2 부 : 힘에로의 의지

신의 죽음 이후 저 세상은 사라지고 없다. 피안 또는 초월의 세계는 사라져 버리고 이 세상(삶)만 남는다. 그런데 삶은 의지이다. 삶은 힘에로의 의지이다. 이 의지 앞에 신도 견뎌나지 못하고 죽는다. 그는 자기가 커지려는 것만 안다. 따라서 삶에게 있어 힘에로의 의지가 커지는 것 그것이 선이고, 줄어드는 것 그것이 악이다. 또한 힘에로의 의지가 커지는 것을 보는 것이 행복이고, 줄어지는 것을 보는 것은 불행이다. 따라서 삶에 있어 일체의 것은 힘에로의 의지이다. 니체는 이 같은 의지가 다음과 같은 데에서 드러난다고 한다.

① 개념 : 인간의 삶은 수시로 커지고 있고 되어가고 있는 것이다. 그런데 우리는 삶을 개념화시킨다. 이런 개념화된 것은 참된 의미의 삶이 아니고 바래진 삶이다. 개념화 속에는 삶을 움켜쥐려는 경향이 숨어 있다. 사상가들은 종종 삶을 개념화시켜서 좌지우지 하려고 한다.

② 가치 : 도덕가들은 삶에 있어 이것은 가치가 있다. 또는 저것은 가치가 없다고 한다. 이것은 보다 더 가치 있다. 또는 덜 가치 있다 고 판단한다. 즉 도덕가는 이것은 선이다. 또는 악이다 라고 말한다. 이러한 것은 결국 자기의지의 발동이다. 삶을 두고 자기의지로 이것이 가치가 있다. 또는 저것이 가치가 없다고 말하고 더 가치 있다 또는 덜 가치 있다고 말하는 것이다.

③ 봉사 :봉사 속에도 힘에로의 의지가 들어가 있다. 봉사하는 사람도 봉사하면서 그 사람을 휘어잡으려는 의지가 도사리고 있다는 것이다. 즉 봉사처럼 보여도 자기의지의 발동이 그 안에 있다는 것이다. 사랑 역시 마찬가지이다. 사랑하면서 그 사람을 휘어잡으려는 의지가 도사리고 있다.

결국 사상가, 도덕군자, 종교가등 모두에게 의지가 깔려있다. 이렇게 삶은 그 자체가 의지이다. 이 의지는 한없이 커지기를 바란다. 의지가 커지는 것이 선이고 줄어드는 것이 악이다. 커지는 것을 보는 것이 행복이고 줄어드는 것을 보는 것이 불행이다. 그러므로 의지가 커지는 것이 중요하고 그것이 모두이다. 그런데 문제가 발생한다. 짜라투스트라가 하산하여 사람들에게 '신은 죽었다. 삶은 의지이다. 의지가 커지는 것이 모두이다'라고 설교하고 다니던 중 큰 문제가 생긴 것이다. 시간의 문제이다. 삶은 의지라고 했으나 시간 앞에서 의지는 없는 것이 되어 버린다. 결국 죽고 마 는 것이 인간이기 때문이다. 짜라투스트라는 의기소침해져서 다시 산으로 올라간다. 왜냐하면 시간의 문제가 해결되어야 계속 설교를 할 수 있기 때문이다.

제 3 부 : 동일한 것의 영원한 회귀

힘에로의 의지를 근본적으로 뒤집어 버린 것이 시간이다. 시간이 모든 것을 무의미하게 만들어 버린 것이다. 짜라투스트라는 설교하다 말고 다시 산으로 올라가 생각하고 생각한다. 그러나 시간 앞에서는 모든 이론이 서지 않기에 현기증을 느끼게 된다. 시간 앞에서 의지, 삶이 없어지고만 것이다. 그러다가 어느 날 밤 짜라투스트라가 호숫가에 나와 물결치는 것을 보았다. 전체는 변하지 않고 때가 되면 올라오고 때가 되면 내려가는데서 이 문제에 대한 힌트를 얻게 된다. 또한 서양에서는 어떤 동네에 들어가기 전에 문을 만들어 놓는 경우가 많았는데, 산에서 마을을 내려다보니 이 문이 보였다. 여기서 짜라투스트라는 힌트를 얻어 이 문을 '순간'이라 하고 이 순간을 기점으로 하여 앞쪽으로도 뒤쪽으로도 길게 이어져 있는 길을 시간이라고 본다. 이 길은 지나간 무한한 시간(과거)과 닥쳐올 무한한 시간(미래)을 뜻한다. 지나간 무한한 시간이란 일어날 수 있는 것은 이미 다 일어나 버렸다는 것을 의미하고, 닥쳐올 무한한 시간이란 일어날 것은 이제 앞으로 비로소 생겨날 것이라는 의미이다. 즉 아직 벌어지지 않고 앞으로 벌어질 것이다. 그러면 결국 앞으로 일어날 것은 과거에 일어난 것이다. 즉 동일한 것이 영원히 돌고 도는 것이다. 왜냐하면 순간을 어디에 잡느냐에 따라 일어날 것이 일어난 것이 되고 이것은 또 일어날 것이 되기에 그러하다. 결국 시간은 동일한 것의 영원한 반복, 동일한 것의 영원한 회귀에 지나지 않는 것이다. 이 작업으로 시간 앞에서 삶이 아무것도 아닌 것이 된다는 데서는 건져진다. 그러나 '커진다'는 것은 포기해야만 한다. 왜냐하면 결국 모든 것이 동일한 것의 영원한 반복이기에 더 커질 것도, 더 작아질 것도 없겠기 때문이다.

제 4 부 어린아이

짜라투스트라는 이제 머리가 희어졌고 산으로 세상 사람들을 초청한다. 동굴 앞에 사람들을 모아놓고 '내가 지금 깨달은 것을 이야기하기보다 차라리 내가 죽고 말아야지'하고 말한다. 왜냐하면 그 이야기를 하고 나면 사람들이 사는 것을 지겹다고 생각할 것이기 때문이다. 같은 것이 한없이 반복된다는 것은 참으로 지겨운 노릇이다. 그러나 니체에게 해결책은 어린아이가 되는 것이다. 어린아이는 놀기 위해 논다. 짜라투스트라는 '너희가 잘못 된 것은 놀 줄 모르기 때문이다'고 한다. 그래서 동굴 앞에 모인 사람들에게 그는 '노는 것을 가르쳐 주겠다. 놀 줄 알아야 한다. 어떻게든지 놀아라'라고 한다. '삶이 고통일지라도 얼마든지 다시 오라. 나는 구애받지 않고 그저 놀겠다'라고 한다.

4 형이상학 넘어서기

니체는 이 후 지금까지 서양이 쌓아놓은 일체의 것을 부수어 버리겠다고 한다. 먼저 니체는 형이상학을 부수기 시작했다. 형이상학의 시작은 플라톤의 이데아론에서 비롯되었다고 보고 플라톤과 대결한다. 플라톤의 사상에 의하면 현실 속에서 우리가 얻어 만나는 것들은 '아니 있는 것'(μη ον)이다. 세상의 모든 것은 '아니 있는 것'이다. 따라서 인간의 삶 역시 아니 있는 것이다. 그러므로 우리는 이곳의 삶에 매달리지 말고 저기 있는 참된 삶(Idea의 세계)에 매달려야 한다. 이에 대해 니체는 소크라테스와 플라톤은 삶의 배반자들이라고 한다. 그들의 말을 듣지 말라. 그들의 속임수에 넘어가지 말라고 한다. 따라서 니체와 본격적으로 반대되는 이는 플라톤이다. 왜냐하면 소크라테스와 플라톤의 사상은 그 뿌리에 있

어서 니힐리즘이기 때문이다. 그들은 일체의 것이 아무것도 아니라고 가
르치기 때문이다.

삶은 의지이다. 그것도 힘에로의 의지이다. 자기가 커지는 것 그것이
선이고 행복이다. 그런데 플라톤, 소크라테스가 나서서 선한 것, 옳은 것
이 있다. 그것을 추구해야 인간은 행복해진다고 가르치지만 이것은 잘못
된 것이다. 왜냐하면 선한 것 때문에 내 삶을 꺾어야 하기 때문이다. 다
시 말해 선한 것 앞에서 내 의지를 꺾어야 하기 때문이다. 그러므로 소크
라테스와 플라톤이 가르친 윤리는 '노예의 윤리'이다. 노예는 주인이 시
키는 대로 하기에 소크라테스와 플라톤의 가르침 이후로 사람들은 행복
해지려고 노예처럼 자기를 굽혀 삶을 망가뜨려 놓았다. 그 반면 니체가
가르친 윤리는 '주인의 윤리(Herrenmoral)'이다. 이 때 주인이란 말 속
에는 '왕'이란 의미가 들어 있다. 노예의 윤리는 노예근성의 윤리로서 속
물들이 위대하고 강력한 자들을 얽어 매기 위해 사용하는 수단에 불과하
다고 비난한다. 즉 속물들이 자기의 무능력을 숨기기 위해 사용하는 수
작에 불과하다고 비난한다. 결국 니체에게 윤리란 자기가 하고 싶은 데
로 하는 것이다. 이제 윤리는 주인의 윤리로 바뀌어야 한다. '내가 원한
다(Ich will)'로 바뀌어야 한다. 그래서 윤리학도 부숴버려야 한다.

종교비판은 윤리비판의 연장이다. 종교는 사랑을 가르친다. 사랑해야
한다고 가르친다. 그래서 종교 역시 노예근성의 윤리를 받아들여 지켜나
가는 것이다. '그리스도교란 대중화된 플라토니즘'이다. '종교란 단순히
플라톤의 철학을 가져와 일반화시켜 놓은 것이다. 그것도 확실히 알지
못하고 애매하게 옮겨 놓은 것이다. 따라서 그리스도교란 엄격한 의미의
플라톤 철학도 아니며 대중화된 플라토니즘에 불과한 것이다. 단적으로
플라톤이 말한 노예근성의 윤리를 받아 그것을 보호해주면서 지켜나가는

것이 그리스도교이다. 그리스도교는 윤리학과 플라톤의 형이상학의 합성일 뿐이다. 즉 대중화된 윤리체계이고, 대중화된 형이상학일 뿐이다.' 이러한 니체의 그리스도교에 대한 비판은 플라토니즘과 윤리비판 대한 연장일 뿐이다. 따라서 그리스도교도 부숴야 한다.

　이상에서 본 바와 같이 서양이 2500여 년간 만들어 놓은 모든 사상이 니체 앞에서 부서지고 아무것도 남아나지 않게 되었다. 니체는 이제까지의 서양을 완전히 쑥밭으로 만들어 버렸다. 이러한 니체의 사상을 다음과 같이 간단하게 평가할 수 있다. 1) 니체에 의하면 삶은 의지이다. 이것은 대단한 착안점이다. 철학은 의지의 발로이다. 흐르고 있는 삶을 개념으로 잡아내려고 한다면 그것은 의지의 발로라든가, 봉사 속에도 지배하려는 의지가 숨어있다고 하는 것은 사상적으로 독특하다. 이것은 근본적으로는 플라톤을 배격하지만 직접적으로는 독일관념론의 대표인 헤겔을 배격하고 있다. 관념이 아니라 의지라는 것이다. 신학적으로 볼 때 죄는 여기서 생긴다. 내가 모두라고 하는 데서 생긴다. 2) 시간은 일체의 것을 삼켜버린다. 시간 앞에서 있는 것은 모두 아무것도 아닌 것이 되고 만다. 결국 일체의 것은 아무런 의미가 없게 된다. 시간을 좀 더 추상적으로 얘기하면 역사이다. 모든 인간은 그 앞에서 사라질 존재이다. 시간은 결국 우리를 아무것도 아닌 것으로 만든다. 따라서 인간은 시간을 짊어지지 않고는 살아갈 수 없다. 결국 시간과 해결을 봐야 한다. 그의 해결책은 불교의 시간관이다. 바로 회귀이다. 불교의 시간관은 시간은 돈다고 본다. 시간은 없어지는 것이 아니기에 마지막까지 무의미하게 만들지 않는다. 3) 니체에 의하면, 신이 죽었기에 인간에게는 삶만 남았다. 삶은 의지이다. 그러니 인간은 무엇이든지 다 해도 된다. 그러나 니체에게 있어서는 신이 죽었기 때문에 인간에게 삶이 문제되는 것이 아니었다.

니체에게는 처음부터 삶은 의지이다. 그 의지 앞에서 신은 살아남지 못한다. 그래서 '신은 죽었다'가 아니라 '죽어야 한다'이다. 그럼에도 불구하고 미친 사람이 밝은 대낮에 등불을 들고 신을 찾는다고 외친다. 따라서 니체는 마음 속 깊이 사람들이 떠드는 신이 아니라 참된 의미에서의 신을 찾았는지 모른다. 그래서 미친 사람을 시켜 신을 찾는다고 외치게 만들었는지도 모른다.

5. 형이상학과 존재

'도대체 왜 아무것도 없지 않고 무언가가 있는가?' 왜 그리고 무엇 때문에 '없다'가 아니고 '있다'인가? '있다'란 무엇인가? '존재'란 무엇인가? 이것이 하이데거(M. Heidegger)가 평생을 두고 씨름했던 질문이다. 그리고 그것은 그의 유일한 질문이었다. 따라서 그는 '있다'를 문제 삼는 사상가이다. '존재'를 문제 삼는 사상가이다. 그리고 그의 철학은 하나의 완결된 '사상'이 아니라 존재를 향해서 줄곧 다가가고 있는 '길' 위에서 있다.

하이데거는 중고등 학교를 마칠 즈음 그는 우연히 브렌타노(F. Brentano)의 학위논문 '아리스토텔레스에 의한 존재자의 다양한 의미에 대하여 (1862)'를 접하게 되었다. 이 저서를 탐독하고 난 후 하이데거는 다음과 같이 묻게 된다. 만일 '존재자 (있는 것)'가 여러 가지로 다양한 의미를 갖는 다면, 그렇다면 존재자의 기본의미는 무엇인가 그리고 결국 '존재'란 무엇을 의미하는가? 이러한 의문은 결국 그로 하여금 존재를 붙들고 평생을 씨름하는 길에 들어서게 만들었다. 1916년 훗설이 프라이부르그 대학 철학과의 정교수로 부임해 왔다. 이제 하이데거는 훗설 옆에서, 특히 1919년부터는 그의 조교로 일하면서 현상학을 깊이 연구할 수 있게 되었다. 그리하여 드디어 올바른 '현상학'이란 '주어져 있는 것', 그것을 중시하는 태도이며, 그 주어져 있는 것 즉 '있는 그대로의 자기 자신을 드러내고 있는 것'을 문제 삼는 것이 그 기본 태도라는 사실을 이해하게 되었다. 그리하여 하이데거에게는 이제 비로소 스스로 철학해 나갈 수 있는 여건이 마련되었다. 그런데 하이데거에게 처음부터 이미 주어져 있는 문제는 '존재'의 문제였다. 그는 이 존재의 문제를 '현상학적 방법'을 통해서 밝혀 나간다. 그리고 이러한 노력의 첫 결실이 『존재'와 '시간(Sein und Zeit)』이다. 그러나 이것은 존재의 문제에로 접근하는 하나의 길이었다. 그 후 그는 계속해서 다른 길, 새로운 길을 모색해 나간다.

1) 형이상학의 토대에로 되돌아감

형이상학은 존재자로서의 존재자에 대한 물음이다. 이것은 비로 존재자란 무엇인가? 라는 질문이다. 하이데거에 의하면 철학은 이 물음과 함께 시작되었다고 한다. 그래서 이 물음을 형이상학의 주도물음이라고 부른다. 그러나 그에 의하면 '존재자란 무엇인가?'하는 주도물음자체에 대한 물음을 던져 그 물음의 근거를 파헤쳐 보려는 노력은 없었다고 본다. 그 물음에 대한 예감을 갖고 존재자에 대해 이러저러한 입장을, 즉 형이상학적 근본입장을 취하기만 했다. 그런데 '존재자는 그 자체 무엇인가라는 물음은 도대체 존재자를 존재자로서 규정하고 있는 것이 무엇인가를 묻는 것이다. 우리는 이것을 존재자의 존재라 부르고 이에 대한 물음을 존재물음이라고 부른다. 그 존재물음은 존재자를 존재자로서 규정하고 있는 것이 무엇인가를 탐구한다. 이 규정하고 있는 것이 그 규정함의 어떻게(Wie)에 있어 인식되고 이것 또는 저것으로서 해석되어야, 다시 말해 개념 파악되어야 한다. 존재를 통해 존재자가 본질적으로 규정되어 있다는 것이 개념파악될 수 있기 위해서는 규정하고 있는 것 그 자체가 충분히 파악 가능해야 한다. 즉 존재자 그 자체가 아니라 존재 자체가 먼저 개념 파악되어야 한다. 이렇게 존재자란 무엇인가? 라는 물음에는 그 물음과 함께 이미 앞서 이해되어 있는 존재는 무엇을 뜻하는가 라는 보다 더 근원적인 물음이 놓여 있다.

따라서 첫 번째 물음은 '존재 자체란 무엇인가?'하는 물음이다. 이 물음을 하이데거는 형이상학의 주도물음과 구별 지어 철학의 근본물음이라고 부른다. 그 까닭은 '그 안에서 철학이 비로소 존재자의 근거를 근거로서, 그리고 자기 자신의 고유한 근거로서 근원적으로 묻고 스스로를 근거제시하기 때문이다' 전통 형이상학은 존재자로서의 존재자에 물음을 던지고 있기 때문에 존재자에 머물러 있게 되고 존재로서의 존재에 향하지 못하고 있다. 그것은 언제나 단지 존재자로서의 존재자를 표상하고 있는 한, 존재자체를 사유하고 있는 것이 아니다. 따라서 이러한 형이상학은 존재자로서의 존재자를 물으면서 존재자를 존재자로서 규정하고 있는 근거로서 존재 자체에 대한 근본물음을 던지지 않고 고작 존재자의 존재(자)성(Seiendheit)에 만족하고 있다. 여기서 존재(자)성이란 존재자로서 존재하는바 그것을 이름한다.

과거의 전통 형이상학은 한마디로 존재자에 사로 잡혀 존재를 망각한 존재망각(Seinsvergessenheit)의 역사이다. '존재자로서의 존재자'란 무엇을 말하는가? 이것을 대답할 수 있기 위해서는 '존재자란 무엇인가?'하는 앞선 물음이 필요하다. 이것이 곧 형이상학의 물음제기이다. 그것은 잘못된 것이 아니다. 단지 여기서 '존재자'이라는 낱말이 가지는 이중의 의미를 간과하는 한에서 그 완전한 의미에 상응하지 못할 뿐이다. 다시 말해 '존재자'는 동시에 현전하는 것(존재하는 것)과 현전(존재함, 존재하다. 존재)을 같이 의미하고 있다. 그렇기 때문에 물음 자체가 이미 이중적이다. 그 물음은 한 번에 존재하는 한에서의 존재자에 대해 물으며 또한 그 존재자의 존재에 대해 묻는다. 그런데 전통 형이상학은 이러한 물음을 제기하거나 할 수 없었다. 왜냐하면 형이상학은 존재자의 이중성을 보지 못했기 때문이다. 이렇게 형이상학의 주도물음에서는 '갈라짐(두 가지로 나뉨, Zwiefalt)'이 울려 나오고 있다. 우리가 존재를 말할 때 이것은 존재자의 존재를 말한다. 우리가 존재자를 말할 때 이것은 존재의 관점에서 본 존재자를 말한다. 우리는 언제나 갈라짐에서 말한다. 따라서 전통형이상학은 존재자가 명백한 한 사태에 관련이 있다고 생각했는 반면에 하이데거는 그 갈라짐을, 존재자의 본질적인 이중성을 사유하고 있는 것이다.

그런데 형이상학의 시작에서부터 현전과 현전하는 것은 각기 그 자체의 어떤 것이었던 것처럼 보인다. 그러나 여기에 하나의 구별이 있다. '현전하는 것으로부터 표상될 때, 그것(현전)은 모든 현전하는 것을 넘어서 있는 것, 그래서 최고로 현전하는 것이 된다. 현전이 지칭될 때, 이미 현전하는 것이 표상되었다. 근본에 있어 현전은 그 자체로서 현전하는 것과 구별이 되지 않았다. 그것은 그저 현전하는 것의 가장 보편적인 것과 최고의 것으로, 그래서 그것, 자체로서 통한다. 현전의 본질과 그와 더불어 현전과 현전하는 것과의 차이는 망각된 채 남아 있다. 존재의 망각은 존재와 존재자의 사이의 차이의 망각이다.' 존재자가 하나의 최고의 존재자에서부터 이해되거나 하나의 존재자가 근거의 의미에서의 제일자가 된다. 사람들은 존재자를 이렇듯 유일한 것, 오로지 현실적인 것으로 여겨 존재와 존재자가 동일한 것을 의미한다고 생각한다.

　형이상학의 주도물음은 우선 일반적으로 존재자로서의 존재란 무엇인가? 라고 묻는다. 이것은 존재론의 주제이다. 이것을 통상 일반형이상학이라고 부른다. 존재란 무엇인가? 란 물음은 동시에 다음과 같은 두 번째 의미를 갖고 있다. '최고의 존재자의 의미의 존재자는 어떤 것이며 어떻게 존재하는가? 그것은 신적인 것과 신에 대한 물음이다.' 이런 한에 있어 형이상학은 신학이다. '존재자란 무엇인가?'하는 이중적인 물음은, 첫째, 존재란 도대체 무엇인가? 를 말한다. 그리고 둘째, 무엇이 단적으로 존재하는 것인가?' 이러한 이중의 물음을 '존재신론(On-Theologie)'이라고 부를 수 있을 것이다.

　존재자에 대한 물음의 이중성은 분명 존재자의 존재가 스스로 보이고 있는 그 방식에 달려 있음에 틀림없다. 존재는 우리가 근거라고 이름하는 그것의 성격에서 스스로를 보이고 있다. 존재가 근거로서 규정되고 있다는 것을 사람들은 형이상학에서 가장 자명한 것으로 간주하고 있다. 그렇지만 하이데거에게는 그것이 가장 물어 볼 가치가 있는 것이다. 왜냐하면 존재가 어떤 의미에서 근거가 될 수 있는가 하는 것이 사유되지 않고 있기 때문이다. 형이상학의 존재신론적인 단일성의 근거는 플라톤과 아리스토텔레스에서부터 니체에 이르기 까지 은닉된 채 남아 있다. 그러기에 형이상학에서 존재는 사유되지 않은 채 남아 있다. 존재자의 존재가 존재자에서부터 물어지고 있는 한, 존재가 처음이자 궁극적으로 대답되어야 할 물음에서 언제나 존재자가 물음이 그리로 향하고 있는 그 것으로서 남아 있게 된다. 존재자의 우위설정으로 인해 망각된 채 남게 되고, 이러한 물음의 구조 때문에 존재에는 결코 이르지 못한다. '이러한 물음과 대답은, 그것이 존재자 그 자체를 사유하며 그것도 필연적으로 존재에서부터 사유하는 식으로 사유한다. 그러나 그것은 이 존재 자체를 사유하지는 않는다. 왜냐하면 형이상학의 가장 고유한 물음의 의미에 따라 볼 때 존재가 그 존재에 있어서의 존재자로서 사유되기 때문이다. 형이상학이 존재자를 존재에서부터 사유하는 한에 있어 형이상학은 존재로서의 존재를 사유하지 않는다'

단적으로 말하면 형이상학의 사유는 존재자체는 관여하지 않는다. 그 이유는 그 사유가 존재를 이미 존재자로서 즉 존재자가 존재하는 한에서 사유했기 때문이다. 하이데거는 이렇게 존재와 아무 연관이 없는 형이상학을 니힐리즘이라고 부른다.

그렇다면 니힐리즘의 극복은 어디에서 성립되는가? 그것은 형이상학의 극복변형에서 이다. 이 형이상학의 극복변형은 존재망각의 극복변형이다. 극복병형은 형이상학의 본질에로 향한다. 형이상학은 자신의 존재망각에 있어 존재의 탈은폐를 속속들이 지배하고 있는 은닉에 근거하고 있다. 왜냐하면 스스로를 감추는 밝힘이 스스로를 형이상학으로 표현하고 있는 바로 그것이기 때문이다. 형이상학은 이렇게 '밖에 머물러 있음에서의 존재 자체의 역사에 속한다. 이러한 형이상학의 본질이 경험되고 분명해져야 한다.

지금까지 살펴본 것처럼 하이데거가 말한 '형이상학의 토대에로 되돌아감'이란 우선 전통형이상학, 즉 '존재–신론'에 대해서, 비록 그것이 존재자를 우리 자신으로부터 자유롭게 두기는 하지만 '존재'를 망각하고 있다고 비판했다. 뿐만 아니라 하이데거는 칸트의 '선험형이상학'을 비판한다. 선험형이상학은 현상학의 관점에서 볼 때, 너무나도 좁은 '경험개념'(Erfahrungsbegriff)을 갖는다. 칸트에 의하면 경험이란 언제나 감각적 경험(Sinnliche Erfahrung)일 뿐이다. 이에 대해 하이데거는 이러한 경험개념을 미학적, 역사적, 존재론적 경험들을 포괄하는 보다 넓은 개념으로 확대해야 하고, 그것이 형이상학의 토대를 마련해 주도록 해야 한다고 하였다.. 칸트의 자유 형이상학 역시 하나의 너무 좁은 '자유개념'에 그 토대를 두고 있다. 여기서 자유는 다만 '도덕적 자율성(Sieeliche Autonomie)'으로 '윤리적 판단(moralische Entscheidung)'으로 이해되고 있다. 따라서 자유가 그 포괄적인 의미를 되찾아 그 '창조성(Kreativität)'과 '집착에서 떠남(Gelassenheit)'에 이르기 까지 확대되어 이해될 때, 다시 말해서 존재자를 우리 자신으로부터 자유롭게 두고, 또한 우리 자신을 그로부터 자유롭게 둘 때, 그때 비로소 '역사적 자유'의 형이상학이 가능해 진다고 하였다.

2) 존재와 존재자

하이데거 의하면 형이상학이란 바로 '형이상학의 토대에로 되돌아감'이다. 그의 문제는 줄 곧 '있다'라고 하는 것, 그것은 무엇인가? 모든 것에 대해서 '있다'란 무엇인가? 모든 것을 서로 다르게, 그러나 하나에로 모아들이는 이 신비로운 유비적 동일성은 무엇인가? 라는 질문이다. 따라서 '존재론(Ontologie)'은 하이데거의 '문제' 자체이다. 그의 존재론은 '존재자를 넘어서서' 묻는 것이다. 그리하여 존재자를 존재자로서 얻으려 하는 것이다. 하이데거에 의하면 '존재자를 넘어서서'라는 말의 의미는 '아무것도 없다(nichts)'이다. 또는 무(無)이다. 존재는 '주어져 있지(es gibt)'만 '있지는 않다(ist nechts)'이다. 다시 말해서 존재자로서는 없지만 비존재자로서는 '주어져 있다'는 것이다.

하이데거에 의하면 '존재(Sein)'와 '시간(Zeit)', 그리고 '세계(Welt)' 등은 존재자들이 아니기에 세계 내부적, 그리고 시간 내부적인 존재자를 가지고 이들을 설명해 낼 수 없다고 한다. 오히려 '시간', '존재', '세계'가 '그 자체로서' 이해되고 난 후에, 그때 비로소 존재자들에게 눈이 돌려져야 한다고 하였다. 왜냐하면 인식이란 존재, 시간, 세계를 통해서 만이 가능하기 때문이다. '존재', '시간', '세계'라는 것은 존재자가 아니라 '주어진다'라는 사실을 이해할 때, 비로소 이해될 수 있는 것들이다. 따라서 존재에 대한 이해는 존재가 '있지 않고(ist nicht)', '주어지는 것(es gibt)'이라는 사실을 이해할 때, 비로소 그것이(존재, 시간, 세계) 주어져 있으며 그리고 그것이 우리로 하여금 존재자들을 인식하도록 해준다는 사실을 이해하게 된다는 것이다.

이와 같이 하이데거에 의하면 '존재'는 '있지 않고' '주어진다.' 이 '존재'는 하이데거에 의하면 근본적으로 파악될 수 없는 '신비' (Mysterium)이다. 그리고 파악될 수 없는 것이라 할지라도 망각상태에서 이끌어 내어져야 하는 신비이다. 그리고 이 신비는 신비 인 채로 두어야 하며 존중되어져야 하는 것이다. 이 신비 속에서 비로소 모든 존재자 들이 그때마다 '다르게' 출현하게 된다. 즉 사물, 인간, 신들, 그리고 신(神)이 그때마다 다른 '시간' 속에서 그때마다 다른 '존재의 의미(Sinn-Sein)'로 '존재'의 신비를 드러낸다.

가) 현존재

'존재'란 고대의 희랍철학 이후 줄곧 철학사에서 근본문제로 대두해 왔다. 그러나 그럼에도 불구하고 철학자들은 그때마다. '존재'를 문제삼는다고 하면서도 막상 '존재'를 망각해 왔다. 그 이유는 '존재'가 '존재자'와는 다르다는 사실을 철학자들이 착안하지 못했기 때문이다. 즉, '존재론적 차이'를 착안하지 못했기 때문이다. 이것이 하이데거가 서양철학 일반에 내리는 진단이다. 그러면 이제 '존재'란 무엇인가? '존재자'(있는것)

가 아닌 그리고 '존재자'와는 다른 그러한 '존재'란 무엇인가? 이것이 하이데거의 질문이다. 그의 유일한 질문이다. 그리고 하이데거는 이러한 질문을 '현상학적 방법'으로 밝혀 나간다.

하이데거는 존재의 문제에로 접근하기 위해서 '현존재'의 분석을 그 출발점으로 삼는다. 왜냐하면 하이데거에 의하면 '현존재'는 유일하게 '존재'를 문제 삼을 수 있는 그러한 '존재자'이기 때문이다. 그리고 '현존재'란 말마디는 '인간'이라고 하는 '존재자'를 지칭하는 말이다. 일반적이고 추상적인 인간이 아니라 '내가 여기(現) 있다'라고 하는 그러한 의미에서 개별적이고 구체적인 인간을 지칭하는 말이다. 지금 여기에 있는 개별적, 그리고 구체적 인간으로서의 '현존재'는 '있다'라는 것이 그에게 짐으로 맡겨져 있는 그러한 '존재자'이다. '현존재'는 그리하여 그때그때 마다 자기 자신의 '있다'를 설계하고 계획해 나간다. 이렇게 볼 때 현존재는 존재해 나가야 하는 '존재가능'(Sein-Können)이다. 따라서 하이데거에 의하면 '현존재의 기본구조'는 무엇보다도 '걱정(Sorge)'으로 특징지워진다. 그리고 이러한 '걱정'앞에서 이제 '세계'는 단순히 '눈앞에 놓여 있는 것(사물존재)'의 총화로서가 아니라 '세계'는 이제 '가능존재'인 현존재에게 '무엇을 위한 것'으로 드러난다. 예컨대 나무는 집을 짓기 위한 것, 돌은 정원을 꾸미기 위한 것 등으로 드러난다. 이와 같이 세계는 이제 현존재가 그것을 가지고 자신의 '존재가능'을 이렇게 또는 저렇게 실현해 나가는 것들의 총화로 드러나게 된다. 그런데 '걱정'의 가장 두드러진 그리고 그 마지막 형태는 하이데거에 의하면 '불안(Angst)'이다. '불안'이란 단순한 '무서움'이나 '공포'와는 다르다. '무서움'이나 '공포'에는 무엇인가가 그 대상으로 뚜렷이 주어져 있다. 그리하여 사람들은 그것을 무서워하고 그것 앞에서 공포심을 갖게 된다. 그러나 '불안'에는 일정한 대상이 따로 주어져 있지 않다. '현존재'가 자기 자신의 '존재가능' 자체가 불안의 원인이 되기도 한다. '존재가능'으로서 현존재에게 주어져 있는 수많은 가능성들 속에서도 그가 줄곧 몸에 지니고 살고 있는 '불가능성'이 불안의 원인이 된다. 다시 말해서 현존재가 줄곧 '죽음에 던져져 있다는 것, 무(無) 속으로 빠져들어 그에게 붙들려 있다는 것'이 원인이 된다.

현존재의 '걱정'이라고 하는 기본구조는 현존재가 갖는 또 하나의 기본구조인 '시간성'을 통해서 보다 더 뚜렷이 그리고 명백하게 밝혀진다. 사람들은 일상생활에서 흔히 시간을 과거, 현재, 미래로 구분한다. 그리고는 과거란 '이미 지나버린 것'이어서 더 이상 있는 것이 아니며 미래란 '아직 오지 않은 것'이어서 아직 없는 것이라고 생각한다. 그리하여 있는 것은 눈앞에 놓여 있는 것 현재 즉 '지금'뿐 이라고 생각한다. 따라서 사람들은 일상생활에서 시간을 '지금'의 연속이라고 생각한다. 끊임없이 다가왔다가는 사라져 버리는 그러한 '지금'의 연속으로 알아듣는다. 그러나 하이데거에 의하면 현존재의 기본구조로서의 시간성이란 전혀 다른 성격을 띠고 있다. 현존재는 줄곧 '자기를 미리 앞서 있다(미래)' 그리고 현존재는 언제나 '이미 세계 속에 있다(과거). 그리고 또한 현존재는 항상 다른 존재자 곁에 있다(현재). 다시 말해서 현존재에게 그 미래란 '이미' 현재 속에 깊숙이 파고 들어와 자리 잡고 있다. 그리고 현존재에게 그 과거란 '아직도' 현재 속에 남아있어서 그것을 이렇게 또는 저렇게 규정하고 있다.

현존재가 이와 같이 '자기를 미리 앞서 있고', '이미 세계 속에 있으며', '다른 존재자 곁에 있다'고 하는 그 시간의 통일성이 현존재의 기본구조인 '시간성'이다. 따라서 이러한 현존재에게는 그 어떤 가능성도 더 이상 남아있지 않다고 하는 그 '불가능성'은 '아직 아니다'가 아니라 '이미 지금이다.' '죽음에 던져져 있다'고 하는 것은 '아직 아니다'가 아니라 '이미 지금이다.' 그리고 '무(無)속에로 빠져들어 그에게 붙들려 있다'고 하는 것은 '아직 아니다'가 아니라 '이미 지금이다.' 이런 의미에서 하이데거에 의하면 현존재는 '죽음에로의 존재(Sein zum Tode)'이다. 현존재의 본래적인 '걱정'은 바로 현존재가 죽음에로의 존재라는 사실 앞에서의 '걱정'이다.

현존재란 '걱정'이다. 그리고 현존재의 본래적 걱정은 현존재가 '죽음에로의 존재'라는 사실, '무(無)속에로 빠져들어 그에게 붙들려있는' 사실 앞에서의 걱정이다. 그러면 이제 하나의 질문이 남는다. 즉 '죽음에로의 존재'인 현존재가 '존재'와 무슨 관련이 있단 말인가? 다시 말해서 '죽음에로의 존재'인 현존재를 출발점으로 하여 어떻게 '존재'에로 접근할 수 있단 말인가? '무(無)속에로 빠져들어 그에게 붙들려 있는' 현존재를 출발점으로 하여 어떻게 '존재'에로 접근해 갈 수 있단 말인가? 이러한 질문에 대한 하이데거의 대답은 다음과 같다.

현존재로서의 人間은 죽는다. 그리고 현존재로서의 인간만이 죽을 수 있다. 동물은 단순히 소멸할 뿐이다. 다시 말해서 현존재로서의 인간은 죽음을 '죽음'으로써 받아들일 수 있다. 그런데 하이데거에 의하면 '죽음'은 '무(無)'의 사당(祠堂)이다. 그리고 '무(無)'의 사당으로서의 죽음은 '존재'에게 도대체 무슨 의미를 지니고 있는가? '존재'란 하이데거에 의하면 '존재자'가 아니다. '존재자'와는 전혀 다르다. 이것을 하이데거는 '존재론적 차이'라 칭한다. 그런데 만일 '존재'가 '존재자'가 아니라면 그리고 존재자와는 전혀 다르다면 '존재'란 '비존재(아니-있는 것)'와 '무(無)'는 '존재'와 관련되어 있다. 따라서 현존재로서의 人間은 '존재가 부르는 그목소리'에 귀를 기울여야 한다. 그리고 그렇게 할 때 현존재로서의 인간은 비로소 인간다워진다.

하이데거에 의하면 '존재자(das Seinde)'가 아닌 그리고 '존재자'와는 다른 '존재'는 '있지 않다(ist nicht).' 그리하여 '존재'란 '아니-있는 것 (das nicht-Seiende)', 즉 '무(無, Nicht)'이다. 그런데 이러한 '무'는, 하이데거에 의하면 단순히 '허무한 무(nichtiges Nichts)'가 아니라 '존재가 그 속에 감추어져 있는 '존재의 은신처(das Gebirg des Seins)'다. 이것은 다음 일화에서도 잘 드러나고 있다. 어느 날 태국 방콕으로부터 어떤 스님이 하이데거를 방문했다. 여러 이야기 끝에 하이데거는 그 스님에게 물었다. '동양 사람에게 명상(Meditation)이란 무엇을 뜻하는가?' 스님은 다음과 같이 가볍게 대답했다. "그것은 자기 자신을 모아들이는 것이다. 그리고 인간이 자기 자신을 모아들이면 모아들일수록, 그는 더욱더 자기 자신을 떠나게(ent-werden) 된다. 나라는 것이 사라져 버린다. 그리하여 결국에는 다만 무(無)만이 남게 된다. 그리고 이 '무(das NIchts)'라고 하는 것은 '하나의 전혀 다른 것 즉 '충만(Fülle)'이다. 사람들은 그것을 말해 낼 수 없다. 그러나 그것은 남김없이 채워지는 것을 말한다."

그러자 하이데거는 '이것은 내가 평생을 두고 줄곧 말해 왔던 것이다'라고 외쳤다.

6. 형이상학과 신

전통적으로 형이상학은 존재자를 존재자로서 물으면서 존재자의 원인을 찾아나서는 것이다. 존재자의 원인은 시대에 따라 다양하게 사색되어 왔다. 그러나 이러한 오랜 전통에도 불구하고 신의 문제는 오늘날 현대철학에 있어서 커다란 위기에 봉착하고 있다.

칸트가 신의 존재에 대한 전통적인 논증을 무의미한 것이라 하여 일축해 버린 후, 그리고 드디어 니체가 '신은 죽었다(Gott ist tot)'고 선포한 이래 많은 사람들은 이제 신의 문제는 끝장이 나버린 것으로 여긴다. 더욱이 현대의 논리적 실증론은 '신'이라는 말마디와 신의 문제에 대한 언표는 학문적으로 아무런 의미를 갖지 못한다고 단정해 버리려 한다.

이와 같은 현대의 상황 속에서 이제 신의 문제는 철학으로부터, 따라서 인간세계로부터 완전히 추방당하고 말 그러한 위기에 처하게 되었다. 따라서 오늘날 많은 사람들은 현대를 '신의 문제가 극복되어 버린 시대(ein nacgtheistisches Zeitalter)'로 규정짓고 있다. 그리고 오늘날 신의 문제를 다룬다는 그 자체가 벌써 시대에 뒤떨어진 문제를 들고 나서는 듯 한 그러한 인상을 주고 있다. 이제 우리는 신의 문제에 개입하기를 꺼리는, 한 걸음 더 나아가서 신의 문제를 고의로 회피해 버리려고 하는 그러한 현대의 철학적 분위기 속에서 신의 문제에로의 접근이 가능한가 라고 물어야 할 것이다. 이런 가능성을 위해 우리는 먼저 신의 문제가 역사의 변천에 따라 어떻게 다루어져 왔는지 그 경로를 간단히 살펴보는 것이 순서일 것이다.

1) 신의 문제에 대한 역사적 개관

고대에 있어서 인간은 신의 문제를 받아 들이는데 아무런 어려움도 느끼지 않았다. 그리고 신은 그들의 삶에 있어서 커다란 비중을 차지하고 있었다. 그리고 그것은 너무나 당연한 일로 간주되고 있었다. 따라서 철학이 신의 문제를 비로소 제시한 것이 아니라, 이미 우리 인간에게 주어져 있는 신의 문제를 발견했을 뿐이다. 그리고 철학은 이렇게 이미 주어

져 있는 신의 문제를 좀 더 엄밀하게 규정하고 좀 더 깊이 이해해 보려고
숙고하게 되었다.

철학적 사안이 시작될 무렵에는 신의 문제가 '신화'라는 형태로 주어져
있었다. 따라서 고대의 사상가들은 신화가 전해주는 참된 내용을 작업해
내는데 힘을 기울였다. 그리하여 이들은 '신적 인 것(τό θεῖον)'을 모든
것의 '근원(ἀρχή)', 또는 '무한한 것(ἄπειρον)'이라고 규정하였다.

플라톤은 말하기를 '선한 것(ἀγαθόν)' 즉 선 자체는 '지식과 진리의 원
천'이며, 사물에게 그 존재와 본질을 부여해준다 했다. 그리고 다른 한편
그는 '존재하는 모든 것은 신의 업적으로 다루어 졌다 했다.' 이렇게 보면
플라톤은 신을 '선한 것' 즉 선자체로 규정하고 있으며 존재하는 모든 것
은 이 선 자체인 신으로부터 이루어졌다고 보고 있음을 알 수 있다.

일종의 신의 존재에 대한 논증을 처음으로 시도한 것은 아리스토텔레
스이다. 아리스토텔레스는 그의 형이상학 제십이권에서 사물의 '운동(κι
νησις)'을 그 출발점으로 해서 신의 존재에 대한 논증을 다음과 같이 전
개시키고 있다. 존재하는 모든 것은 움직이고 있다, 그런데 움직이는 모
든 것은 자기가 자기를 움직이는 것이 아니라, '다른 것'에 의해서 움직여
간다. 따라서 움직여지는 것이 있는 한, 그것을 움직이게 하는 무엇이 있
어야 한다. 그리고 이 움직이게 하는 무엇은 무한히 소급될 수 없다. 따
라서 어떤 첫 번째로 움직이게 하는 무엇을 인정하지 않을 수 없다. 즉
스스로는 움직여지지 않고 다른 모든 것을 움직이게 하는 '제일의 원동자
(πρῶτον κινοῦν ἀκίνητοω)'가 반드시 존재해야 한다. 그리고 아리스토
텔레스는 이 '제일의 원동자'를 '신 (θεος)'이라 했다.

중세에 있어서 역시 신의 문제는 신앙에 의해서 이미 주어져 있었다.
따라서 중세철학은 신앙에 의해서 주어져 있는 신의 문제를 이성적으로

이해해 보려는 시도를 그 가장 중요한 과제로 삼았다. 특히 캔터버리의 안셀무스(Anselmus)는 신의 존재에 대하여 다른 어떤 것의 도움도 받지 않고 단순히 '개념'으로부터 그 '존재'를 이끌어내는 논증을 시도했다. 이것이 소위 신의 존재에 대한 '존재론적 논증(Ontologischer Gottesbeweis)'이다. 이 논증은 다음과 같이 전개된다.

인간은 누구나 그 생각 속에 '그 보다 더 큰 것을 생각할 수 없는 그 무엇(Aliquid quo majus nihil cogitari potest 또는 Id quo majus cogitari nequit)'이라는 개념내지는 관념을 가지고 있다. 심지어 미련한 사람조차 그 생각 속에 이러한 개념을 가지고 있다. 그런데 만일 '그 보다 더 큰 것을 생각할 수 없는 그 무엇'이라는 이 개념이 단순히 '생각 속에(in intellectu)'만 있다고 가정하면, 이 보다 더 큰 것을 생각할 수 있게 된다. 즉, 생각 속에 뿐만 아니라 실제로도'(et in intellectu et in re) 있는 것을 생각할 수 있다. 이것은 개념상 모순이다.

따라서 '그 보다 더 큰 것을 생각할 수 없는 그 무엇'은 필연적으로 생각 속에 뿐만 아니라 실제로도 존재해야 한다. 그리고 안셀무스는 이러한 '그 보다 더 큰 것을 생각할 수 없는 그 무엇'을 신이라 했다. 따라서 안셀무스에 의하면 신은 '존재하지 않는다고 생각될 수 없는 것(Quod non possit cogitari non esse)'이다. 즉 신은 필연적인 존재다.

토마스 아퀴나스는 안셀무스의 이 논증에 만족할 수 없었던 것 같다. 따라서 그는 아리스토텔레스의 뒤를 이어 소위 신의 존재에 대한 '우주론적 논증'(Kosmologischer Gottesbeweis)'을 좀 더 엄밀하게 작업해 낸다.

人間이 경험할 수 있는 세계(우주)에 있어서 모든 사물은 서로 원인과 결과라는 관계를 맺고 있다. 그리고 원인들은 서로 연쇄적이다. 즉 첫째 것은 다음 것들의 원인이며, 다음 것들은 마지막 결과의 원인들이다. 그런데 만일 첫째가 되는 원인이 제거되면 그 다음의 원인들도, 그리고 마지막 결과도 있을 수 없다. 다시 말해서 첫째가 되는 원인이 없다고 가정하면 마지막 결과로서의 세계(우주)도 있을 수 없게 된다. 그러나 이러한 가정은 우리 경험에 어긋나는 가정이다 따라서 모든 것(우주)의 첫째 원인이 되는 '제일원인'(causa prima)이 필연적으로 존재해야 한다. 그리고 토마스는 말하기를 '모든 이가 이 제일 원인을 신이라 한다'했다. 이것이 인과율을 토대로 한 신의 존재에 대한 우주론적 논증이다.

근대에 들어서면서 인간은 스스로 검토해 보기 전에는 어떠한 권위나 이론도 받아들이지 않으려는 경향이 점점 짙어 갔다. 따라서 인간은 이제 모든 전통적인 것에 대해서 비판적인 태도를 취하게 되었다. 그리고 무엇보다도 전통적인 신의 존재에 대한 논증이 문제시되기 시작했다.

칸트는 그의 첫 번째 주저인 순수이성비판에서 전통적인 신의 존재에 대한 논증을 하나씩 비판해 나간다. 그는 먼저 존재론적 논증을 비판한다. 칸트에 의하면 존재론적 논증은 최고의 존재라는 '개념'(Beg- riff)으로부터 그의 '存在(Dasein)'를 이끌어 내는 논증이다. 즉 "가장 완전한 존재는 필연적으로 현존(existieren)해야 한다. 왜냐하면 만일 그러한 존재가 현존하지 않는다고 가정하면, 그 완전한 존재에게 완전성이, 즉 현존(Existenz)이 결여되어 있게 되기 때문이다."

그러나 이 논증에는 커다란 오류가 개입되어 있다고 칸트는 진단한다. 즉 아무리 완전한 최고의 개념이라 할지라도, 개념은 어디까지나 개념에 지나지 않으며 존재와는 별개의 것이라는 것이다. 비록 그것이 아무리 완전한 개념일지라도, 개념에서 실제로 있는 존재를 이끌어 낼 수는 없다 했다. 따라서 신의 존재에 대한 존재론적 논증은 그 효력을 상실하고 만다 했다.

칸트는 이어서 신의 존재에 대한 우주론적 논증 역시 비판한다. 우주론적 논증은 인간이 경험할 수 있는 세계에 원인과 결과의 법칙이 지배하고 있다는 사실에서 출발하여 제일 원인으로서의 신을 논증한다. 그러나 칸트에 의하면 원인과 결과의 법칙, 즉 인과율이란 어디까지나 인간이 경험할 수 있는 세계에 통용되는 법칙이어서, 이러한 경험 세계의 법칙은 경험 세계를 벗어나서는 아무런 의미를 지니지 못한다 했다. 즉 원인과 결과의 법칙은 경험 세계를 벗어나는 신의 존재를 논증해내는데 아무런 의미를 갖지 못한다 했다.

이와 같이 칸트는 전통적인 신의 존재에 대한 존재론적 논증과 우주론적 논증을 무의미한 것이라 하여 배척했다. 그 뿐만이 아니라 인간은 이성으로 신의 존재를 논증해 낼 수 없다 했다. 물론 칸트의 이러한 귀결은 많은 논란을 불러 일으켰으나 이제 많은 사람들은 전통적인 신의 존재에 대한 논증이 충분하지 못하다는 사실을 의식하게 되었다.

칸트 이후에 포이어바흐는의 문제에 대한 놀라운 이의를 제기했다. 즉 신이란 결국 인간의 '자기투사(Selbst-projektion)'에 불과하다 했다. 포이어바흐에 의하면 인간 자기 자신을 자기 밖에로 정립시킨다. 그리고는 그것을 자기와는 독립해 있는 어떤 존재로 간주한다. 즉 신으로 간주한다. 그리고 난 후에 그 앞에서 무릎을 꿇고 경배한다 했다. 따라서 포이어바흐는 '신에 대한 의식은 인간의 자기의식이며, 신에 대한 인식은 인간의 자기인식이다'라고 하였다. 결국 신은 인간의 자기 투사에 불과하다는 것이다. 이러한 포이어바흐의 이론은 그 이후의 모든 신의 존재와 본질에 대한 논증에 커다란 어려움을 안겨주었다.

그리고 지난 세기 말에 니체는 드디어 '신의 죽음'을 선포하기 시작했다. 그는 신의 죽음을 그의 저서 '즐거운 학문'에서 극적으로 묘사하고 있다.

"가장 엄청난 그리고 새로운 사건, '신이 죽었다'는 사건이 이미 온 유럽에 그 첫 그림자를 던지기 시작했다"고 했다. 그리고는 밝은 대낮에 등불을 밝혀든 미친 사람의 입을 통해서 "신은 죽었다. 신은 죽어 있다. … 세계가 지금까지 소유하고 있던 가장 신성하고 가장 강력한 존재가 … 쓰러졌다."

그러나 니체는 동시에 신의 죽음이후에 방향감각을 잃고 허무만이 도사리고 있는 그러한 상태를 다음과 같이 그리고 있다.

"지구는 이제 어디로 향해서 움직이고 있는가? 우리는 어디로 향해서 움직이고 있는가?…우리는 마치 끝없는 허무 속에서처럼 헤매고 있지 않는가? 텅 빈 공간이 그 입김을 보내오고 있지 않는가? 더욱더 추워지지 않았는가? 한없이 밤이 그리고 더 어두운 밤이 오고 있지 않는가?"

2) 현대철학과 신의 문제

현대란 우리가 그 속에 몸을 담고 또한 그 속에서 살아 갈 수밖에 없는 오늘 이 시대를 말한다. 우리는 오늘 이 시대를 떠나서는 삶을 영위해 나갈 수도 없고 오늘 이 시대를 외면하고서는 생각할 수도 없다. 신의 문제를 문제 삼아 보려는 이 마당에서 우리는 현대의 목소리, 현대의 생각을 도외시할 수 없다. 다시 말해서 현대철학의 분위기를 고려하지 않을 수 없다.

우리가 살고 있는 이 시대에 있어서 인간의 세계는 점점 더 자율적으로 되어가고 있다. 다시 말해서 인간의 세계는 이제 어떠한 작업가설에도 의존함이 없이 자기의 문제를 스스로 해결해 나가려 하고 있다. 따라서 현대철학 역시 신의 문제에 개입하기를 꺼리고 있다. 심지어 오늘날 신의 문제를 들고 나선다는 것은 그 자체가 무의미한 짓이며 적어도 시대착오라는 비난을 벗어날 길이 없는 것 같다. 신의 문제는 이러한 현대철학의 상황 속에서 그 디딜 땅을 잃고 만 듯한 인상을 주고 있다. 따라서 오늘날 많은 사람들은 '신의 부재(Fehl Gottes)'를 이야기 하게 되었다. 인간의 세계에서는 이제 어디서나 신을 발견해 낼 수가 없다는 것이다.

칸트가 신의 존재에 대한 전통적인 논증이 쓸모없는 논증이며, 인간은 결국 그 이성으로 신의 문제에 접근할 수 없다고 선언한 이후 신의 문제는 커다란 어려움에 부딪치게 되었다. 더욱이 포이어바흐가 인간이 신의 문제를 다룬다고 하는 것은 결국 인간자신을 다루고 있는데 불과하다 하여, 신의 문제를 인간의 문제로, 신학을 인간학으로 환원시키고 난 이후에 신의 문제는 커다란 타격을 받지 않을 수 없었다.

다른 한편 '비인 학파(Wiener Kreis)'는 현대를 특징지울 수 있는 '논리적 실증론(Logischer Positivismus)'를 창시했다. 이 논리적 실증론은 처음부터 두 가지 기본노선을 굳게 견지하고 있다. 즉 첫째, 자연과학과 수학의 극단적인 옹호 그리고 둘째, 모든 형이상학의 형태에 대한 극단적인 배척이다. 따라서 논리적 실증론의 최종목적은 '자연과학과 수학의 명제(언표)는 허용되고, 형이상학의 명제는 허용되지 않는다'는 주장을 확실하게 말할 수 있는 기준(Kriterium)을 찾는 것이었다. 그리하여 그 추종자들이 발견해 낸 기준은 '검증가능성의 원리 (Verifikations Prinzip)'이다. 이 원리는 다음과 같다. '어떤 명제는 그것이 참(眞)이다'라고 검증될 수 있을 때, 다시 말해서 그것이 경험적으로 검증될 수 있을 때만이 의미를 갖는다. 그들은 원리를 형이상학과 신학의 명제에 적용하여 그러한 명제들은 무의미한 것이라 하여 단호히 거부해 버린다. 이제 우리는 이 검증 가능성의 원리를 신의 문제에 적용시킨 전형적인 예를 하나 들어 보자.

어느 때 두 사람의 탐험가가 원시림 속에 있는 빈터에 도착했다. 거기에는 각양각색의 꽃이 만발해 있었고 또한 다른 식물들이 자라고 있었다. 그들 중에 한 사람이 말하기를, '어떤 정원사가 이 빈터를 돌보고 있음에 틀림없다.' 다른 한 사람은 그것을 인정할 수 없었다. 그래서 말하기를, '정원사라니 말도 되지 않는다'했다.

그리하여 그들은 천막을 치고 망을 보았다. 그러나 정원사는 나타나지 않았다. '아마도 그 정원사는 보이지 않는지도 모른다'라고 첫 번째 사람이 말하자 그들은 이제 거기에 가서 철망을 두르고 전류를 통하게 만들었다. 그리고 난 후에 사냥개들을 앞세우고 순찰하였다. 그러나 아무런 비명소리도 들리지 않았고 가시철망이 움직이는 흔적을 남기지 않았다. 사냥개들 역시 조용했다.

그러나 첫 번째 사람은 아직도 지지 않고 말하기를, '그러나 정원사는 있다. 그는 보여질 수도 없고 느낄 수도 없으며, 또한 감전되지도 않는다. 그리고 냄새도 없고 소리를 내지도 않으나 이 정원을 돌보기 위해서 남몰래 여기에 온다'했다. 이제 더 참을 수 없게 된 사람은 다음과 같이 반문했다. '도대체 네가 원래 주장하던 것 중에서 무엇이 남아 있단 말인가? 네가 말하는 볼 수도 없고, 느낄 수도 없으며, 영구히 확인될 수 없는 그 정원사와 아무도 없다는 것과의 차이는 무엇인가?'

이 정원사의 이야기가 의도하는 바는 검증 불가능한 '신이 존재한다'는 명제는 결국 '신이 존재하지 않는다'라는 명제와 다른 것이 없다는 주장이다.

지금까지 우리가 살펴본 현대의 사조의 분위기는, 즉 오늘날 신의 문제를 다룬다는 것은 아무런 의미를 갖지 못한다고 하는 그러한 사상적 분위기 속에서 심지어 많은 현대의 신학자들에게 커다란 자극을 주었다. 그리하여 이제는 신학자들 자신이 신의 죽음을 논하게 되었다. 다른 사람 아닌 바로 그들 스스로가 소위 '사신 신학' 대두 시켰다. 이들 중에서도 가장 극단적인 태도를 취하는 알타이저(Th. J.J. Altizer)는 주장하기를 '현대에 있어서 그리스도교인들이 선포해야 할 복음은 바로 '신의 죽음'이다' 라고 했다.

이러한 사실은 이제 신학자들 자신마저도 현대에 있어서 '신의 부재'를 인정하지 않을 수 없는 그러한 긴박한 사태를 단적으로 보여주고 있다.

3) 신의 문제에로의 접근 시도

현대에 살고 있는 인간은 어떤 양식으로든지 검증할 수 없고, 확증할 수 없는 그러한 일에는 자기 자신을 개입시키지 않으려 한다. 그러한 문제는 문제로 삼으려조차 하지 않는다. 왜냐하면 결국 무의미한 것으로 끝나버릴 그러한 문제를두고서 시간과 노력을 소비한다는 것은 비경제적이라고 여기기 때문이다.

따라서 현대의 인간은 자신이 관찰할 수 있고 또한 스스로 검증할 수 있는 분야, 즉 자연과학과 기술문명에 그 모든 힘을 기울이게 되었다. 그리고 오늘날 인간은 이제 보다 잘 사는 것, 보다 편리하게 그 삶을 영위하는 것 이외에 어느 곳에도 그 관심을 쏟으려 하지 않게 되고 말았다. 그 결과로 현대에 사는 인간은 그 어느 때보다도 놀랍고 눈부신 기술과 기계문명을 이룩해 낼 수 있었다. 그리고 그것을 마음껏 누릴 수 있게 되었다.

그러나 오늘날 바로 이러한 기술과 기계문명 속에서 하나의 심각한 문제가 대두하기 시작했다. 이 문제는 우리 인간이 그것을 피해 갈 수 없는 가장 근본적인 문제다. 그것은 다름 아닌 '의미의 문제 (Sinn- frage)'이다. '삶의 의미(Lebenssinn)'에 대한 문제다.

현대의 기술과 기계문명은 어떻게 하면 인간이 보다 물질적으로 풍부하게 살 수 있고 또한 편리하게 살 수 있을까 하는데 골몰한 나머지, 의미의 문제에 대해서는 문제를 제기할 여유를 갖지 못한다. 아니 기술과 기계문명은 그 자체가 처음부터 삶의 의미 또는 의미의 문제와는 무관한 것이다. 따라서 오늘날 기술과 기계문명이 고도로 발달한 나라에서 일수록 더욱 날카로운 비판과 더욱 심한 저항을 불러일으키고 있다.

오늘날 생각 있는 사람들은 다시 의미의 문제에 눈을 돌리기 시작했다. 삶의 의미에 대한 문제를 깊이 생각하게 되었다. 나는 왜 그리고 무엇 때문에 살아가야 하는가? 인간은 왜 삶을 영위해가야 하는가? 내가 존재한다는 이 사실이 도대체 무슨 의미를 갖는가? 인간이 존재한다는 이 사실이 결국 무슨 의미를 갖는단 말인가? 인간은 이러한 질문을 수없이 던져왔지만, 오늘날 이 질문은 한층 더 진지하게 제기되고 있다.

그리고 이러한 의미의 문제가 우리 인간에게 가장 심각하게 부딪쳐 오는 순간은 우리가 헤어날 수 없는 고통 속에 있는 또는 실패의 쓴 맛을 보는 순간이다. 그리고 무엇보다도 특히 죽음을 눈앞에 두는 순간이다. 모든 것을 구별 없이 삼켜버리는 '무(Nichts)'를 직시하는 순간이다. 만일 언젠가는 모든 것이 마치 물거품처럼 흔적도 없이 사라져 버릴 것이라면, 이 모든 것이 결국 무슨 의미를 갖는단 말인가? 만일 모든 것이 언젠가는 영구히 무로 화해 버릴 것이라면, 결국 진리와 허위, 선과 악의 구별이 어떤 의미를 가질 수 있을 것이며 불의를 거슬러 정의를 위해서 싸우는 투쟁이 도대체 무슨 의미를 가질 수 있단 말인가? 만일 우리 앞에 놓여진 이 무가 전적으로 '허무한 무(Nichtiges Nic- hts)'에 지나지 않는다면 이러한 무앞에서는 모든 '의미'가 사라서 인간의 모든 윤리적 행위가 송두리째 문제시 될 수밖에 없다. 이러한 무앞에서는 결국 모든 것이 의미가 없어지고 만다. 무의미해지고 만다. 그러나 실은 우리 인간은 누구나 '의미'를 전제하고 살아가고 있다. 그리고 이러한 전제는 결코 포기할 수 없는 것이어서, 만일 이 전제가 사라져버린다면 삶을 영위해 나갈 수 있는 가능성마저도 사라져 버리고 말게 된다.

실제로 우리 인간은 의미의 문제를 전제하고 살아가기 때문에, 우선 삶을 지탱해 나갈 수 있고, 또한 그 삶을 설계하고 보다 값진 삶을 위해서 전적으로 헌신할 수 있게 된다. 특히 너와 나의 관계에 있어서 너에 대한 진실되고 구체적인 사랑 앞에서, 또는 자유와 정의를 위해 자신을 송두리째 바치는 그러한 구체적인 헌신 앞에서 의미의 문제는 자명하게 드러난다. 그러한 것들이 무의미할 수 없으며 또한 무의미해서는 안 된다고 하는 강력하고도 근본적인 '요청(Postulat)'을 우리는 실감하게 된다. '모든 것이 헛된 것으로 끝나 버릴 수 없으며 또한 헛된 것으로 끝나 버리지 말아야 한다'는 강력하고도 근본적인 '의미요청(Sinnpostulat)'은 우리 인간을 지탱하는 마지막 토대가 된다.

따라서 모든 것을 삼켜 버리는 무, 그리고 인간이 그 앞에서 현기증을 느낄 수밖에 없는 '무'는 결코 허무한 무일 수 없으며 또한 허무한 무여서는 안 된다. 이렇게 본다면 '무'라고 하는 것은 무조건적인 그러나 우리에겐 감추어져 있는 어떤 무엇이 표징과 흔적(das Zeichen und die Spur)이며, 그리고 이 어떤 무엇은 모든 것을 위해서 의미를 간직해 주고 있는 것이라고 인정하지 않을 수 없다. 이와 같이 우리 인간에게는 감추어져 있어서 공허한 것으로 드러나고 있는 무는 모든 것의 의미를 간직하고 있는 토대(Sinngrund)로 받아들일 수밖에 없다.

물론 우리는 이로써 신의 존재를 논증해 낸 것은 아니다. 왜냐하면 철학은 의미의 문제를 문제 삼을 수 있고 또한 문제 삼아야 하지만 의미의 문제에 대한 마지막 해답을 제공해 줄 수 없기 때문이다. 즉 '철학은 의미 자체에 대하여 아무런 힘도 갖고 있지 못하기 때문이다.

그러나 우리가 비록 신의 존재를 논증해 내지는 않았다 할지라도 오늘날에 있어서 특히 신의 문제에 개입하기를 꺼리는 현대철학의 상황 속에서 적어도 신의 문제에 접근할 수 있는 가능성이 어디에 놓여 있는지 하는 것이 드러났다 하겠다.

우리의 이러한 작업은 물론 대단한 것은 아니다. 그러나 우리 인간이 결코 피해 넘어갈 수 없는 문제에 대한 작업인 것만은 틀림없는 것 같다. 우리가 지금까지 작업을 해낸 결론에 곁들여서 다음과 같은 몇 가지 사실을 생각해 볼 수 있다.

첫째, 오늘날 신의 부재를 말하고 있는 현대의 철학적 분위기 속에서 추상적인 그리고 차디찬 이론만으로 신의 문제에 접근하기란 극히 어려워졌다는 사실이다. 왜냐하면 이론적으로 논증된 '그러한 신을 향해서 인간은 기도할 수 없으며 또한 그에게 제사지낼 수 없기'때문이다.

둘째, 신의 부재를 말하고 있는 현대에 있어서 전통적인 동양의 무에 대한 문제는 신의 문제에로 접근을 시도하는데 커다란 의의를 갖는다 하겠다. 그리고 동양의 사유와 서양의 사유가 접촉하고 대화하는데 있어서 커다란 역할을 하리라 생각된다.

부록: 학문의 방법론

　방법(Methodus)이란 말마디는 그 어원으로 보아서 희랍어의 meta (따라서, 상응하여)라는 전치사와 odos(길, 도로)라는 명사가 합성되어 생긴 말마디이다. 따라서 방법론이란 자의적으로 본다면 '올바른 길을 따라가는 데 대하여 논하는 것'을 뜻한다.

　그러나 엄밀한 의미에 있어서 방법이란 일정한 분야에 있어서 어느 특정한 목표를 달성하기 위해서 인간의 사고와 행위를 바로 이끌어 주는 수단이다. 그리고 방법론(Methodologie)이란 이러한 방법에 대한 이론이다. 그리고 방법이란 어떠한 대상에 접근하는 관점과 목적에 따라서 다양하게 드러나기 때문에 방법론 역시 여러 가지로 다양하게 드러날 수밖에 없다. 그러므로 모든 방법론을 모두 다룬다는 것은 불가능하다. 다만 철학뿐만 아니라 현대의 정신과학에 있어서 대표적으로 다양하게 사용되고 있는 현상학을 모체로 하는 현상학적 방법론, 해석을 그 바탕으로 하는 해석학적 방법론, 언어철학을 토대로 하는 언어 분석적 방법론을 간단하게 정리할 수 있을 것이다. 그러나 한 가지 말할 수 있는 것은 정신과학에 있어서 한 가지 방법론만을 고집할 수 없다는 것이다. 학문의 분야에 따라서 어느 특정한 방법론이 다른 방법론 보다 그 목적을 달성하는 데 더 타당한 방법론이 될 수 있다. 그러나 그러한 경우에 있어서도 다른 방법론을 반드시 고려해야 한다. 한 가지 방법론만을 유일한 것으로 고집한다는 것은 곧 독단에 빠지게 할 위험이 많기 때문이다.

1. 현상학과 현상학적 방법론

현상학(Phanomenologie)이란 여러 가지로 서로 다른 의미로 사용되고 있다. 심지어 '현상학적 철학 (Phanomenologische Philosophie)'에 있어서 조차 그 내용과 방향이 서로 같이 않다. 그럼에도 불구하고 한 가지 사실만은 틀림없는 사실이다. 즉 이러한 현상학적 철학이 비록 그 발전과정에서 다양한 형태를 취한다 할지라도 그 출발점을 같이 하고 있다는 사실이다. 그 동일한 출발점이란 독일 철학자 에드문드 훗설(E. Husserl)이다. 철학적 현상학의 창시자인 훗설은 원래 수학을 전공했었다. 젊은 수학자였던 훗설은 프란쯔 브렌타노(F. Brintano)의 철학 강의를 듣고 난후 철학을 그 생애의 소명으로 삼게 되었다. 그러나 그의 관심사는 하나의 철학체계가 아니라 철학의 토대를 마련하는 일이었다.

19세기 말에서 20세기 초에 이르는 당시의 학문은, 한편으로 그 실증주의적 기본태도 때문에 눈앞에 놓여 있는 경험적 사실인 '실증적 사실 (Positives Faktun)' 만을 문제 삼는 경향을 띠고 있었다. 다른 한편 당시 새로이 등장한 '비판적 경험주의(Empiriokritizismus)'는 학문을 '감각(Empfindungen)' 에로 환원시켜 버렸다. 에른스트 마흐(Ernst Mach)와 리캬르드 아베나리우스(Richard Avenarius)가 주도하고 있던 이 비판적 경험주의는, 결국 인간에게 주어져 있는 것은 다만 감각뿐이라 했다. 따라서 물리학과 심리학 그리고 심지어 논리학과 수학까지도 오직 감각을 다루고 있을 뿐이라 했다. 이러한 학설이 만일 정당하다면, 모든 학문은 근본적으로 상대적인 것이 되어 버리고 만다.

이러한 상황 속에서 다시 말해서 모든 학문은 결국 그 토대를 심리적인 것에 두고 있으며 따라서 주관적인 것에 지나지 않는다는 학문의 위기 상황 속에서 훗설은 여러 해에 걸쳐서 학문의 토대를 주관적인 심리주의(Psychologismus)가 아닌 하나의 엄밀한 객관성위에 세워 보려고 온갖 노력을 다하게 되었다. 이러한 노력의 결과가 1900년과 1901년에 두 권으로 출판된 '논리연구'이다. 이 저서와 더불어 다름 아닌 바로 '현상학적 철학(Phanomenologische Philosophie)'이 탄생하였다. 그리고 훗설의 이 '논리연구'는 그 자신을 위해서 뿐 아니라, 현대사상을 위한 하나의 돌파구가 되었다. 어떻든 훗설은 이 논리연구를 '하나의 완성이 아니라, 하나의 시작'으로 여기고 있다. 따라서 그의 작업은 그 후 쉴 줄 모르고 계속되었고 1913년 이래 세권으로 된 '순수 현상학과 현상학적 철학에 대한 이념'을 완성하였다. 훗설의 현상학적 철학은 이 저서에 가장 체계적으로 서술되어 있다.

1) 지향성

훗설은 무엇보다 먼저 학문이 바로 학문이 되게 만드는 것은 다름 아닌 '객관적 관련성(Objektiver Zusammenhang)'이라는 사실을 확실히 해두고 있다. 훗설의 이 말은 우리에게 평범한 말로 들린다. 그러나 훗설에 있어서 이 말은 결정적인 말이다. 인식행위(Erkenntnisakt)를 수행할 때, 우리는 '대상을 가지고 다루고 있다(Mit dem Gegenständlichen benchäftigt).' 우리는 인식행위속에서 인식 행위를 가지고 다루고 있는 것이 아니라, 바로 인식행위가 인식하고 있는 내용인 대상을 가지고 다루고 있다. 이때 인식행위는 '자기를 넘어서서(Uber-sich-hinaus)', 그 무엇에로 '향해있으며(Gerichtet-sein)', 그리하여 '그 무엇을 가지고 다루고 있다(Beschaftigt-sein mit Etwas).' 이와 같이 모든 인식행위가 자기를 넘어서서 그 무엇에로 향해 있다는 사실이 인식행위의 '지향성(Intentionalität)'이다. 따라서 모든 사고행위나 인식행위는 반드시 자기행위를 넘어서서 그 무엇에로 향해 있기 때문에, '志向的 行爲(Intentionale Akt)'이다. 그리고 이때 이 '지향적 행위'에는 '대상이 원래대로 주어져 있다.(Das Gegenständliche ist originär gegeben) 예컨대 인식행위 자체에 그 인식내용 즉 대상적인 것이 주어져 있다. '대상' 그것은 인식행위 자체에 이미 '주어져 있다'. 따라서 인식행위가 그 대상을 비로소 구성해 내거나 자기 밖으로 투사해내는 것이 아니다. 이 '주어져 있는 것(Das Gegebene)'은 자기가 자기 자신을 보여주고 있는 것, 자기가 자기 자신을 드러내고 있는 것(Das Von-sich-her-sich-Zeigende)이다. 이것이 훗설이 말하고 있는 '현상'이며 '사상(sache)'이다. 이와 같이 인식행위에는 첫째, '그 무엇을 가지고 다루고 있다'는 사실과 둘째, '그 무엇이 주어져 있다'는 사실이 동시에 주어져 있다. 그리고 이 두 가지 사실은 훗설에 의하면 인식행위에 있어서 '지향성(Intentionalität)'이 갖는 두 측면이다. 훗설은 인식행위가 갖는 이와 같은 '지향성'을 분석해 냄으로써 당시의 인식론에 하나의 돌파구를 마련해 주었다. 그리고 훗설의 지향성에 대한 이러한 분석은 전 현상학적 철학에 토대가 되었다.

2) 현상학적 환원

훗설은 이제 지향성에 대한 자신의 분석을 '현상학적 환원(Phano-

menologische Reduktion)'을 통해서 좀 더 깊이 파고들고 있다. '현상
학적 환원'이란 일반적으로, '체험'이라는 개념을 순수하게 현상적으로 파
악하는 일이며, 따라서 단순한 경험사실에 관련되는 모든 것을 배제해버
리는 것을 말한다. 여기서 단순한 경험사실(Empirisch reales Da-
sein)과 관련된 모든 것을 배제해 버리겠다는 훗설의 의도는, 우선 '방법
론적인 것'이다. 이러한 엄격한 방법론을 통해서만이 주어져 있는 현상
이, 주어져 있는 그대로의 원초적인 현상이 자기를 순수하게 드러낼 수
있기 때문이다. 따라서 현상학적 환원이란 무엇보다 먼저 사고하는 주체
가 '하나의 태도변경(Eine Umkehr der Einstellung)'을 하는 것을
말한다.

  훗설에 의하면 우리는 일상생활에서 하나의 '자연적 태도(Natürli-
che Einstellung)'를 갖는다. 우리는 살아가면서 우리 주위에 있는 사
람들을 보고 듣고 또한 접촉한다. 그리고 이들 모두가, 우리 자신이 보고
듣고 접촉하는 대로 '그러하다'고 생각하고 있다. 우리는 일상생활속에서
실제로 그리고 실천적으로 이러한 태도로 살아가고 있다. 이러한 태도를
훗설은 '자연적 태도'라 칭한다. 그런데 훗설에 의하면 모든 '실증적 학문
(Positive Wissenschafels)'은 근본적으로 바로 이러한 자연적 태도로
세계를 본다고 한다. 그런데 훗설에 의하면 우리는 또한 모든 것을 철저
하게 의심하는 그러한 시도(Allgemeiner Zweifels Ver- such)를 해
볼 수 있다. 우리는 우리 주위에 있는 사물, 벌어지는 사건 그리고 우리
주위에 있는 사람들을 보고 듣고 접촉하고 있다. 그러나 이 모든 것은 반
드시 그렇다고 할 수 없다. 이 모든 것은 단순한 환상인지도 모른다. 전
적으로 환상에 불과할지도 모른다. 훗설의 이러한 작업은 데카르트가 그
의 주저 '제일철학에 대한 성찰'에서 하고 있는 작업과 다를 바 없다. 그

러나 훗설은 바로 이 지점에서 데까르트와는 다른 길을 택하고 있다.

훗설은 여기서 한편으로 '세계는 단순히 하나의 환상이다'라고 하는 일반명제의 딜레마를 '하나의 태도변경(Eine Umkehr der Einstellung)'을 통해서 풀고 있다. 훗설이 말하는 이 태도변경이란 일반 명제들 중 어느 것도 주장하거나 배척하지 않고 그들을 모두 괄호 속에 묶어 버리는 그러한 태도(Einklammerung)이다. 대상과 관련을 가진 일체의 '학문적 세계'(실증학문이 대하는 세계)가 괄호 속에 묶여 버린다. 즉 보류 되고 만다. 한 걸음 더 나아가서 '모든 것을 의심하는 태도'에 이르기까지 괄호 속에 묶어 버린다. 이와 같이 모든 것을, 일체의 것을 괄호 속에 묶어 버리고 보류해 버리는 태도를 훗설은 '현상학적 판단중지(Phänomenologische εποχη)'라 칭한다. 또는 '현상학적 환원(Phänomenologische Reduktion)'이라한다. 현상학적 판단중지 또는 현상학적 환원에 의해서 얻어지는 것은 '절대적 영역', '절대적 존재영역(Die absolute sein-sphäre)'이다. 그리고 이 영역은 모든 학문과 철학의 토대가 된다. 그런데 여기서 말하고 있는 '절대적 존재영역'을 훗설은 '현상학적 잔여(Das Phänomenogische Residuum)'라 칭한다. 이러한 현상학적 잔여란 '세계는 실제로 있다' 또는 '세계는 실제로 없다'라고 하는 모든 일반명제들이 괄호 속에 묶여버린 후에 '남는 것'이며, 훗설은 이것이 절대적 학문의 토대가 된다 했다.

모든 일반명제들이 괄호 속에 묶여버리고 나면, 이 때 어떻든 괄호 밖에서 '자기를 드러내고 있는 것은 자기를 드러내고 있다'는 사실은 남는다. 이것이 실제로 있는가 또는 단순히 하나의 환상에 불과한가 하는 사실에 대해서는 우리가 의심할 수 있다. 그러나 그것이 자기를 드러내고 있다는 사실에 대해서 우리는 의심할 수 없다. '자기를 드러냄

(Sich-zeigen)'은 남는다. 이러한 순수한 '자기를 드러냄' 또는 '드러남'(Erscheinen)'을 서술하고 분석하는 것, 그것이 훗설에 의하면 새로운 절대적 학문의 토대이다. 훗설의 현상학적 환원은 결국 이 토대를 얻어내려 하는데 있다. 이와 같이 훗설의 현상학적 판단중지 또는 현상학적 환원을 통해서 '현상성(Phänomenalität)'이라고 하는 일반적 토대가 주어졌을 뿐 아니라, 모든 가능한 학문의 토대가 주어지게 되었다. 훗설의 이러한 작업은 하나의 놀랄만한 작업이다. 그리고 역사적으로 볼 때 그의 이러한 작업은 엄청난 해방의 구실을 했다.

근대철학이후 사람들은 외계인 실존성 그리고 감각소여의 유효성에 대해서 끝없는 논쟁을 벌여 왔다. 이 모든 논쟁은 훗설의 작업을 통해서 괄호 속에 묶이고 만다. 그리고 지금까지의 모든 이론들은 무엇이나 괄호 속에 묶이고 보류되고 만다. 그리하여 어떠한 장애나 방해도 없이 '주어져 있는 것', '자기를 드러내고 있는 것'을 출발점으로 하여 하나의 새로운 출발이 가능해진다. 만일 사태가 이러하다면 어떠한 주제를 다룬다 할지라도 이제는 처음부터 그것이 금지될 수 없다. 이제 우리는 모든 것에 대해서 이야기 할 수 있게 되었다. 다만 '그것이 자기 자신을 드러내고 있는 것'그것을 서술하고 분석해야 한다. 훗설의 이러한 현상학적 철학은 그 후 철학하는데 있어서 다양한 새로운 출발점을 제공해 주는 계기가 되었다.

3) 현상학적 방법론

방법론에 대한 현재의 논의들 가운데 우리들의 사고를 엄밀하게 하는 것들은 어떤 것들이 있는가? 그 대표적인 것은 우선 현상적인 방법론이다. 이것은 특히 정신과학 분야에 있어서 그 고유한 문제에 접근을 가능하게 해주고 또한 그러한 문제를 해명해내는 데 적지 않은 역할을 하고 있기 때문에 이 방법론은 오늘날 중요한 방법론 중에 하나로 되어 있다. 현상학적 방법론은 현상학을 그 토대로 하여 성립된 방법론이다. 객관적으로 스스로 '주어져 있는 것(das Gegebene)'은 스스로 자기를 드러내고 있다. 바로 이 스스로 자기를 드러내고 있는 것을 그 자체로 관찰하는 것이 현상학의 본질이다. 따라서 현상학적 방법이란 독특한 인식방법으로서 '주어져 있는 것'을 정신적으로 직관하는 방법이다. 현상학적 방법은 첫째로 주어져 있는 '사실 그 자체'를 직관하기 위해서 모든 '주관적인 것을 전적으로 배제해 버려야 한다.' 다시 말해서 전적으로 객관적인 태도로 임해야 한다. 둘째로 '사실 그 자체만을 직관하기 위해서 모든 주관적인 태도를 제거해버려야 할 뿐 아니라, 한 걸음 더 나아가서 '고찰의 대상 속에 직접적으로 주어져 있지 않은 모든 객관적인 것 역시 배제해 버려야 한다.' 직접 주어져 있는 것 즉 '현상'만을 보아야 하고 그 이상도 그 이하도 아니다. 현상학적 방법은 이와 같이 모든 간접적인 장애물을 제거하고 난 이후 거기 '남아 있는 것' 즉 '자기를 있는 그대로 드러내고 있는 것'을 기술해야 한다. 이 '남아 있는 것' 즉 본질을 직관하는 것을 훗설은 '본질직관'이라 한다. 따라서 현상적 방법론은 한마디로 본질직관적 방법론이다. 이 방법론은 다양한 인문학에 사용되고 있으며 우리들의 일상에 새로운 계기를 마련해 준다.

2. 해석학과 해석학적 방법론

해석학(Hermeneutik)은 원래 그 자체로 독립되어 있는 하나의 학문이 아니라, 특정한 학문에 종속되어 있는 보조적 학문이었다. 즉 고전적,

문헌학, 법률학 그리고 성서학 등의 문학 또는 법률학 그리고 성서학 등의 문헌 또는 법률조항을해석하고 해석하는데 지켜야 할 '해석의 규칙' 내지는 '해석의 기술'이었다. 이러한 해석의 규칙 또는 기술로서의 해석학은 그 후 자연과학에 맞서서 '정신과학의 방법론'으로 발전하게 되었다.

오늘날 해석학은 문헌을 해석하는 규칙이나 방법론의 차원을 벗어나 하나의 철학적 문제로 대두하고 있다. 다시 말해서 이제 해석학은 철학적 해석학(Philosophische Hermeneutik)으로 등장하고 있다. 그뿐 아니라 철학적 해석학은 오늘날 언어철학과 더불어 현대의 가장 두드러진 문제로 대두하고 있다. 이글에서 우리는 철학적 문제로서의 해석학을 살펴보려 한다. 철학적 문제로서의 해석학이란 무엇인가? 단순히 문헌을 올바르게 그리고 제대로 해석하기 위한 '규칙' 내지는 그 '기술' 그리고 정신과학 분야의 '방법론'을 탈피하여 독자적으로 전개되고 있는 철학적 해석학이란 무엇인가? 해석학을 철학적으로 문제 삼고 있는 철학자들은 이 해석학을 근본적으로 보아 '이해의 문제(Das Ploblem des Varstehens)'로 알아듣고 있다. 즉 우리 인간의 '세계경험 일반'에 대한 이해의 문제로 받아들이고 있다. 따라서 철학적 해석학을 다른 말로 표현해 본다면 '이해의 문제로서의 해석학'이라 규정해 볼 수 있겠다.

1) 철학적 해석학의 성립과정

해석학(Hermeneutik)이란 말마디는 희랍어 동사 '헤르메노이에인 (ερμηνευειν)'에서 유래하고 있다. 즉 '진술하다, '선포하다', '해석하다', '번역하다' 등 다양한 의미를 내포하고 있다. 그러나 비록 그 의미가 다양하다 할지라도, 무엇인가를 '이해하도록 해준다', '이해에로 이끌어 준다'

는 점에서는 하나의 공통성을 지니고 있다. 어떤 이들은 이 'ερμηνευειν' 이라는 말마디를 제우스의 사자인 헤르메스(Ηρμης)신과 관련시켜 알아 들으려 한다. 희랍 신화에 의하면 헤르메스 신은 제우스 신의 뜻을 그 의 사를 여러 신들에게 그리고 인간에게 전달해 주는 그러한 임무를 맡고 있는 신이기 때문이다. 다시 말해서 그는 제우스 신의 의도를 다른 신들 에게 그리고 인간에게 해석해 주고 이해하도록 해 주는 그러한 신이기 때문이다.

이미 언급된 바와 같이 해석학은 원래 문헌(고전, 법률조항, 성서)을 올바로 해석하고 이해하기 위해서 지켜야 할 '해석의 규칙(Die Regeln der Auslegung)' 또는 '해석의 기술(Kunst der Auslegung)'이었다. 즉 문헌의 난해한 부분 또는 오해가 가능한 부분에 대해서 그것을 문법 적으로 그리고 역사적으로 설명하고 해설하는 규칙 내지는 기술이었다.

이러한 전통적 의미에서의 해석학은 슐라이어마허(F. Schleiermacher)에 이르러서 하나의 전환기를 맞이한다. 즉 해석학은 이제 단순히 문헌을 설명하고 해설하는 규칙이나 기술의 단계를 벗어나 '이해에 대한 학문 (Wissenschaft des Verstehens)'으로 등장한다. 그리고 딜타이에 이르러서 이러한 이해에 대한 학문으로서의 해석학은 자연과학과 맞서는 '정신과학 일반의 방법론(Methodenlehre der Geisteswissen- schaften)'으로 발전하게 된다. 이런 '이해 (Verstehen)'의 문제는 하이데거에 이르러서 존재론적 차원에로 이끌 어 진다. 그에 의하면 이해란 '현존재의 존재양식(Seinsweise des Daseins)'라 했다. 이로서 '이해의 문제'는 글자 그대로의 철학적 근거를 갖게 되었다. 따라서 이해의 문제를 그 핵심으로 하고 있는 해석학 역시 철학적으로 정초되기에 이르렀다. 이제 우리는 이러한 역사적 과정을 좀 더 자세히 살펴보자.

전통적 해석학은 슐라이어마허와 더불어 하나의 전환기를 맞이한다. 그는 해석학을 주어져 있는 문헌을 단순히 설명하고 해설하는 데 한정시키지 않고 이해자체에 대한 문제로 확대시켜 알아들었다. 그리하여 슐라이어마허는 '해석의 문제'란 실제에 있어서 '이해의 문제'라고 보았다. 이러한 그의 통찰은 근본적으로 새로운 것이었다. 이제 해석학에 있어서 문제가 되는 것은 결국 '이해'라는 사실이 드러나게 되었다. 이 '이해(Verstehen)'라는 개념은 그 이후로 전 해석학적 문제의 기본개념으로 그리고 또한 근본문제로 되어 왔다. 그리고 슐라이어마허는 한 걸음 더 나아가서 다음과 같이 주장하고 있다. 즉 우리가 '이해해야 할 것'은 단순히 일정한 문헌에 나타나 있는 문구나 그 내용의 의미에 국한되어 있는 것이 아니라, 바로 그 말하고 있는 사람이나 글을 쓰고 있는 저자의 개성과 그 특성까지라고 한다. 다시 말해서 말하고 있는 사람 또는 글을 쓰고 있는 저자의 개성을 전체적으로 이해해야만이 그의 이야기 또는 저서(문헌)를 제대로 그리고 올바로 이해할 수 있다는 것이다. 그리고 그는 이어서 주장하기를, 다른 사람의 일정한 사상을 이해하려면 그 사상이 발생한 그 구체적인 상황에로 자기 자신을 옮겨 놓음으로써만이 그 사상을 제대로 그리고 올바로 이해할 수 있다 했다.

그리하여 슐라이어마허는 '문법학적 해석(Grammatische Auslegung)'에 병행하여 '심리학적 해석(Psychologische Auslegung)'을 제안하고 있다. 그리고 바로 이 심리학적 해석에 슐라이어마허의 특징이 드러난다. 어떻든 그의 이 심리학적 해석은 19세기에 있어서 해석학의 이론형성에 ―특히 딜타이에게― 결정적인 역할을 하게 되었다. 슐라이어마허의 '심리학적 해석'이란 결국 해석자가 저자의 상태에로 자기 자신을 옮겨 놓는 것(Sichversetzen 또는 Sich-Hineinversetzen)이다. 그리고 하나의 저서가 구성되는 내적 과정을 파악하는 것이다. 그리하여 그 창작활동을 재현하는 것(Ein Nachbilden des schöpferischen Aktes)이다.

따라서 슐라이어마허에 의하면 '이해'란 원저작에 대한 재창작이다. 그 착상의 생생한 순간에 대한 재구성이요 또한 창작을 하게 만드는 원초적인 '최초의 결심(Keimentschluß)'에 대한 재구성이다. 한마디로 이해란 '구성에 대한 재구성(Nachkonstruktion einer Konstruktion)'이다. 그리고 슐라이어마허에 의하면 이러한 구성에 대한 재구성으로서의 '이해'가 가능한 최종 근거는 '인간존재라고 하는 공동성(Gemein-samkeit des Menschseins)'이다. 이러한 공동성으로 말미암아 하나하나의 개체는 근본적으로 서로 관련되어 있다. 그리하여 그것이 어떤 것이든 인간사에 관련되는 한 그리고 인간에게 의미를 지니는 한, 모든 개체는 일종의 '예감적 행위(Divinatorische Akt' 또는 '그 속에 들어가서 느낌(Einfühlung)'을 통해서 그것을 이해할 수 있게 된다는 것이다. 이와 같이 슐라이어마허는 이해학사상 처음으로 일반적 해석학을 전개시켰다. 그러나 그의 해석학은 현저한 한계점을 드러내고 있다. 그의 해석학은 실제로 그 구성을 의심할 수 없는 성서와 고전문헌들을 위한 것이기 때문이다. 슐라이어마허의 해석학은 그러한 영역에서 결국 벗어나지 못하고 있다.

19세기에 있어서 하나의 특기할 만한 현상은 역사학파(Historische Schule)가 해석학에 가담해 왔다는 사실이다. 여기 두드러진 인물들은 랑케(L.V. Ranke), 드로이센(J.G. Droysin) 그리고 딜타이(W. Dilthey)등이 있다. 역사학에서는 하나하나의 역사적 문헌만이 아니라,

바로 역사적 현실(Geschichtliche Wirklichkeit)자체가 이해해야 할 문헌으로 주어진다. 더 나아가서 역사가들은 인간역사의 관련성 전체를 문제 삼으려 한다. 다시 말해서 보편역사(Universalgeschichte)를 이해하려 한다. 그러나 역사가들을 당황하게 만드는 가장 커다란 난점은, 역사가 아직도 그 종말에 도달하지 않고 있을 뿐 아니라, 해석자인 그들 자신이 하나의 한정되고 제한되어 있는 부분으로서 역사 속에 서 있다는 사실이다. 역사의 특정한 시점에 서 있는 우리로서 어떻게 역사의 연관성 전체를 이해할 수 있는가 하는 문제는 역사가들을 줄곧 괴롭혀 온 문제이다.

딜타이의 의도는 칸트의 "순수이성비판"을 "역사이성비판(Kritik der Historischen Vernunft)"으로 보충하는 것이었다. 칸트의 순수이성비판은 순수 자연과학이 어떻게 학문으로서 가능한가에 대해서 답을 제공했다. 이제 딜타이는 그것을 보충하여 역사적 경험이 어떻게 학문으로서 가능한가에 대해서 답을 제공하려 한다. 딜타이에 의하면 역사과학(Geschechtswissenschaft)이 학문으로서 가능한 그 첫째 조건은 역사를 창조하는 자와 그 역사를 탐구하는 자가 다같이 역사적 존재라는 사실에 놓여 있다. 다시 말해서 역사탐구에 있어서 그 주체와 그 대상이 동류(Gleichartigkeit)라는 사실에 놓여 있다. 그 때문에 역사적 인식이 가능하다는 것이다. 딜타이는 이 '역사적 존재'라는 개념을 그 후 좀더 구체적으로 그리고 생생하게 '삶(Leben)'이라는 개념으로 규정해 낸다. 그리고 이제 그는 이 '삶'을 토대로 하여 그의 사상을 전개시켜 나간다. 딜타이는 무엇보다도 '삶을 순수하게 그 자체로부터 이해'하려는 태도를 고수한다. 이러한 그의 태도가 '삶의 철학 (Lebens philo-sophie)'을 낳게 했다.

'원래 역사과학의 정립을 위해서 역사적 인식의 가능성을 추구하던 딜타이는 이제 '삶'의 문제 전반과 관련되는 정신과학(Geisteswiss-enschaft)일반을 문제 삼게 된다. 그리고 그 정신과학에 고유한 인식 가능성을 추구하게 된다. 여기 등장하는 것이 슐라이어마허와 드로이센에게서 문제되었던 '이해'라는 개념이다. 딜타이는 드로이센의 이해 개념을 이어 받아 '이해 (Verstehen)'와 '설명(Erklären)'을 서로 대립시켜 알아듣는다. 즉 '설명'이란 하나하나의 표상을 일반적이고 필연적인 법칙에로 환원시켜 인식하는 방법이요, '이해'란 하나하나의 현상에 있어서 그 고유한 특성과 그 의미를 파악하는 그러한 인식 방법이다. 따라서 딜타이는 자연과학은 '설명'이라고 하는 인식 방법을 택하는 반면 정신과학은 '이해'라고 하는 그 고유한 인식 방법을 가지고 있다 한다.

그리하여 딜타이는 이제 본격적으로 '이해의 문제'를 문제 삼게 된다. 딜타이에 의하면 한마디로 '이해란 표현에 대한 이해이다(Vers- tehen ist Verstehen von Ausdruck).' '표현 (Der Ausdruck)'이란 그 속에 '표현되어 있는 내용(Das Ausgedrückte)'을 담고 있다. 따라서 만일 표현을 이해한다면 그 표현되어 있는 내용을 이해하는 것이 된다. 따라서 딜타이에 있어서 '표현'이라는 개념과 '표현의 이해'라는 개념은 처음부터 그 중심점에 놓여 있다. 모든 정신과학의 대상이란 딜타이에 의하면 바로 '삶의 객관화(Objectivationen des Lebens)'이며 또한 '삶의 표현들(Audsrücke des Lebens)'이다. 따라서 정신과학의 대상들을 이해한다는 것은 결국 삶을 이해하는 것이 된다. 이렇게 본다면 딜타이의 해석학은 표현의 이해 그리고 표현 속에 드러나 있는 삶에 대한 이해가 된다. 그의 해석학은 삶에 그 토대를 두고 있다.

'이해의 문제'를 좀 더 깊이 그리고 근원적으로 파고든 것은 하이데거이다. 슐라이어마허가 이해를 심리학적으로 정초하려 했고, 딜타이는 이 해를 '삶'의 토대위에 세워 두고서 정신과학 일반의 방법론에로 이끌고 간데 비하여, 하이데거는 이해를 인간'현존재의 존재양식(Sein- sweise des Dasein)'이라 했다.

하이데거의 사색(Denken)에 있어서 근본적으로, 문제가 되는 것은 인식론이나 방법론의 문제가 아니라 바로 '존재론'이다. '존재의 문제 (Frage nach dem Sein)', 그리고 '존재의 의미(Sinn des Seins)'를 추구하는 것이 그 사색의 과제였다. 그리하여 하이데거는 그 존재론의 토대로서, 주어져 있는 그대로의 그리고 다른 것에로 환원시켜 버릴 수 없는 '현존재의 현실성 (Faktizität des Daseins)'을 분석한다. 그는 소위 그의 전기사상에 있어서 주저인 "존재와 시간(Sein und Zeit)"에 서 이 작업을 수행하고 있다. 하이데거에 의하면 인간존재는 우선 무엇 보다 먼저 '여기 있다(존재)'라는 현상으로 드러난다. 즉 '현존재(Da-sein)'로 드러난다. 그리고 여기 있는 현존재는 그 자체가 하나의 '내존 재(In-Sein)'이다. 즉 '세계-내-존재(Das In-der-Welt-sein'이다. 여 기서 하이데거가 말하고 있는 '내-존재'란 단순히 어떤 사물이 공간 안에 있다는 사실을 뜻하는 것이 아니다. 예컨대 의자가 교실 안에 있다거나, 학교가 도시 안에 있다는 따위를 뜻하지 않는다. 또는 컵 속에 물이 있다 거나, 옷장 속에 옷이 있다는 등을 의미하지 않는다. 이러한 형태로 '안 에 있다', '속에 있다 라는 말은 하이데거에 의하면 단순히 우리 '앞에 놓 여 있는 사물존재(Vorhandensein)'에 해당될 뿐이다. 현존재에 해당하 는 '내-존재'란 단순히 하나의 공간적인 관계를 뜻하는 것이 아니라, 내가 거기 살다, 내가 거기 머문다이다. 따라서 나는 그것을 알고 있으며 그와 친숙하다는 것을 의미한다. '내-존재'란 현존재의 존재양식을 의미한다.

따라서 하이데거는 단순히 공간적 관계를 뜻하는 '안에 있다'는 사태를 '범주적(Kategorial)'이라 하고, 현존재의 존재양식(Seinsverfassung des Daseins)을 의미하는 '내-존재'를 '실존범주(Existintial)'로 규정하고 있다. 따라서 이제 '세계-내-존재'로서의 현존재에게 '세계(Welt)'란 하나의 공간적 관계를 뜻하는 것이 아니라, 바로 현존재의 존재양식이다. 세계란 현존재에게 있어서 실존범주이다. 그 때문에 '세계'란 이제 현존재가 거기 살고 거기 머물고 있으며 따라서 현존재는 그것을 알고 있으며 그와 친숙한 사이이다. 세계란 바로 세계-내-존재로서의 현존재의 구성요소이다. 이러한 사태를 야스퍼스(K. Jaspers)의 말로 표현해 본다면 세계란 '나없는 세계(Ichlose Welt)'가 아닌 것처럼, 나 역시 '세계없는 나(Weltloses Ich)'가 아니다. 만일 이와 같이 현존재가 '세계-내-존재'라고 하는 존재양식을 갖는다면 현존재는 자신의 특징인 '세계-내-존재'에 대한 이해를 가지고 있다. 다시 말해서 '세계'에 대한 이해를 이미 그리고 미리 가지고 있다.

현존재는 다른 한편 단순히 '앞에 놓여 있는 사물존재'가 아니라, 그 존재양식이 본질적으로 '존재-가능성(Sein-Konnon)'이다. 현존재가 먼저 존재하고 그리고 난 뒤 어떤 가능성을 덤으로 소유하게 되는 것이 아니라, 현존재는 처음부터 그리고 일차적으로 가능존재(Moglich- sein)이다. 따라서 가능존재로서의 현존재는 다른 어떤 것이 아니라 바로 자기 자신을, 자기 자신의 존새를 실현시켜 나가기 위해서는 다시 말해서 미래를 향하여 자기 자신의 존재를 설계하고 계획해(Ent- werfen) 나가기 위해서는 세계에 대한 '앎'이 현존재에게 이미 그리고 미리 주어져 있어야 한다. 비록 그것이 아직 막연하다 할지라도 그리고 뚜렷하지 않다 할지라도 그리고 심지어 그것이 잘못되어 있을 수 있다 할지라도 일종의 앞이, 일종의 '이해(Verstehen)'가 '이미' 그리고 '미리'주어져 있어야 한다.

그런데 우리가 이미 살펴 본바와 같이 '세계-내-존재'로서의 현존재는 자신의 고유한 존재양식인 '세계'에 대한 '앎'을 이미 가지고 있다. 세계에 대한 '이해'를 이미 그리고 미리 가지고 있다. 이렇게 본다면 '이해(Verstehen)'란 하이데거에 의하면 바로 세계-내-존재로서의 그리고 가능존재로서의 '현존재의 존재양식'내지는 '현존재의 자기실현양식'이다. 그리고 이제 이로서 '이해의 문제'는 그 존재론적 토대가 드러나게 된다. 따라서 해석학 역시 그 존재론적 토대를 갖기에 이르렀다. 하이데거에 의하면 지금까지의 해석학은 '이해의 문제'를 부당하게도 너무나 축소시켜 알아 들어왔다 한다. 그러한 나머지 이해의 문제를 단순히 심리학적으로 해결하려 하든가 또는 정신과학의 방법론으로 축소시켜 작업해 왔다고 한다.

가다머(H.G. Gadamer)는 이러한 슐라이어마허, 딜타이 그리고 하이데거의 기초작업을 토대로 하여 그의 '진리와 방법'이라는 방대한 저서에서 이해에 대한 철학적 이론을 작업해 내었다.

2) 이해의 문제로서의 철학적 해석학

지금까지 우리는 '이해의 문제'로서의 철학적 해석학이 성립되어 온 그 과정 역사적으로 개관해 보았다. 원래 단순히 고전적 문헌을 해석하는 규칙 내지는 기술이었던 전통적인 해석학이 슐라이어마허에 의해서 심리학적 해석학으로 발전하고, 딜타이에 의해서 '삶'의 해석학 내지는 정신과학의 방법론으로서의 해석학으로 전재되고 마지막으로 하이데거에 의해서 존재론적 해석학으로 정립되는 과정을 살펴보았다. 이제 우리는 철

학적 해석학의 토대와 또한 그 중심점을 이루고 있는 '이해의 문'를 좀
더 깊이 살펴보려 한다. '이해'란 무엇인가? 이해의 구조, 그의 조건 그리
고 그의 가능성은 무엇인가 하는 문제를 문제삼아 보려 한다.

가) 이해의 본질

해석학의 문제란 이해의 문제이다. 왜냐하면 '모든 해석은 이해에 근
거하고 있기'때문이다. 그러면 이제 모든 해석의 근거가 되는 이 '이해
(Verstehen)'란 무엇인가? 우리는 '이해'라는 이 말마디를 어떻게 알아
들어야 할 것인가?

우리는 일상생활에서 이해라는 말마디를 여러 가지로 다양하게 사용
하고 있다. 그리하여 우리는 흔히 다음과 같이 말한다. '나는 너를 이해
한다', '나는 이 말을 이해한다', '나는 이 글을 이해한다', '나는 이 고전
문헌을 이해한다', '나는 이 예술 작품을 이해한다' 그리고 심지어 '나는
자연을 이해한다'고 말한다. 이 모든 경우에 있어서 '이해한다'는 말마디
는 '주어져 있는 것'을 단순히 하나의 대상(Objekt)으로서 파악한다는
것만을 뜻하지 않는다. 그들은 단순히 합리적으로 논리에 따라서 그리고
원리에 입각해서 설명해 낸다는 것만을 말하고 있는 것이 아니다. '이해
한다'는 말마디는 무엇보다도 먼저, 그리고 일차적으로 그것이 무엇을 뜻
하고 있는지, 그것이 무엇을 의도하고 있는지 그 '의미(Sinn)'를 알아듣
는다는 말이다. 그것이 드러내고 있는 그 '의미내용(Sinngehalt)'을 파
악한다는 말이다. 그리하여 우리가 이 '말'을 이해한다고 할 때, 그것은
이 말이 무엇을 뜻하고 있는지 그 의미를 알아듣는다는 말이다. 그리고
우리가 이 문헌 또는 예술품을 이해한다고 말할 때, 그것은 이 문헌 또는
예술품이 우리에게 무엇을 말해주고 있는지 그 의미 내지는 그 의미의

내용을 파악한다는 말이다. 이와 같이 무엇보다도 먼저 그리고 일차적으로 이해란 의미의 파악이다.

나) 이해의 구조

이해란 의미의 파악이다. 의미내용의 파악이다. 그런데 하나하나의 개별적 의미가 제대로 그리고 바로 파악되기 위해서는 그것을 이해하려고 하는 우리 자신에게 그 의미들 사이에 놓여 있는 '의미관련성 (Sinnzusammenhang)'내지는 그 '의미전체성(Sinnganzheit 또는 Sinn- totalität)'이 이미 그리고 미리 주어져 있어야 한다. 전제되어 있어야 한다. 하나하나의 개별적 의미는 그 의미전체성 속에서 만이 비로소 자기 위치가 정해지기 때문이다. 그리고 하나하나의 개별적 의미내용은 그 의미 전체성속에서 만이 비로소 제대로 그리고 바로 드러나게 되고 또한 파악될 수 있기 때문이다. 이와 같이 의미파악으로서의 '이해'에게는 언제나 하나하나의 개별적인 의미 내지는 의미내용을 포괄 하는 의미전체성이 이미 주어져 있어야 한다. 미리 전제되어 있어야 한다. 비록 그것이 막연하고 또한 정확히 말해 낼 수 없는 형태라 할지라도, 이러한 의미전체성이 이해에 미리 주어져 있지 않고서는 개별적 의미는 드러나지 않는다. 이와 같이 이해에 이미 그리고 미리 주어져 있는 의미전체성을 '이해의 지평 (Horizont des Verstehen)'이라 한다. 이와 같이 현존재로서의 인간은 누구나가 일반적으로 이미 자기에게 주어져 있는 '이해의 지평'에서 이해한다. 다시 말해서 비록 그것이 막연하고 또한 정확히 말해 낼 수 없는 형태라 할지라도, 미리 주어져 이는 '의미전체성(삶 전체의 의미, 전체로서의 세계의 의미)'을 통해서 하나하나의 개별적인 의미를 파악하게 된다.

　이렇게 본다면 모든 이해는 언제나 하나의 '미리'라는 또는 '전'이라는
구조(Vor-Struktur)를 가지고 있다는 사실이 명백히 드러난다. 다시
말해서 하나하나의 개별적인 의미를 파악하는 이해는 그 자신이 이미 그
리고 미리 의미 전체성에 대한 '전이해(Vorverständnis)'를 가지고 있
다는 사실이 드러나게 된다. 전이해란 바로 이해의 조건이 된다. 이러한
사실을 발견해 낸 것은 하이데거의 공적이다.

　그리고 '이해(Auslegung)'이란 다름 아닌 바로 이미 알고 있는 것,
미리 이해하고 있는 것 즉 전이해를 명백히(ausdrücklich) 드러내는 것
이다. 다시 말해서 '어떤 것을 그 어떤 것으로서(etwas als etwas)' 명
백히 드러나게 하는 것이다. 이것이 이해이다. 따라서 이해가 하나의 '미
리 또는 전이라는 구조'를 갖는데 비해서 해석은 하나의 '…로서 라는
구조'를 갖는다. 이러한 사실에서 본다면 해석에는 일종의 순환이 성립된
다. 해석이란 전이해를 다시 말해서 미리 이해하고 있는 것을 그것이 그
것으로 명백히 드러나게 하는 것이기 때문이다. 그러나 이러한 '해석학적
순환 (Hermeneutischer Zirkel)'은 논리학에서 말하는 순환논증
(Circulus vitiosus)과는 근본적으로 다르다. 왜냐하면 해석학적 순환
은, 세계-내-존재로서의 그리고 역사적 존재로서의 인간 현존재에 이미
주어져 있는 전이해에서 필연적으로 따라오는 순환이기 때문이다. 따라
서 이러한 순환을 피하려는 어떠한 시도도 그것은 이해의 문제를 근본적
으로 잘못 알아듣고 있는 것이라고 하이데거는 잘라서 말한다.

　이제 우리는 이해의 문제로서의 철학적 이해에 있어서 결정적인, 그리
고 중심적인 문제와 부딪친다. 즉 만일 모든 이해에는 의미전체성에 대
한 전이해가 이미 주어져 있다면 다시 말해서 그 자체로 한정되고 제한
되어 있을 수밖에 없는 이해지평이 미리 주어져 있다면 어떻게 하나의

전이해가 다른 사람의 전이해 또는 다른 시대의 전이해와 접촉할 수 있을 것인가? 어떻게 하나의 이해지평이 다른 사람의 이해지평 또는 다른 시대의 이해지평과 얻어 만날 수 있을 것인가? 의미파악으로서의 '이해'란 물론 하나의 의미내용(Sinngehalt)을 대할 때마다, 그것을 자기에게 이미 주어져 있는 전이해 속으로 받아들인다. 그리고는 바로 이 전이해 속에서 또는 이 이해의 지평 속에서 그것(의미)을 해석해내는 과정을 겪는다.

　이미 주어져 있는 전이해나 이해지평과는 다른 새로운 하나의 의미가 나타날 때마다 일종의 긴장과 갈등을 불러일으키게 되지만 그 새로운 의미(또는 전이해, 이해지평)가 부인할 수 없을 정도로 자기를 명백히 드러낼 때 여기 하나의 만남(Begegnung)이 이루어진다. 그리고 이미 주어져 있던 전이해 내지는 그 이해지평은 더욱 넓어지고 풍요로워진다. 이와 같이 하나의 전이해 또는 이해지평은 그 자체로 폐쇄되어 있는 것이 아니라, 항상 유동적이며 또한 개방(offen)되어 있는 성격을 지닌다. 하나의 전이해가 다른 전이해와 접촉할 때마다, 하나의 이해지평이 다른 이해지평을 얻어 만날 때마다 그 사이에는 일종의 융해가 이루어진다. 가다머는 이것을 '지평융해(Horizontverschmelzung)'이라고 독특하게 표현한다. 따라서 이해란 여러 가지로 다양한 이해지평들의 융해과정이라 했다. 물론 이해에 있어서 그 지평(시계)들의 융해란 그 한계를 갖게 마련이다. 이해지평의 융해란 언제나 남김없이 완전히 융합이 되어버리지는 않기 때문이다. 다만 점진적으로 만이 가능하기 때문이다. 이렇게 본다면 '이해'란 인간 현존재에 있어서 그 자체가 완성되어지지 않는 그러한 성격을 띠고 있다. 이해란 언제나 그리고 한없이 개방되어 있기 때문이다. 그리하여 이해란 인간현존재의 끝없는 과제로 남게 된다.

이해의 문제로서의 철학적 해석학을 전개하면서 우리는 무엇보다도 이해란 바로 의미의 파악이란 사실을 알아냈다. 그리고 하나하나의 개별적인 의미는 결국 이미 주어져있는 의미전체성을 전제하고서 만이 파악될 수 있다는 사실 다시 말해서 의미전체성에 대한 전이해 또는 이해지평을 전제하고서 만이 개별적 의미가 제대로 그리고 바로 들어나게 된다는 사실을 알아보았다. 결국 철학적 해석학에 남는 가장 결정적인 문제는 다시 말해서 이해의 문제에서 가장 근본적인 문제는 어떻게 서로 다른 전이해 들이 서로 접촉할 수 있게 되느냐 어떻게 서로 다른 이해지평들이 서로 얻어 만나게 되느냐 하는 문제이다. 어떻게 이해의 지평융해가 이루어 질 수 있느냐 하는 문제다. 여기 남아있는 해결책은 의미 파악으로서의 이해 자기개방성을 줄곧 견지하는 일이다. 의미파악으로서의 이해란 그 자체로 폐쇄되어 있지 않고 개방되어 있는 것은 사실이지만 이해란 자신이 스스로를 폐쇄시켜 버릴 수 있기 때문이다.

3) 해석학적 방법론

해석학적 방법론이란 해석학을 그 바탕으로 하여 형성된 방법론이다. '이해의 현상'에 대한 철학적 반성을 그 주안점으로 하고 있는 해석학을 토대로 한 이 방법론은 오늘날 여러 학문분야에 있어서 근본적인 방법으로서 받아들여지고 있다. 19세기에 이르러 자연과학의 실증적 방법론이 학문에 있어서 유일한 방법론인 것처럼 평가되어 왔다. 따라서 정신과학의 문제들 역시 자연과학의 방법론으로 다루어 버리려는 경향이 있었다. 이러한 경향에 맞서서 딜타이는 정신과학의 특수성을 논하기 위해서 '이해'라는 개념을 새로이 개발해 냈다. 즉 자연과학이 자연을 관찰, 분석, 종합하여 어떤 법칙으로 그것을 '해명하는 것(Erklären)'이 그 과업인데

반하여, 정신과학이 다루는 정신의 세계, 삶의 세계는 그 속에 '가치의 문제'와 '의미의 문제'를 담고 있기 때문에 그것을 '이해하는 것(Verstehen)'이 그 과업이라 했다. 딜타이에 있어서 이 '이해하는 것'이란 그 시작에 있어서는 일종의 정신과학적 방법론으로 출발했다. 그러나 그 후 이 '이해하는 것'이란 그 자체가 철학적 반성의 중심과제가 되어 철학적 해석학이 탄생한 것이다. 그 후 하이데거는 '이해한다는 것'이란 개념을 좀 더 심화하였다. 하이데거는 우선 인간을 '현존'(Dasein)으로 파악한다. 그런데 이 현존은 그 자체가 '세계-내-존재(das In-der-Welt-sein)'이다. 이러한 현존은 그 존재양식이 '가능존재'(Sein-Konnen)'이다. 현존이 가능존재이기 때문에 자기 자신을 가지고 미래를 향해서 설계하게 된다. 그러나 바로 이러한 현존의 설계내지는 계획 속에는 어떤 '앎'이 미리 주어져 있다. 막연하지만 그리고 아직 뚜렷하지 않지만 일종의 '이해'가 처음부터 주어져 있다. 현존은 바로 이러한 미리 주어져 있는 어떤 '앎', 일종의 '이해'를 가지고 자기를 설계하고 계획할 수 있게 된다. 가능존재로서의 현존에 미리 주어져 있는 어떤 '앎', 일종의 '이해'를 하이데거는 '전이해(Vor- verständnis)'라 부른다. 따라서 하이데거에 의하면 현존이 자기를 계획하고 설계할 수 있는 것은 그의 '전이해'때문이다. 여기서 말하는 '전이해'란 현존이 자기 자신에 대한 앎이나 이해다. 그러나 이 자기 자신에 대한 앎, 이해는 동시에 세계에 대한 앎, 이해를 뜻한다. 이것은 다른 말로 '모두', '전체'에 대한 전이해라는 말이다. 그리고 하이데거에 의하면 '이해하는 것(Verstehen)'이란 바로 이 전이해를 통해만이 가능하다. 즉 전이해없이는 '이해하는 것'이 불가능하다. '이해하는 것'이란 '미리라는 구조'를 가진다. 더 나아가서 해석이라는 것은 전이해를 드러나게 하는 것으로 '..으로서라는 구조'를 가진다. 다시말해서 해석하여 '이해하는 것'이란 전이해를 통해서만이 가능하다. 전이해 없이 '이해하는 것'은 불가능하다. 바로 여기서 소위 '해석학적 순환'이 성립된다.

이러한 해석학을 토대로 하여 이룩된 해석학적 방법론은 오늘날 정신과학 분야에 있어서 대단히 중요한 구실을 하고 있다. 해석이란 그 근본에 있어서 그 자체로 어떤 의미를 담고 있는 것을 이해하도록 만드는 것이다. 여기서 해석되어야 할 의미를 담고 있는 대상이란 다양한 것일 수밖에 없다. 이 '해석'의 기본 형태는 '해석자'와 어떤 대상이 의미를 갖도록 그 대상에 의미를 부여한 '장본인'이 있게 된다. 이들 해석자와 장본인은 서로 직접 접촉하게 되지 않고 다만 어떤 '의미를 갖는 대상'을 통해서 간접적으로 접촉하게 된다. 따라서 해석자와 의미를 갖는 대상사이에는 중대한 상이성이 개입된다. 여기서 해석한다는 것은 장본인이 그 대상에 부여한 의미를 재발견하는 것, 재구성하는 것을 뜻한다. 장본인은 그 대상에 의미를 부여하고, 해석자는 그 의미를 다시 찾아내고 재구성하는 일을 하게 된다. 그러나 여기서 해석에 있어서 바로 재발견, 재구성이라는 특성 때문에 커다란 난문제가 대두된다. 한편으로는 해석은 재발견, 재구성이기 때문에 객관성을 띠어야한다. 즉 해석은 장본인이 부여한 그 의미와 상응해야한다. 그러나 다른 한편으로는 해석은 그 의미를 되찾는 그리고 재구성하는 주관성에 필연적으로 의존하게 된다. 즉 그 의미를 되찾고 재구성하는 해석자의 구체적인 상황, 그 능력에 의해서만이 해석이 이루어질 수 있기 때문이다. 이러한 난문제를 해결하기 위해서 해석학자 베띠(E. Betti)와 함께 우리는 이해와 해석을 위한 다음과 같은 일종의 해석학적 규칙을 제시할 수 있다. 이것은 그 자체가 해석학적 방법론의 요약이라고 할 수 있다.

첫째, 해석학적 대상의 독자성이라는 규칙이다. 즉 해석의 대상은 장본인 부여한 의미이므로 장본인이 부여한 의미 바로 그것이 해석의 척도가 된다. 따라서 해석자는 일차적으로 그 의미에 충실해야 한다는 규칙이다.

둘째, 전체성의 규칙이다. 즉 해석되어야 할 대상에 있어서 그 부분적인 하나하나는 전체와의 관련 안에서 이해되어야 하고 해석되어야한다는 규칙이다.

셋째, 해석자의 현실에 대한 규칙이다. 해석한다는 것은 그 대상이 담긴 의미를 재구성 또는 재구성하는 것이기 때문에 해석자 즉 주체의 협력 없이는 이루어지지 않는다. 즉 지금 구체적인 상황과 조건 속에서 살고 있는 주체가 해석학적 대상을 재발견하고 재구성하는데 있어서 현재의 구체적인 상황과 조건(현실성)이 반드시 개입됨으로 이러 점이 고려되어야 한다는 규칙이다.

넷째, 해석학적 의미상응성의 규칙이다. 해석자는 대상이 일깨워준 의미에 마음속으로부터 동감하여 어느 쪽이 주체이고 어느 쪽이 대상인지 구별되지 않는 경지에 달해야 한다는 규칙이다. 그리하여 대상에 의미를 부여한 장본인과 그 대상을 통해서 의미를 재발견하고 재구성하는 해석자가 마치 하나인 것처럼 되는 것이다. 이것은 '이해하는 것', '해석하는 것'의 극치이다.

3. 언어철학과 언어 분석적 방법론

학문이란 지식의 체계이다. 그런데 지식을 획득하는데 있어서나 또한 획득한 지석을 남에게 전달하는 데 있어서 언어는 어떤 부수적인 역할을 하고 있는 것이 아니라 바로 근본적인 역할을 담당하고 있다. 이러한 사실에 착안한 사람들은 언어자체에 대한 철학적 반성을 하게 되었다. 그리하여 언어를 분석하고 그 의미를 찾는 작업이 활발해졌다. 그 결과로 현대철학에 언어철학이 대두하였고 이 언어철학을 발판으로한 언어 분석적 방법론이 형성되었다.

1) 언어철학

언어의 중요성에 착안하여 언어에 대하여 철학적 반성을 한 것은 누구보다도 비트겐쉬타인(L. Wittgenstein)이다. 비트겐쉬타인은 1921년에 발표한 『논리-철학적 논고』에서 언어란 '사실의 사상(寫象)'이라는 이론(Abbildungstheorie)을 펴고 있다. 즉 '세계는 사실들의 총화다.' 그리고 '우리는 사실의 사상을 만든다.' 따라서 '이 사상들은 사실들이다' 했다. 그리고 사실과 사상은 공통적으로 동일한 논리적 형식(Logische Form)을 갖고 있기 때문에 사실의 사상인 언어는 사실과 같다고 했다.

비트겐스타인의 이러한 학설은 일종의 '인공적 언어(Künstliche Sprache)'를 시도하게 했다. 우리가 일상생활에서 사용하는 자연적 언어(일상적 언어)는 너무나 다의적이고 부정확하기 때문에, 정확한 일의적인 과학적 언어를 만들어 내려는 시도이다. 그렇게 함으로써만 엄밀한 학문이 가능하게 되리라는 기대에서 이다. 따라서 마치 물리학에서 사물을 더 이상 나눌 수 없는 원자와 원자의 결합체인 분자로 환원시켜서 인식하는 것과 같이 언어에 있어서도 모든 사실을 '원자적 사실'과 '분자적 사실'로 환원시키고, 표현에 있어서도 모든 표현을 '원자적 표현'과 '분자적 표현'으로 환원시킨다. 그리고 어떤 언어(표현)가 의미를 갖게 되는

것은 그 언어(표현)가 어떤 원자적 사실 또는 분자적 사실을 지시해 주
는 한에서만이 가능하다고 한다.

그러나 다른 한편 비트겐슈타인은 그의 사후 유고로 남긴 『철학적 연
구』에서 언어란 단순히 사실을 '지시해 주는 기능'에만 국한되어 있는
것이 아니라, 그 '사용하는 기능'도 가지고 있다고 했다. 따라서 어떤 언
어의 의미를 안다는 것은 단순히 그 언어가 어떤 사실을 실제로 일상생
활에서 어떻게 '사용'되고 있는가 하는 것을 아는 것이라고 했다. 따라서
마치 여러 가지 '놀이(Spiel)'를 즐길 수 있기 위해서는 여러 가지 놀이
를 따로 따로 익혀야 하는 것처럼, 어떤 언어가 특수한 경우와 어떤 특수
분야에서 어떻게 '사용'되고 있는가 하는 것을 따로 익혀야 한다고 했다.

한 인간 또는 인간집단의 '언어-놀이(Sprach-Spiel)'는 그 인간 또는
인간집단에 있어서 '삶'의 표현이기 때문에, 그 '삶'을 이해함으로써 한 언
어의 의미를 안다는 것이 밝혀진다고 했다. 어떻든 비트겐쉬타인의 이러
한 후기의 이론은 사람들로 하여금 다시 일상언어(Normale spra-
che)에 착안케 했고 일상언어 연구를 촉진시키는 계기가 되었다.

2) 언어 분석적 방법론

언어 분석적 방법론이란 언어철학 특히 언어분석을 그 토대로 하여 성
립된 방법론이다. 언어분석은 언어를 두 부분으로 나누어서 고찰 할 수
있다. 즉 구문론과 의미론으로 나누어 고찰할 수 있다.

첫째로, 구문론이란 언어속에 어떤 말마디가 다른 말마디와 갖는 관계
를 살핀다. 즉 말마디들의 연결이 제대로 되어 있는가를 검토하는 것이
다. 둘째로, 의미론이란 사용된 말마디 또는 문장이 그에 상응하는 사실
(대상)을 지적하고 있는가 그 여부를 고찰 검토한다. 언어 분석적 방법

론은 이 두 부분에 걸쳐서 독특한 규칙을 제시하고 있다.

① 구문론의 규칙

구문론에 있어서는 표현을 문제 삼는데, 이 표현에는 원자적 표현과 분자적 표현이 있다. 이 가운데 분자적 표현의 규칙은 다음과 같다. 첫째, 언어에 있어 분자적 표현을 의미를 갖는 원자적 표현들로 구성되어 있어야 한다. 둘째, 어떤 분자적 표현 속에 나타나 있는 모든 '규정사(Funktor, 어떤 것을 규정하는 말마디)'는 '항(項, Argument, 규정되는 말마디)'의 수와 종류에 상응해 있어야 한다. 상응해 있을 경우 이러한 분자적 표현은 구문론적으로 의미를 갖는다고 하며, 그렇지 않을 경우 무의미하다고 한다.

예를 들어 보자. 철학에서는 '존재는 동일하다'라는 분자적 표현을 사용한다. 그러나 이 표현은 구문론적으로 무의미하다. 왜냐하면 구문론적으로 보아서 '동일하다'라는 규정사는 마치 '파우스트의 저자(項)는 괴테(項)와 동일하다(규정사)'에 있어서와 같이 두 개의 항을 가지고 있어야 하는데 '존재'라는 하나의 항만을 가지고 있기 때문이다.

어떤 학파에서는 이러한 예를 들면서 모든 철학적 명제가 무의미하다고 단언하려 든다. 그러나 이러한 태도는 구문론적 무의미와 우리가 다음에 설명할 의미론적 의미를 혼동하고 있는 태도다.

② 의미론의 규칙

언어의 의미론에서는 어떤 표현과 그 표현을 통해서 표현된 사실과의 관계를 살핀다. 일정한 표현은 한편으로 어떤 객관적인 내용을 지시할 수 있고, 다른 한편 어떤 주관적인 상태를 드러낼 수 있다. 그런데 의미론적 규칙은 다음과 같다. 즉 일정한 표현은 어떤 객관적인 내용을 지시해야 한다. 다시 말하면 일정한 표현은, 어떤 사실이 시간과 공간속에 실제로 그렇게 있는 것을 지시하고 표현할 때만이 의미론적으로 의미가 있다. 그렇지 않을 경우, 즉 주관적인 상태를 드러낼 경우 그 표현은 의미론적으로 무의미하다고 한다.

이러한 방법론적인 태도의 가장 극단적인 예를 '말할 수 없는 것에 대해서는 침묵하라'는 초기에 있어서 비트겐쉬타인의 명제다. 물론 이 명제에서 '말하다'는 표현은 '객관적인 내용을 가진 표현을 사용하다'라는 것과 같은 의미를 갖는다. 그러나 방법론에 있어서 이러한 극단적인 태도는 학문에 있어서 일반적 방법론으로서는 많은 문제점을 안고 있다.

③ 검증 가능성의 문제

'검증 가능성'이란 어떤 표현 또는 언표(言表)가 참인지 거짓인지 가려낼 수 있는 가능성을 말한다. 따라서 '검증 가능성의 원리'란 어떤 언표가 의미론적으로 의미를 갖기 위해서는 어떤 양식으로든지 검증될 수 있어야 한다는 원리이다. 즉 어떤 언표가 참일 경우 그것이 '참되다고 검증(Verifikation)'이 될 수 있어야 하고, 거짓일 경우 '거짓이라고 위증(Falsifikation)'이 될 수 있어야 한다는 원리다. 따라서 검증 가능한 언표는 의미를 가진다 하고 검증 불가능한 언표는 무의미하다고 한다.

오늘날 학문에 있어서 특히 자연과학에 있어서 이 '검증 가능성의 원리'는 방법론적으로 대단히 중요한 것으로 되어 있다. 근대 이후 자연과학이 급속도로 발전할 수 있었던 것은 일정한 철학적 표현들을 검증 불가능하다고 하여 자연과학에서 제거해버림으로서 가능했다.

그러나 '검증 가능성'이란 말마디는 그 자체로 많은 문제점을 안고 있다. '검증 가능성'에 있어서 '가능성'이란 어떤 가능성을 뜻하는가 하는 것이 명확히 드러나 있지 않다. '가능성'이란 그 자체가 다양하다. 즉 기술적 가능성, 물리적 가능성, 논리적 가능성 그리고 심지어 초경험적 가능

성.등이 있다. 아마도 이 '가능성'이란 학문마다 달리 알아들을 수밖에 없
지 않을까? 그러기 때문에 예를 들면 자연과학에서는 대체로 감각적 경
험에 의한 '가능성', 그러한 '검증 가능성'만을 받아들이고 있다. 즉 감각
적 경험에 의해서 검증 가능한 언표만을 의미를 갖는 언표로 받아 드리
고, 그렇지 않은 언표는 무의미한 것으로 일축해 버리려 한다. 그러나 결
국 어느 '검증 가능성'을 택하느냐 하는 문제는 여러 학문의 특성에 따라
서 어느 정도 그 학문의 자유에 맡겨져야만 하리라 여겨진다.

문헌목록

1. 형이상학의 역사에 대한 주요1차 문헌

Parménides, Poème sur l'être, dans J.-P. Dumont, Les écoles prés
　　　-ocrqtiaues, Gallimard, coll. 'Folio', 1991.

Platon, Oeuvres complètes, traduction intégrale par Léon Robin,
　　　Gallimard, coll. 'Bibliothèque de la Pléiade', 1950.

Aristoteles, La métaphysique, trad. J. Tricot, Vrin, 1966, collection,
　　　'bibliothèque des textes philosophiques', 1991, 2 tomes.

Plotin, Ennéades, trad, E, Bréhier (7vol.), Les Belles Lettres,
　　　1924-1938.

Avicenna, La métaphysique du Shifa', trad. G. C. Anawati, Vrin,
　　　1978-1985.

Averroès, Grand commentaire de la métaphysique, livre Beta, trad.
　　　L. Bauloye, Vrin, 2002.

Thomas d'Aquin, L'Etre et l'essence, trad. C. Capelle, Vrin, 1995.

Suarez Francisco, Disputes métaphysique, 3vol. trad. par J.-P
　　　Coujou, Vrin, 1998.

Descartes R., Méditations de prima philosophie première, GF, Vrin,
　　　Classiques Garnier, La Pléiade, 1970..

Spinoza, Ethique, trad, par B. Pautrat, Seuil, 1988.

Leibniz G. W. F., Discours de métaphysique, éd. par Henri Lest
-ienne, sixième éd, Vrin, 1970.

Kant, Kritik der reinen Vernunft, R. Schmidt, Hamburg, 1990.

Hegel G. W. F., Phanomenologie des Geistes, F. Meiner Hamburg,
1957.

Kierkegaard S., Oeuvres complètes, trad., P.-H., Tisseau, 20vol,
Paris, Orange, 1966.

Nietzsche, F., Also sprach Zarathustra, Kritische Gesamtausgabe,
vol. VI 1, Walter de Gruyter Verlag, 1968.

Husserl E., Idées directirices pour une phénoménologie, trad. P.
Ricoeur, Gallimard, coll. Idées, 1950.

Heidegger M., Was ist Metaphysik? Frankfurt a. M. 1981.(이기
상역, 서울:서광사, 1995)

Heidegger M., Kant und das Problem der Metaphysik, Frankfurt
a. M.,1973.(이선일역, 서울:한길사, 2001)

Heidegger M., Die Grundbegriffe der Metaphysik, Welt -End
-lichkeit-Einsamkeit, Frankfurt a. M.,1983.(이기상역, 서
울: 까치글방, 2001)

Heidegger M., Sein und Zeit, Tübingen, 1977. (이기상역, 서울: 까
치글방, 1998)

Wittgenstein, L., Tractatus logico-philosophicus ,Dover Publicati
-ons, 1999.

Sartre J. P., L'être et le néant, Gallimard, coll. Tel ; L'existen
-tialisme est un humanisme, Nagel, 1946.

2 .형이상학에 대한 2차 문헌

Aubenque P., Etudes sur Parménides, Vrin, 2tomes, 1987.

Aubenque P., Le problème de l'être chez Aristote, PUF,1964, 'collextion Quadrige', 1991.

Crane T., Farkas k., Metaphysic, New York: Oxford, 2004.

Doz A., La logique de Hegel et les problèmes tradionnnels de l'ontologie, Vrin, 1987.

Elders L. J., Die Metaphysik des Thomas von Aquin, Brugge, 1981.(박승찬역, 서울: 카톨릭출판사,2003)

Grondin J., Introduction à la métaphysique, Montréal: Les Presses de l'Universite de Montréal, 2004

Gilson E., L'Etre et l'essence, Vrin, 1962.

Gilson E., Being and Some philosophers, The Pontifical Institute of Medieval Studies, 1949.(정은해 역 서울: 서광사, 1992)

Haar M., Nietzsche et la métaphysique, Gallimard, coll. Folio, 1993.

Kolakowski L., Horreur Métaphysique, Paris : Payot, 1989.

Kolakowski L., Philosophie de la religion, Paris : Fayard, 1985.

Lefranc J., La Me'taphysique, Paris : Armand Colin,1998.

Maritain J., A Preface to Metaphysics, New York : Mentor omega book, 1962.

Müller M., Existenzphilosophie im geistigen Leben der Gegenwart Verlag, 1964.(박찬국역, 서울: 서광사, 1988)

Narbonne J.-M., La métaphysique de Plotin, Vrin, 1993.

Nef F., Qu'est-ce que la métaphysique? Paris : Gallimard, 2004.

Taylor R., Metaphysic, Pearson Education, Inc., 1992.(엄정식 역, 서울: 서광사. 2006)

Weischedel W., Der Gott der Philosophen, Darmstadt,1994.(최상욱 역, 서울: 동문선, 1983)

Walsh W.H., Metaphysics, A Harbinger Book,1963.(이한우역, 서울: 문예출판사, 1990)

Welte B. Religionsphilosophie, Freibourg : Verlag Herder, 1978. (오창선역 서울: 분도출판사 1998)

Wsissmahr B., Ontologie , Stuttgart, 1985.(허재윤역, 서울: 서광사, 1990)

Wsissmahr B., Philosophische Gotteslehre, Kohlhammer, 1983. (허재윤역, 서울: 서광사,1994)

Zarka Y. C., Y a-t-il une histoire de la métaphysique? Paris: Puf, 2005.

성염외, 철학적 신론, 서강대학교철학연구소편, 서울 : 철학과 현실사,1995.

소광희외, 고전형이상학의 전개, 서울 : 철학과 현실사, 1995

소광희외, 현대존재론의 향방, 서울 : 철학과 현실사, 1995.

조규홍외, 神, 世界, 人間, 왜관 : 분도출판사, 2000.

정의채, 형이상학, 서울 : 열린, 1997.

정달용, 현대철학에 있어서 신의 문제, 신학전망 80호

정달용, 마이스터 엑크하르트의 神秘思想, 중세철학 14호

정달용, 그리스도교 철학, 대구 : 중세철학연구소, 1994.

정달용, 학문과 방법론, 신학전망 37호.

형이상학의 역사

2009년 2월 20일 1판1쇄 초판인쇄
2009년 2월 25일 1판1쇄 초판발행
저 자 김 태 규
발행자 심 혁 창
발행처 **도서출판 한글**
서울특별시 서대문구 북아현동221-7
☎ 02) 363-0301 /영업부 02-362-3536
FAX 02) 362-8635
E-mail : simsazang@hanmail.net
등록 1980. 2. 20 제312-1980-000009

정가 **15,000원**

ISBN 978-89-7073-292-3-93120